21世纪经济与管理应用型本科规划教材
工商管理系列

组织行为学

Organizational Behavior

王 里 主 编
戴 雯 副主编

北京大学出版社
PEKING UNIVERSITY PRESS

图书在版编目(CIP)数据

组织行为学/王里主编,戴雯副主编.—北京:北京大学出版社,2012.7
(21世纪经济与管理应用型本科规划教材·工商管理系列)
ISBN 978-7-301-20742-0

Ⅰ.①组… Ⅱ.①王… ②戴… Ⅲ.①组织行为学-高等学校-教材 Ⅳ.①C936

中国版本图书馆CIP数据核字(2012)第118271号

书　　名:组织行为学
著作责任者:王　里　主编　戴　雯　副主编
责 任 编 辑:仙　妍
标 准 书 号:ISBN 978-7-301-20742-0/F·3203
出 版 发 行:北京大学出版社
地　　址:北京市海淀区成府路205号　100871
网　　址:http://www.pup.cn
电　　话:邮购部62752015　发行部62750672　编辑部62752926　出版部62754962
电 子 信 箱:em@pup.cn
印 刷 者:北京鑫海金澳胶印有限公司
经 销 者:新华书店
787毫米×1092毫米　16开本　15印张　356千字
2012年7月第1版　2013年10月第2次印刷
印　　数:4001-7000册
定　　价:29.00元

丛书出版前言

《国家中长期教育改革和发展规划纲要(2010—2020年)》指出,目前我国高等教育还不能完全适应国家经济社会发展的要求,学生适应社会和就业创业能力不强,创新型、实用型、复合型人才紧缺。所以,在此背景下,北京大学出版社响应教育部号召,在整合和优化课程、推进课程精品化与网络化的基础上,积极构建与实践接轨、与研究生教育接轨、与国际接轨的本科教材体系,特策划出版《21世纪经济与管理应用型本科规划教材》。

《21世纪经济与管理应用型本科规划教材》注重系统性与综合性,注重加强学生分析能力、人文素养及应用性技能的培养。本系列包含三类课程教材:通识课程教材,如《大学生创业指导》等,着重于提高学生的全面素质;基础课程教材,如《经济学原理》《管理学基础》等,着重于培养学生建立宽厚的学科知识基础;专业课程教材,如《组织行为学》《市场营销学》等,着重于培养学生扎实的学科专业知识以及动手能力和创新意识。

本系列教材在编写中注重增加相关内容以支持教师在课堂中使用先进的教学手段和多元化的教学方法,如用课堂讨论资料帮助教师进行启发式教学,增加案例及相关资料引发学生的学习兴趣等;并坚持用精品课程建设的标准来要求各门课程教材的编写,力求配套多元的教辅资料,如电子课件、习题答案和案例分析要点等。

为使本系列教材具有持续的生命力,我们每隔三年左右会对教材进行一次修订。我们欢迎所有使用本系列教材的师生给我们提出宝贵的意见和建议(我们的电子邮箱是 em@pup.cn),您的关注就是我们不断进取的动力。

在此,感谢所有参与编写和为我们出谋划策提供帮助的专家学者,以及广大使用本系列教材的师生,希望本系列教材能够为我国高等院校经管专业的教育贡献绵薄之力。

北京大学出版社

经济与管理图书事业部

2012年1月

前　　言

管理是人类社会的永恒主题,它是人类社会有序发展的推动力。管理是管理者运用一定的职能和手段协调他人的活动,使他人同自己一起高效率地实现既定目标的活动过程。尽管管理活动自古就有,但形成一门独立的学科是在19世纪末至20世纪初。人是管理的主体,也是管理的对象,因此对人的行为规律的研究就成为管理科学的重要内容。管理学、社会学、心理学、政治学等都对人的行为规律的研究做出了突出的贡献,组织行为学就是在此基础上产生和发展起来的。组织行为学作为行为科学的一个发展分支,是管理科学的一个重要组成部分。它是在应用理论科学原理的基础上,探索和揭示组织中人的心理与行为规律性,在掌握这些规律性后还要进一步研究、评价和分析人的心理与行为的方法,掌握保持积极行为、改变消极行为的具体技术和措施,它的直接目的是紧密联系组织管理者的工作实际,提高其工作能力,提高组织的工作绩效。

随着当今信息技术的飞速发展,互联网触及各个角落,经济的全球化使得市场竞争更加激烈,组织环境也更加动态和复杂,技术及环境的变化对组织及其行为管理提出了前所未有的机遇及挑战。

组织行为学是一门发展中的学科,具有一定的理论结构。当今知识经济和网络经济日益壮大,经济全球化趋势日益加强,行业结构不断变化,企业间竞争日趋激烈,组织员工向多元化发展,组织环境更加复杂和不确定,这些都影响着今天组织行为学的研究分析。本书在遵循组织行为学基本架构的同时,结合管理实践发展的新环境,系统讨论组织行为学理论。

本教材在编写过程中以案例引出相关知识点,以对行为的分析、比较为理论的切入点,以案例与联系为辅助的教学手段,以通俗的表述为写作风格,力求内容新颖、科学严谨。

本教材共分十章,各章编写具体分工如下:

王里:第二章 人性假设理论;第三章 社会认知与行为;第四章 个性与行为

戴雯:第一章 概论;第五章 激励理论;第七章 群体行为分析

王高洁:第六章 态度与价值观;第十章 组织心理与管理

杜兴艳:第八章 沟通与人际关系;第九章 领导

本教材由福建工程学院王里教授统稿。

在编写过程中,管理学院老师和同学提供了宝贵的意见和建议,在此表示感谢。

编者

2012 年 2 月

目录 Contents

第一章

概　论

引导性案例

霍桑实验

在美国芝加哥市郊外的霍桑工厂是一个制造电话交换机和电器设备的工厂，拥有25 000名工人。该工厂设备完善，福利优越，具有良好的娱乐设施、医疗制度和养老金制度，但是工人们仍有强烈的不满情绪，生产状况和生产效率也很不理想。为了解决这些问题，工厂一直在竭力地探求原因。1924年11月，美国国家研究员委员会组织了一个由多方面专家参与的研究小组，在该工厂开展一系列研究试验。这一系列试验的中心课题是生产效率与工作物质条件之间的相互关系。在研究中，研究人员进行了"照明实验、福利实验、群体实验、访谈实验"，试图找到影响生产效率的主要因素。研究人员设想：照明条件的改良、工人福利待遇的提高、计件工资制度的实施应该能促进工人生产效率的进步，但实验的结果很令研究人员失望，上述设想并没有得到证明，照明条件的好坏、福利待遇的变化、计件工资的实施并没有引起生产效率的变化，反而是"谈话实验"收到了意想不到的效果：霍桑工厂的产量大幅度提高。

这个案例给我们的启示是，对生产效率的研究，不能仅仅在生产条件和福利待遇方面进行，还应当扩展到其他方面。本章要探讨的正是组织行为学的研究对象和研究方法。

本章知识点

1. 组织行为学的内涵
2. 组织行为学的研究对象与研究内容
3. 管理科学的发展

4. 组织行为学的研究方法
5. 21 世纪组织和管理面临的挑战

目前,全球化、多元化、网络化、道德伦理演变等因素使得环境变化的脚步不断加快,任何组织都时常面对充满创新、选择、矛盾和迷茫的外部环境。

第一节 组织行为学的研究对象、任务及意义

一、组织的理解

1912 年,爱德华 · D. 琼斯(Edward D. Johns)在《工程学杂志》中指出:“组织比历史还要古老,因为最早的文件,比如《汉谟拉比法典》,就已经提供了人类曾经经历过许多有组织的社会生活的证据。”没有组织,就没有金字塔、万里长城、兵马俑的修建;没有组织,就没有城市的繁荣、财富的创造、世界不同国家和地区的交流。

组织是人们为了一个共同目的而集合起来时创造的。它是由一些功能相关的群体组成的具有共同明确目标的人群集合体。它是人们为实现某些特定目的而进行的一种精心安排。组织的目标可以是管理社会生活、维护安全、接受教育、创造财富或者享受娱乐等。日常生活中,组织随处可见:政府、军队、非营利机构、企业、学校、医院、社团等。组织一般都具有三个共同的特征:明确的目的、精细的结构和目标相同的人员。

二、组织行为学的研究对象

组织行为学的研究对象是组织中人的心理活动和行为。该学科通过研究管理活动中人的心理活动规律,充分调动人的积极性,并用科学的方法改进管理工作。它以组织中的人作为特定的研究对象,重点在于通过对具有共同经营管理目标的人进行系统性研究,以提高效率,在一定的成本控制条件下,最大限度地调动人们的积极性和创造性。

传统的企业管理强调对物的管理,管理者把人看成是物的附属品,主张对工人进行严格的控制、监督和严厉的惩罚。随着社会的发展,人的作用日益凸显,如果人的素质不高,或者人的积极性未能调动起来,物质、资本、信息就不能发挥其真正的价值,不能为企业创造利润。例如,对于一个企业而言,如果缺乏人才,即使资金充足,运用不当也会导致企业破产;但是,如果人才储备充足而仅仅缺乏资金,仍然有可能通过有效融资使企业渡过难关。

在知识经济时代,随着信息技术的发展,社会分工导致专业化程度加深,企业的经营模式正在发生着巨大的变化,各领域的高端人才在很大程度上决定着企业的生死存亡。因此,如何吸引、使用、激励、留住这些关键人才,对于当今企业而言是至关重要的,这也就成为组织行为学研究的主要内容。具体来说,组织行为学的研究对象主要包括以下方面:

(一) 研究个体心理

个体心理是指企业中的管理者与被管理者、经营者与生产者、领导者与被领导者等个体所具有的心理特征,包括人的社会知觉、气质、能力、性格、态度、价值观、需要、动机等。人的

心理特征的形成、发展受到社会活动和社会环境的影响，同时又能作用于社会环境。研究个体心理可掌握社会组织运行过程与人的心理活动相互作用的规律，用科学的方法决定管理策略、管理措施，调动人的积极性，提高企业的经济效益和社会效益。

（二）研究群体心理

在社会生活中，人们由于共同的目标或相同的需要、兴趣、情感，会组成某种群体或团体。这些团体或群体之间及其内部的个人与个人之间相互作用、相互制约，从而影响个人的工作效率和企业的管理效率。学习研究群体心理，了解群体的种类、规模、结构、规范、沟通、冲突、决策等方面的心理学问题，有助于掌握群体心理的规律，了解建立有效群体、优化群体的方法与途径。

（三）研究领导心理

领导者作为领导行为的主体，是领导行为的指导者、指挥者和组织者，是领导者、被领导者、客观环境三要素中的关键因素，对组织的成败起着举足轻重的作用。因此，领导者的素质、领导者的水平以及领导作风、领导方法、领导艺术成为组织行为学的一个重要内容，领导者在领导过程中心理活动规律是组织行为学的主要研究对象之一。

（四）研究组织心理

一个群体，一个企业，必须严密地组织起来，才能生存、发展，才能有生命力，才能在国际、国内的竞争中立于不败之地。组织心理研究涉及组织概念的各个方面，如组织的含义、任务、结构以及各个历史时期形成的组织理论等。组织心理研究的归宿是通过对组织变革、发展的原因及过程的研究，找到建设有效性组织的途径。

组织行为学是一门独立的新兴学科，是管理现代化的产物。虽然组织行为学将企业作为自己的主要研究对象，但是这门学科的研究结果对于科技管理、学校管理，以及其他各行各业的管理工作都有重要的参考价值。

三、组织行为学的研究任务

组织行为学的根本任务在于寻找组织管理与组织中人的行为心理活动规律的结合点。通过对这种“结合点”的熟练掌握和灵活运用，使组织保持一种最佳状态，形成一种良好的人际氛围，从而提高人的主动性、积极性和创造性，提高工作效率，保障员工身心健康。组织行为学的研究任务主要体现在以下几个方面：

（一）推进企业管理现代化，提高企业管理水平

首先，随着生产的机械化、自动化、电脑化水平日益提高，人的作用变得越来越重要，人成为现代化生产成功与否的关键因素。在企业管理中，培训、激励企业员工的工作责任心、成就动机、团结奋斗精神以及相应的管理领导方式，成为当前理论和实践都必须解决的首要问题。其次，现代化生产日益社会化。它既要求部门分工精细化，又要求各部门之间协调配合。因此，人员、群体、组织之间的密切合作，组织对内对外环境的适应情况都变得十分重要。再次，现代化的大生产带来了生产和市场的国际化。一个组织能否应付国内外市场的竞争和挑战而立于不败之地，取决于其自身的变革和发展。以上诸多问题成为现代管理所面临的实际问题，也正是现代管理学的重要组成部分——组织行为学所面临的任务之一。

（二）揭示个体行为产生的原理及机制

目的在于激发动机、推动行为、提高人们的积极性和创造性，最终达到提高企业劳动生

产率的目的。当前我国企业劳动生产率不高的原因有很多,员工的潜能未得到充分发挥,积极性、创造性未得到充分调动是其中的重要原因之一。在我国,运用和研究组织行为学的一项主要任务,就是要掌握管理过程中个体、群体、领导、组织的心理活动规律,确定科学的管理方法和原则,调动职工积极性,促进劳动生产率的提高。

(三) 对企业员工进行管理教育

传统的管理有效性理论认为,管理效能高低的衡量标准是劳动生产率。因此组织行为学的任务就在于提高劳动生产率。现代的管理有效性理论强调用双重标准来衡量管理效能,即既从劳动生产率的角度也从人员素质发展和提高的角度来衡量管理效能,而后者是更重要的标准。在我国,每一个企业单位都是社会的一个细胞,在自身经营管理的同时,还拥有教育人、培养人、改造人的光荣使命,为此,我国的组织行为学还担负着管理教育、培养发展、提高员工素质的任务。这就要求管理者能根据个体心理发展规律、个体价值观念、态度行为形成和转变机制对员工进行思想政治教育,避免思想政治工作中的形式化。

四、学习和研究组织行为学的意义

学习和研究组织行为学可以帮助人们描述、分析、预测和控制组织中人的行为和态度,从而提高人们的工作质量和生活质量。

(一) 有助于描述员工的行为

描述是指对组织中人的行为和心理的某个时期所处的状况进行清晰描绘。通过准确描绘组织中人的行为和心理,为我们科学、合理地对人的行为和心理做出解释提供了基础。例如,某个企业中,今年上半年有 7% 的员工跳槽,在调查中有 78% 的员工的工作满意度达到 80 分以上等。

(二) 有助于科学地分析员工的行为

分析是指依据理论或者实践总结寻找组织中人的特定行为和心理的形成原因的过程。例如,员工跳槽的主要原因是对公司的福利政策不满意,员工的满意度提高是由于公司引进了素质培训等。科学的分析为管理者预测和控制组织中人的行为和心理提供了依据。

(三) 有助于科学地预测员工的行为

预测是指根据组织中人的行为和心理的现状、变化规律,以及组织和社会环境的变化,对未来一段时期内某些特定行为和心理所处状态进行的合理猜估。例如,某个企业今年下半年员工的跳槽率将是 5%—7%,下半年的员工满意度会提高 3% 等。准确的预测与组织绩效相关的人的行为和心理为有效地领导和管理组织提供了宝贵的信息。

(四) 有助于科学地调整与控制员工的行为

调整与控制是指根据组织中人的行为和心理变化规律,改变一定的条件和变量,以使特定的行为和心理朝着管理者期望的方向演进的过程。例如,改进公司的福利政策以使得员工的跳槽率降低 2%,开展访谈活动使员工的满意度提高 5% 等。

(五) 有助于提高组织的工作质量及组织成员的工作生活质量

通过学习和研究能够理解和影响组织成员的行为和心理从而提高组织的绩效。通过与组织中所有成员沟通,能够改进其工作,使其拥有更强的参与感和更高的工作满意度。

（六）有助于提高领导能力和水平,促进组织变革和发展

通过对领导素质、领导力和领导理论的认识,运用科学的领导理论和方法,指导对领导风格和行为的选取和改进,能够提高领导能力和水平。通过对组织、组织设计、组织文化、组织政治、组织变革与发展的特点和规律的认识,可以帮助我们在组织变革中寻求助力,克服阻力,面对组织变革和发展中的问题,运用组织发展的方法和技术,促进组织的发展。

第二节 组织行为学的产生与发展

组织行为学的一些基本原理可以追溯到两千多年前,古希腊哲学家柏拉图曾有过论述领导本质的文章,亚里士多德对"说服性沟通"的理解以及我国春秋战国时期老子、孔子等思想家对领导艺术和伦理的思考至今仍对人们理解组织行为学的一些基本概念有很大的帮助。

18 世纪,亚当·斯密在《国富论》中提出了劳动分工理论;查尔斯·巴比奇在《论机器和制造的经济》中对斯密关于劳动分工的一系列论述进行了补充。19 世纪早期的罗伯特·欧文指出了传统工厂制重设备、轻雇员的弊端,主张制定工作时间法、童工保护法,提倡公共教育、企业参与社区规划等。

一、组织行为学产生的历史背景

组织行为学的发展有近百年的历史,其真正成为一门学科源于 20 世纪 20 年代的霍桑实验。组织行为学作为一门学科,形成的契机主要体现在西方资本主义工业体系已经形成,管理理论初具雏形,心理科学日渐兴起。这些都为组织行为学的诞生打下了坚实的基础。

组织行为学产生于 20 世纪初,它的理论形成与发展和与现代生产力、生产技术相联系的社会化大生产的需求密不可分,与管理学和应用心理学自身的发展也关系密切。社会化大生产对管理科学和组织行为学不断提出新的要求,提出新的研究课题,成为组织行为学发展的强大动力。在这个时期心理学、社会学等学科理论均有了长足发展,到 20 世纪初社会心理学已形成一门独立的学科;与此同时,工业社会心理学、需要层次理论、群体动力理论等也相继出现,为组织行为学的发展奠定了坚实的理论基础,从而使组织行为学的产生和发展由需要变成了可能。

小资料

电影《摩登时代》让我们看到了什么？

影片产地：美　国

影片类型：喜剧搞笑

导　　演：查理·卓别林

主　　演：查理·卓别林

上映日期：1936年2月5日

电影《摩登时代》描写了美国工业发展初期，工业流水线上的工人枯燥、紧张的劳动状况，以诙谐、讽刺的方式反映了美国劳苦人民的生活悲剧。查理（由卓别林扮演）这个普普通通的工厂工人在节奏异常紧张的流水线上疯狂工作。毫无间歇的劳作终于让他发了疯，他一见到圆形的东西，就忍不住要用扳子拧紧。观众永远忘不了主人公查理被机器卷进卷出的镜头以及被流水线弄得麻木机械，在人的鼻子、纽扣上拧紧螺母的镜头。卓别林以其高超的表现手法向世人展示了一幅千百万劳动者悲苦的生活画像。查理发疯的一幕从形式上的确引人发笑，但实质上却暴露出早期资本主义现代化残酷剥削工人，而忽视其心理的现象，发人深省。

资料来源：http://www.k6china.com 2008.1.22

二、组织行为学的孕育

组织行为学的形成经历了一个从无到有、不断完善的过程。对组织行为学的形成和发展起到直接推动作用的是管理科学的发展。管理科学发展的不同时期孕育了组织行为学的不同水平。

（一）古典科学管理理论的形成

19世纪末20世纪初，在社会生产力高度发展、劳资关系日益尖锐的前提下形成的古典管理理论又称为古典科学管理理论。这一学派的代表人物有美国的泰勒（Frederick W. Taylor），法国的法约尔（Henni Fayol，1841—1925），德国的韦伯（Max Weben，1864—1920）等人。

泰勒时期的工厂管理仍处在经验管理阶段，管理方式仍是家长式的行政制，效率低、浪费大，工人怠工现象比比皆是，企业潜力得不到发挥。于是，如何提高工人积极性、改善经营管理、寻找适合组织生产的办法以提高工厂生产效率，成了许多工程师、管理实践家亟须探索的课题。

泰勒针对当时传统经验管理理论提出了科学管理及其相应理论。泰勒的科学管理目标有两个。一是克服怠工、效率低下的现象。他认为，必须系统地研究劳动过程，找到控制工人的最有效办法，才能使劳动生产率获得大幅度提高。二是消除劳资对抗，使劳资两利。他认为，要提高劳动生产率，必须通过雇主与工人两方面的合作。雇主关心的是低成本，工人关心的是高工资。通过科学管理，也只有通过科学管理，提高劳动生产率，两者才都可以达到自己的目的。为达到科学管理的目标，泰勒提出了科学管理的四项原则：

1. 建立真正科学的劳动过程

泰勒进行了一系列严格的科学实验，如著名的"铁锹实验"、"搬铁块实验"、"金属切削实验"等，在此基础上，他提出了工时定额原理和标准化原理。为了鼓励工人完成工作定额，他提倡实行有差别的刺激性的计件工资制度。

2. 科学地挑选和渐进地培养工人

泰勒认为，要使工人能胜任工作，完成规定的工作定额，获得高额报酬，就必须对工人进行科学挑选，以保证他们具备与工作相应的体力和智力条件。然后，这些选中的工人还必须接受使其成为"第一流"工人的系统训练。泰勒相信，就每一个工人而言，只要工作对他而言合适，都有成为"第一流"工人的可能。培养工人是管理者的责任，要给工人以进一步发展的机会。

小资料

科学管理之父——泰勒

泰勒(1856—1915)出生于美国费城一个律师家庭，中学毕业后考上哈佛大学法律系，但不幸因眼疾而被迫辍学。他先后当过学徒工、车间管理员、工长、技师和总工程师。在米德瓦尔钢铁厂的实践中，他发现工人缺少训练，没有正确的操作方法和适用的工具，这影响了劳动生产率的提高。为了改进管理，1898年，他在米德瓦尔钢铁厂进行了各种试验。他的研究改进了操作方法，训练了工人，其结果使生铁块的搬运量提高了5倍。堆料场的劳动力，从400—600人减少为140人。

泰勒一生致力于"科学管理"，在管理方面的主要著作有《计件工资制》(1895)、《车间管理》(1903)、《科学管理原理》(1911)，在管理理论方面做了许多重要的开拓性工作，为现代管理理论奠定了基础。由于他的杰出贡献，他被后人尊称为"科学管理之父"，这个称号被铭刻在他的墓碑上。

资料来源：http://www.tucea.com 2008.1.22

3. 将经过科学挑选和训练的工人与科学的劳动过程相结合

这一结合带来了管理上的"精神革命"。泰勒认为，抵制科学管理的主要力量，差不多总是来自现行管理本身。他发现，工人们在为获得高额报酬而学习如何更优质地工作的问题上，其实是非常乐于合作的。

4. 管理者和工人之间亲密的和经久的合作

泰勒认为管理者与工人之间有工作与职责上的划分。但是他们也应该服从与工人相同的行为规范，也就是都必须服从于建立在科学研究基础上的劳动过程。泰勒认为，劳资双方之间是彼此信赖的,他们有追求共同目标而协同工作的需要,因此要进行合作。

泰勒的这四项原则被称为"最根本的、最重大的管理原则"。泰勒开创了科学管理的先河,当代许多重要的管理理论都是对泰勒理论的继承和发展。在现代科技发达的今天,在美国仍有 83% 的公司和工厂运用泰勒所开创的某些科学管理的新方法。

古典管理理论的另外两个代表:法国的法约尔提出了适用于各种组织的一般管理要素的原则,在管理领域经久不衰;德国的韦伯则提出了权威结构的理论,以及该理论中行政组织体系的模式和原则,对组织理论的建设做出了重大贡献。古典管理理论均包含着许多有益的组织行为学思想,对其后的心理技术学、工业心理学、组织行为学的诞生产生了较大影响。

(二) 工业心理学的兴起

在此阶段,最早在工业企业管理中应用心理学知识的是德国心理学家斯特恩,他提出了"心理技术学"的概念。之后,侨居美国的德裔心理学家闵斯特伯格沿此方向进行了具体研究,并以其卓越的研究成果而成为工业心理学的创始人,被誉为"工业心理学之父"。闵斯特伯格主要的研究成果是出版于 1912 年的名著《心理学与工业效率》。该书主要包括三个方面的内容,第一是"最合适的人",即研究工作对人的要求以及如何选用最合适的人员来担当相应的工作;第二是"最合适的工作",即探求人在什么样的心理状态下产量最高;第三是"最理想的效果",即研究管理者如何利用人的心理采取必要的措施来提高管理效能。闵斯特伯格通过上述几方面的论述,对疲劳及劳动合理化,采用心理测验方法选拔工人、对工人进行必要的培训以提高其素质等问题都提出了自己的建议。

与闵斯特伯格同一时代又系同门师兄弟的德裔心理学家斯科特认为,企业管理中对人的因素的长期忽略造成了管理不善、工人劳动效率低下,阻碍了生产和技术的进步。他还强调,生产过程中工人的态度很重要,需要以适当暗示的方法去激励工人积极工作。斯科特是最早把心理学应用于工业生产中激励和效率的研究,并将研究拓展到工业产品的广告宣传中的心理学家。

闵斯特伯格和斯科特的研究,使工业心理学作为管理科学的重要组成部分明确地建立起来了,并成为组织行为学的先导,为组织行为学的形成奠定了基础。因此,工业心理学被认为是组织行为学的前身。

三、组织行为学的正式诞生

在工业心理学的兴起阶段,由于时代认识的局限以及工业心理学研究内容的局限——只注重对个体心理方面的研究,因而长期以来并没有引起人们广泛的关注,直到后来的霍桑实验,才将心理学、社会学、人类学等基本理论原理引进管理领域,研究人的需要结构、价值取向、个人激励、社会定势、人际关系等问题对企业中人们的心理和行为的影响,综合分析、探讨对个体、群体行为产生作用的社会因素,为工业心理学增加了广度和深度,并开创了组织行为学之路。本阶段的代表人物有美国的梅约、莫雷诺、马斯洛、赫茨伯格和德国的勒温等人。

(一) 人际关系学说成为组织行为学产生的标志

梅约(G. E. Mayo)原籍澳大利亚,后移居美国,在哈佛大学从事工业心理学研究。霍桑实验始于1924年，初始是在美国国家研究委员会赞助下，在美国芝加哥郊外的西方电器公司霍桑工厂进行的一项由心理学家参与工厂管理的研究试验，但直到1927年仍未得出任何有价值的结论。1927—1932年，在梅约主持下，这项以“工作环境、物质条件与生产效率关系”为主题的实验重新开始。

梅约领导研究人员们在工人中开始了大规模的工作态度调查，在1928—1930年两年多的时间里，与两万多人次进行了谈话。研究人员不以居高临下的领导者身份而以平等的身份与工人们进行了自由的谈话，对工人持关怀的态度，耐心听取工人的意见，向他们提供建议和意见，在管理者和工人，以及工人和工人之间营造了宽松而融洽的氛围。工人们在这种环境里畅所欲言、心情愉快、因备受关注而士气大振，谈话试验收到了意想不到的效果，工厂的产量大幅度提高。梅约等人进行分析认为：工作态度调查取得成功的原因在于工人长期以来对工厂的管理制度和方法、对管理人员都有许多不满、无处发泄，访谈活动使他们能合理宣泄各种消极情绪，恢复了心情的舒畅，提高了士气，从而提高了产量。另外，让工人在特定条件下参加试验，让他们认为是管理部门对他们的格外重视，使其生产积极性大增。并且在访谈过程中，管理人员与工人以及工人与工人之间相处融洽，因而工人心情愉快，工作起来自觉自愿，从而无论是在较优越还是在较恶劣的工作条件下，管理方法的改变即人际关系的改善都改进了工人的工作态度，使生产得到促进。研究人员由此得出结论：刺激产量增加的并不是工资制度，而可能是这之外的其他因素，如工人士气、管理方式的改变，以及人际关系的改善。

以上研究产生了组织行为学的核心理论——人群关系理论，从此为组织行为学的发展开拓了广阔的道路。霍桑实验及其人群关系理论成为组织行为学产生的标志。

梅约1933年出版的《工业文明中的人的问题》一书对霍桑实验的结果进行了系统总结，提出了人际关系学说，后又在哈佛大学开设人际关系学说课程以宣扬他的观点。

人际关系学说又名人群关系理论，其主要的论点是：生产效率不仅受物理和生理因素的影响，也受到社会和心理因素的影响。相对于传统的科学管理而言，人际关系学说的新观点主要是：

1. 员工是“社会人”

人不是单纯地追求金钱收入和物质条件的满足，还具有社会心理方面的需要，企业管理者不能仅着眼于技术经济因素的管理，还要从社会心理方面去鼓励工人提高劳动生产率，因为员工是“社会人”。

2. 企业的领导者应注重通过提高员工的满意度来激发“士气”，提高生产率

传统的科学管理认为生产效率仅仅决定于工作方法和工作条件，因而管理中就片面强调工作方法的科学化、劳动组织的专业化以及作业程序的标准化，是“对事不对人”的管理，梅约的理论则认为，生产效率的高低取决于工人的工作情绪即“士气”，而士气又取决于工人的家庭和社会生活，取决于企业中人与人的关系。企业的领导者应注重通过提高员工的满意度来激发“士气”，从而达到提高生产率的目的。

(1) 企业中除了正式组织外还存在非正式组织。正式组织是管理当局根据实现组织目标的需要而设立的，非正式组织则是人们在自然接触过程中自发形成的。非正式组织是企业中必然会出现的，它对正式组织可能会产生一种冲击，带来消极影响，但也可能发挥积极

的作用。梅约认为,在很多情况下,非正式组织对群体人员的影响力比正式组织更大,因而更值得重视。

(2) 传统的科学管理中,企业管理者在管理工人时往往只注重人们合乎逻辑的行动,梅约认为,新型的管理者还应同时注意人们非逻辑的行动,如情绪等,要善于倾听并与员工沟通,通过对员工心理需求的满足来达到提高生产效率的目的。

人际关系学说第一次正式地将社会学和心理学引入到企业管理的领域中来,在对传统科学管理的抨击中树立起"重视人性"的旗帜,为组织行为学奠定了实验的基础。在西方心理学界,梅约被誉为"工业社会心理学的创始人和组织行为学的先驱"。人际关系学说为行为科学管理理论奠定了基础,在组织行为学的发展史上产生了重大影响。霍桑实验及人际关系学说标志着组织行为学的正式诞生。

(二) 勒温与群体动力理论

德国的心理学家勒温是群体动力理论的创始人。勒温以人的需要、人格以及社会因素为研究核心,并将现代物理学"场"的概念及数学的概念引入心理学,来说明人类行为的动机,提出了与"物理场"相对应的"心理场",创立了社会心理学理论。他认为"心理场"包括人所经历过或存在于其中的周围环境,人的生理变化和行为方式等,他认为:人的行为就是发生在"心理场"中的,并受"心理场"的影响。勒温还提出:人的行为是人和环境相互作用的结果,其函数表达形式是 $B = f(P \cdot E)$。其中 B 代表行为,P 代表人,E 代表环境。勒温最初用"场"的理论研究个体行为,后来又把"场"的理论扩大到群体行为的研究,提出"群体动力"的概念。所谓"群体动力"就是指群体活动的方向和与其构成相互作用的诸因素的合力。因为群体行为的方向同样取决于内在的心理力场与外在的心理力场的相互作用。勒温的群体动力理论主要集中在三个方面:其一,影响群体成员行为从而影响整个群体行为的群体内部因素,它包括群体目标、内聚力、规范、结构、沟通、冲突及领导方式。其二,非正式群体对正式组织群体目标产生的积极、消极影响。其三,群体对变革的反应过程及特点。勒温的群体动力理论既是行为科学理论的重要组成部分,同时又构成了组织行为学有关群体心理和行为的基本内容框架,对管理科学和组织行为学的发展做出了重大贡献。

(三) 莫雷诺与社会测量学

社会测量学的创始人是美国的社会心理学家莫雷诺,他认为,群体的心理活动并不是偶然产生的,可以应用对人的态度和人的相互作用的演变和形式进行探索的数量方法来对群体进行研究。他提出了一种新的分析工具——社会成员测量法。这种测量法要求研究对象填写问卷,指出他们愿意和不愿意在一起的人,研究人员将问卷的结果画成图即社会成员心理测试图,企业管理者便可依据这张图来组成合适的工作团体,从而有助于工人协作和士气的提高。

莫雷诺的社会测量技术和方法作为研究团体行为的有效工具,被广泛应用于组织行为学。

(四) 马斯洛与需要层次理论

马斯洛(A. H. Maslow)是美国著名的人本主义心理学家,行为科学家。马斯洛在他的著作中论述了人的需要结构以及需要与工作动机之间的关系。马斯洛认为人是有需要的,人的需要是工作动机产生的基础。人的需要分为五类,即生理需要、安全需要、社会交往需要、尊重需要和自我实现的需要。这五类需要从低级向高级发展,形成金字塔形结构。要激发人的工作动机,就要采取相应的管理措施去满足人的上述需求。马斯洛的理论阐述了个体行为产生的内在原因,对推动工作动机的激励理论的研究起了重要作用。马斯洛的需要层次理论对于管理科学和组织行为学的发展都有很大影响,具有科学开创价值。

四、组织行为学的发展

第二次世界大战后,西方工业国家的科学技术有了飞速的发展,一些先进的科学手段和科学工具也被应用到企业管理中来,这时出现了一种强调科学技术、忽视人的心理活动的倾向。其中的一种主要学派被称为管理科学学派,也有人称之为数量学派,该学派的主要观点是:提高效率的主要途径是运用计算机、制定数学模型、运用数学原理和公式来进行计划、决策,并解决管理中的问题。

然而,由于不能很好地了解、解释员工的心理活动和行为,不能预见员工的行为倾向,导致许多数学模型无法在实践中运用。在这种社会大需求的背景之下,组织行为学的研究对象从个体、群体、领导扩展到了整个组织。70 年代末期和 80 年代,现代管理理论发展进入"企业文化"阶段,这对组织行为学的发展产生了重大影响。此时,Z 理论应运而生。Z 理论是由美籍日本人威廉·大内在 1981 年提出的。大内经过长期的研究发现,美国式管理是以 X 理论为基础的,而日本式管理是以 Y 理论为基础的,要在美国照搬日本式管理又行不通,所以,他就写了一本书——《Z 理论——美国企业如何迎接日本的挑战》。Z 理论认为,X 理论并非一无是处,Y 理论也不一定普遍适用,应该根据企业的实际情况,灵活地选择运用 X 理论或 Y 理论,以求得个体、组织、工作三者之间的最佳配合。Z 理论结合了 X 理论和 Y 理论的长处,要求管理者根据具体个体的不同情况灵活地采取不同的管理方法,受到了西方管理人员的广泛欢迎,但也有一些学者对它持有异议。

20 世纪 90 年代以来,组织行为学有一些新的发展动向,主要表现为如下几个方面:

(一)组织变革已成为组织行为学研究的首要问题

随着经济全球化的潮流和全球经济结构的调整,对企业重组、战略管理、跨国公司或国际合资企业管理的研究呈现强劲势头,研究的注意力全面转向整个组织层面。这些都对组织行为学的研究内容和研究热点产生了巨大的影响。其中,首先,要探索组织变革中理想的组织模式及干预理论;其次,在领导行为研究中,受权变理论的影响,管理决策显得十分重要;再次,在个体行为研究中,组织行为学开始倾向于认知策略和判断决策的问题;最后,竞争中的激励机制和企业文化也都成为组织行为学研究的热点。

(二)组织行为学强调对人力资源的系统开发

当今,组织行为学更加关注研究管理者决策、技术创新和员工适应中必须具备的胜任素质,更加关注如何充分利用和开发人力资源。因此,组织行为学研究由原来的局部、分散转变为整体、系统。目前有关自我效能感、个体对于组织的适应性等人力资源问题正越来越被关注。

(三)组织行为学研究更加关注国家目标

在对跨国公司和国际合资公司的比较研究、科技投入的行为研究、失业指导研究、劳动力多元化研究、国家金融安全研究等方面,均取得了客观的经济效益和社会效益。目前组织行为学家把组织作为开放的社会—技术系统来看待和研究，研究领域已突破传统框架，涉及管理培训与发展、工业业绩评价、管理决策、组织气氛和组织文化、跨文化比较等新领域。

（四）组织行为学更加关注工作生活质量

组织行为学认为强调生产率与强调工作生活质量并非相互排斥。如果工作生活质量不令人满意，是很难实现高生产率的。相反，高的生产率是拥有改善工作生活质量所必需资源的先决条件。组织行为学越来越重视有关工作满意度、雇员安全与健康、组织文化、组织承诺、心理契约、压力管理、工作—家庭平衡等方面内容的研究。

第三节　研究组织行为学的原则和方法

一、学习研究组织行为学的原则

（一）理论结合实际的原则

在学习和研究中要坚持理论联系实际。这里有两层含义。首先，学习研究要有理论指导。这些理论是经过验证的正确的理论，包括心理学的理论、管理学的理论、社会学的理论、社会心理学的理论、人类学的理论，以及组织行为学自身的理论等。以这些理论去指导实际研究和具体研究。其次，进行组织行为学研究要自觉地把某些具体研究成果上升到理论高度，不断丰富和完善组织行为学理论，其中也包括对以往的某些理论进行修正、补充。这一原则要求学习研究组织行为学不能从理论到理论，不能生搬硬套国外的某些理论，也不能就事论事，只摆现象不究原因，而应当把理论同实际结合起来，把国外的某些组织行为学理论同中国的组织的实际结合起来研究。理论与实际结合的过程是一个辩证的过程。

（二）客观性原则

研究者要以客观的态度，运用客观的手段对所研究的内容进行客观分析，从而保证得出客观的研究结果。对人的心理活动进行分析研究绝不能靠猜测，也不能以己之心度他人之意，而应当尊重事实，并善于透过现象看本质，挖掘行为结果背后真正的心理原因。

（三）系统性原则

即研究者要把组织中人的行为和心理活动放在一定的系统中进行研究。也就是说研究人的行为心理活动要坚持事物普遍联系的观点。一个组织是一个大系统，各群体是它的子系统。无论是组织系统，还是群体系统，都对人的行为和心理活动有影响。组织之外有一个更大的社会系统和一个自然系统，即组织的社会环境和自然环境，这些环境同样对组织中的人有影响。人本身也是一个系统，其中生理系统，尤其是神经系统对人的心理活动有着十分明显的影响作用和制约作用。系统性原则要求研究者要善于对人的行为心理活动进行综合考察，把几个不同的系统对人的影响联系起来考察，即要把社会系统、组织系统、群体系统、个体系统对人的行为心理活动的影响联系起来进行考察研究，切不可将这些联系割裂开来，孤立地进行研究。

（四）发展性原则

即研究者要以动态的观点来分析研究人的行为心理活动。客观事物是不断发展变化的，反映客观事物的人的心理活动也会随之不断地发展变化。社会在不断发展变化，组织在不断发展变化，周围人员在不断发展变化，人的生理活动在不断变化，所以，人的心理活动也在不断地发展变化。发展性原则要求研究者要依据客观事物的发展变化来分析研究组织中人的心理活动规律，切不可用僵化的、静止的观点去研究动态的心理活动。

（五）定性定量相结合的原则

即对人的行为心理活动进行定性研究的同时，尽可能采用定量研究的方法，对人的行为心理活动进行定量分析，使之更符合客观实际。

二、组织行为学的研究方法

组织行为学的研究方法主要是以心理学的研究方法为基础，结合管理的实际，问题的解决更具有科学根据。组织行为学是一门应用科学，它的研究对象是相互作用、相互影响、相互联系、相互依赖的有思想有感情的人，因而也就决定了它在研究方法上的特殊性。研究方法应遵循如下原则：（1）研究程序的公开性；（2）收集数据资料的客观性；（3）观察和实验条件的可控性；（4）分析方法的系统性；（5）所得结论的再现性；（6）对未来的预见性。组织行为学的研究通常采用以下几种方法：

（一）观察法

就是在企业的自然情况下，凭借观察者的感觉器官，有目的、有计划地直接观察被试者的言论和行为表现，以此来分析研究人的行为规律和心理活动规律的一种方法。这是组织行为学研究的一种基本方法。运用这种研究方法，首先要求观察者必须有明确的目标和任务，并制订观察计划的详细方案。

一般说来，在进行现场观察时，可按被试者所处的情境分为自然观察和控制观察两种。自然观察是在完全自然条件下进行，被观察者并不知道被观察，而在控制观察条件下，被观察者可能知道，也可能不知道正在被观察。如果按照观察者和被观察者的关系，观察还可分为参与观察和非参与观察两种。观察者直接参与被观察者的活动，并在该活动中进行的观察称为参与观察。而观察者不参与被观察者的活动，以旁观者的身份所进行的观察称为非参与观察。

观察法由于目的明确、方便易行，获得的材料比较真实，故应用较广。但其缺点在于仅能了解大量的一般现象，很难进一步弄清现象后面隐藏的本质特征，故最好能与其他方法配合使用。

（二）实验法

研究者在人为严密控制的环境下，有目的地给予被试者一定的刺激以期引发其某种心理反应，从而加以研究，找出有关心理现象的规律的方法称为实验法。

实验法依实验场所的不同可以分为实验室实验和现场实验两种。实验室实验在专门的实验室进行，一般借助各种仪器设备而取得精确的数据。它具有控制条件严密、操作程序固定、可反复验证等特点。但实验室实验具有很大的人为性，与实际生活条件有一定的差距，故所得结果与实际生活也有一定差距。

现场实验是在实际工作现场进行的。现场实验一般都是把对情境条件的适当控制与正常生产活动有机地结合起来，在生产活动过程中进行，因而较具现实意义。但由于工作现场的具体条件复杂，许多控制变量很难排除或在一段时间内保持恒定，故需有一个周密的计划，并坚持定期观察研究方能成功，著名的“霍桑实验”即为典型的一例。

（三）调查法

为了达到设想的目的，制订某一计划全面或比较全面地收集研究对象的某一方面情况的各种材料，并进行分析、综合，得到某一结论的研究方法，就是调查法。它的目的可以是全面把握当前的状况，也可以是为了揭示存在的问题，弄清前因后果，为进一步的研究或决策提供观点和论据。调查法可以分为访谈法和问卷法。

访谈法是运用口头的信息沟通方式，来分析人的心理与行为。其优点是双向沟通，加强感情交流，增加相互了解。缺点是无法完全避免主观因素、暗示、诱导所形成的信息失真。

问卷法则是根据研究的课题与目的，预先设置一系列问题，编制问卷，对人的心理与行为进行调查，然后统计分析，得出结论的方法。优点是直截了当，针对性强，能运用数据分析方法将定性问题定量化；且比访谈法更经济，更省时，应用范围广，结果有较大的概括性。但也存在着缺点，问卷设计若不科学，有可能造成调查结果的不准确，被试者回答问题时可能发生有意无意的偏差。

（四）个案分析法

这是研究者通过对一个体、群体或组织在较长时间内，如几个月、几年乃至更长的时间内连续进行调查、了解，全面收集资料，从而研究其心理发展变化的全过程，这种方法称为个案法。如某研究者深入某一企业进行较长时间的观察、了解和生活体验，掌握企业人员的思想状况、智力结构、领导特性、生产状况等主要因素，并以此为基础，通过进行深入的分析，整理出这个企业的详细材料，这个材料即称为个案。

个案分析是一种跟踪研究，只要是与被试有关的材料，一概搜集起来，通过对这些有关材料的分析，找出研究对象心理发展变化的轨迹，从中得到其行为规律和心理活动规律，并且进一步探索一般的心理活动和行为活动规律。这是一种从个别到一般的研究方法，亦即“解剖麻雀”的方法。

（五）经验总结法

这是研究者根据实际工作者的经验，用组织行为学的理论和知识，进行归纳、总结的一种研究方法。优秀企业家和管理者在实践中积累了丰富的管理经验，他们的管理经验在媒体发表后产生很大的社会影响，但由于他们可能缺乏管理理论，包括组织行为学的知识，其经验有一定的局限性，有时缺乏普遍意义和推广价值。这就需要组织行为学家与他们合作，开展咨询活动，从理论上丰富他们的经验，使之科学化，总结后再加以推广。

（六）测验法

上述各种方法都有可能要结合测验法，即采用标准化的心理量表或精密的测量仪器测量被试者心理品质的一种方法。运用测验法需要使用标准化的测验工具，这些以文字或图形为表达内容的测验工具称为“量表”。在组织行为学研究中，许多心理学量表被采用。测验法在时间和经济上都比较经济，通常情况下测试结果还可用来探求个体、群体和组织心理之间的关系。

思考题

1. 组织行为学的研究对象主要有哪些？
2. 组织行为学研究的内容有哪些？
3. 组织行为学的研究方法主要有哪些？
4. 组织行为学的产生与哪些学科有着历史的渊源？
5. 组织行为学的发展分为哪几个阶段？

练习题

1. 科学管理之父是(　　)。

A. 泰勒　　B. 梅奥　　C. 韦伯　　D. 马斯洛

2. 组织行为学的特点有：(　　)。

A. 多学科交叉性　　B. 情景性　　C. 系统性　　D. 多层次性

E. 实用性　　F. 科学性

3. 组织行为学研究的层次有：(　　)。

A. 个体　　B. 群体　　C. 组织　　D. 集体　　E. 环境

4. 组织行为学的理论基础有：(　　)。

A. 心理学　　B. 社会学　　C. 人类学　　D. 政治学　　E. 生物学

案例题

周院长的困惑

扬子水运设计院是交通部下属的一家乙级设计院，共有员工一百八十多人，其中一半是工程设计人员，一半是院机关干部、后勤员工。设计院的员工大体可分为两大类，一类是大学毕业后分配进设计院的设计人员，其中有一部分也在担负技术后勤工作，如技术室、总工办基本上由大学毕业生(当然也有不少是五六十年代的毕业生)担任主要职务。另一类是非专业人员，主要是党、政、工团、后勤、资料管理等非生产性部门员工，许多人与设计院主管部门有一定的关系。

设计院原先是国家全额拨款的事业单位，随着市场化的深入，设计院正走向设计市场，国家逐步减少事业费，设计院的主要收入来源于设计费。但由于技术力量人员数量有限，再加上收入的平均分配，许多设计人员积极性不高，设计工作推诿、拖拉的现象较严重。特别由于总体设计能力的限制，经常推迟交稿，委托方对此十分不满。

为了响应部委提出的深入改革的目标，同时也为了提高设计能力，设计院周院长决心深入改革，在院内委派主管生产的副院长孙院长担负改革领导小组主持机构改革，自任小组长。孙院长年富力强，办事负责，头脑灵活，深受年轻的设计人员欢迎。孙院长上任后，在院内就搞了个大地震。首先，打破原有科室结构，实行自由组合，减少人际关系带来的损耗。其次，实行项目承包，按设计费的一定比例包干，设计小组负责部分成本，其余自行分配。再次，设计小组负责人由小组人员推选，院里不再任命。改革措施一出台，全院上下反应不一，许多工作多年但由于早年专业荒废的老同志对此十分不满，而设计院的主要设计力量——

年轻人却欢欣鼓舞,都相约结盟,摩拳擦掌准备大干一番。

新的设计小组很快开始行动起来,加班加点,夜以继日地工作,果然不负众望,当年完成的项目金额比上一年几乎翻了一番。设计人员的收入也突飞猛进,由原来月均三四百元升至月均一二千元,有的年轻人一次就拿了一万多元项目奖。相比之下,包括院长在内的二线人员,在收入上就相形见绌了。但承包后项目费用也在上升,设计上有赶工期的迹象。

不久,二线的部门改革方案也出台了。二线各科室按职务、职称的不同系数拿平均奖,二线员工的收入很快就得到大幅提高。随后问题也接踵而至,水运建设项目日趋减少,庞大的费用开支使设计院捉襟见肘。为减少支出,院长决定对原承包比例打七折,修订承包方案,奖金须在设计费实际收回后方可兑现。一线设计人员的收入大幅缩减,奖金兑现的时间一拖再拖。但细心的员工慢慢发现二线的奖金却从不拖欠,也不见减少。这些只是观察或者猜测,因为财务是不公开的,谁拿多少钱没人知道。但传闻倒是不断地扩散,诸如全院收入前列的没有一线设计人员,周院长每个月上缴所得税多少多少之类。

又是两年过去了,水运建设走过了一个大规模建设的高峰之后又步入了低谷,扬子水运设计院日渐萧条,承接的项目逐年减少。

主管部门对此也十分关注,专门招集院领导商量对策,最终决定还是要加大改革力度。这次由周院长亲自挂帅,在设计院再次进行了改革,为此专门到各地兄弟设计院学习取经,拿出了一整套方案:(1) 全员承包,除社会保险外设计院不再承担一切费用;(2) 加大奖金比例;(3) 鼓励员工自接项目。出乎意料的是这套方案受到一线员工的一致反对,理由是同一城市的另一家设计院的承包方案明显地向一线倾斜,况且设计市场的竞争日趋激烈,实际成本费用日渐上升,承包金额扣除成本费用以后所剩无几。

在一线员工的反对下,周院长凭着多年的关系,在同城那家改革工作做得十分出色的设计院里拿到了整套方案。领导组织研究讨论再三,都觉得该方案对扬子设计院也很适用。

很快,新的改革文字出台了,出乎周院长预料的是几乎所有一线设计员工都不愿接受。院长在大会上对员工一再解释,但下面依然是一片沉默。这次,周院长真的糊涂了:问题到底出在哪里。请你帮周院长分析分析。

管理游戏:你说我做

道具:七彩积木

参加人数:20—30 人

用时:约 1 小时

游戏前准备:培训师先自己用积木做好一个模型。

过程:

1. 将参加人员分成若干组,每组 4—6 人为宜。

2. 每组讨论三分钟,根据自己平时的特点分成两队,分别为"指导者"和"操作者"。

3. 请每组的"操作者"暂时先到教室外面等候。

4. 这时培训师拿出自己做好的模型,让每组剩下的"指导者"观看(不许拆开),并记录下模型的样式。

5. 15 分钟后，将模型收起，请“操作者”进入教室，每组的“指导者”将刚刚看到的模型描述给“操作者”，由“操作者”搭建一个与模型一模一样的造型。

6. 培训师展示标准模型，用时少且出错率低者为胜。

7. 让“指导者”和“操作者”分别将自己的感受用彩笔写在白纸上。

游戏点评：

1. 身为指导者的你，体会到什么？

2. 身为操作者的你，体会到什么？

3. 当操作者没有完全按照你的指导去做的时候，指导者的你有什么感觉？

4. 当感觉到你没能完全领会指导者意图的时候，操作者的你有什么感觉？

5. 当竞争对手已经做完，欢呼雀跃的时候，你们有什么感受？

6. 当看到最后的作品与标准模型不一样的时候，你们有什么感受？

7. 是效率给予的压力大，还是安全性给予的压力大？

8. 指导者和操作者感受到的压力有什么不一样？

参考文献

[1]〔美〕格里芬·摩海德 著，刘伟 译. 组织行为学(第八版)[M]. 北京：中国市场出版社，2008.01

相关网站

http://www.apa.org/about/division/div14.html 美国心理学会第 14 分会——工业与组织心理

http://www.siop.org 美国工业与组织心理学学会

http://www.cpsbeijing.org 中国心理学会

http://www.chinahrd.net/ 中国人力资源开发网

维基百科，自由的百科全书

http://www.psytopic.com/mag/post/category/psychology-game

第二章

人性假设理论

引导性案例

王新在校期间成绩优异、表现突出，对政界有着浓厚的兴趣，并为自己的未来设计了一个宏伟蓝图。于是2005年研究生毕业后，毅然放弃了回自己父亲创办的企业任职，考取了市里某机关公务员。刚参加工作时，单位领导亲自督促后勤部门安排王新住进崭新的单身公寓，并配备了空调、冰箱等生活用品。单位给予王新的薪酬也是同等知识水平的人所羡慕的：每周工作35个小时，如果有时需要加班，额外时间将得到双倍工资，并报销饭费及出租车费用；第一年有一周的带薪假期，以后以每年增加2天的时间递增。公司每年至少安排一次员工培训，以提高员工素质；工作期满3年后，如果个人买车，公司将提供购车款的50%补贴，并报销30%的汽油费。在第一年的时间里，王新虚心向老同事学习，工作能力有了质的提高，多次受到领导的表扬，并在年终领取奖金时得到5 000元的额外补贴。王新自己也感觉很满意，觉得自己的事业计划正在逐步实现。

在接下来的一年里，尽管王新的工作做得非常出色，领导也多次表示可以给予他更大的发展空间，可就是没有得到提升。王新渐渐感觉到工作中的收获与原来设想的有了一定程度的偏差，自己的价值没有得到充分的实现。于是工作中投入的精力在不知不觉中减少。在一次偶然的单位聚会时，王新从单位一位老员工口中得知：由于政界的一些特殊性，即使你工作得再出色，目前都不会给你更大的发展空间，单位的提升制度目前不会根据你的工作能力来决定是否提升你。老同事的话让王新重新考虑了自己的人生计划和自己的抱负。王新在经过考虑之后，向领导提出能否让他承担一些更重要的工作。领导以他工作时间不长，还需继续锻炼，拒绝了王新的请求。王新在此后的工作中，不断地将现实情况和自己的人生计划相比较，经过深思熟虑之后递交了辞呈。在公司领导极力挽留并表示可以改善相应的福利制度的情况下毅然离开了工作岗位。

从这个案例中我们可以看到，虽然公司领导给了王新较高的福利待遇，对其工作也予以肯定，但是并不符合王新的心理需求，王新觉得自己的理想和抱负无法实现。那么，应该如何根据不同员工的特性进行管理，更好地发挥员工的潜在能力呢？这就是我们这一章需要探讨的问题。

资料来源：http://wenku.baidu.com（百度文库 > 教育专区 > 高等教育 > 管理学）

本章知识点

1. 什么是人性
2. 人性假设理论研究的内容
3. 人性假设理论对管理者的意义

所谓人性即指人的本性，它侧重于人与生俱来的特性。在我国古代思想家关于人性的假设中，最具代表性的是性善说和性恶说。西方管理学界对于人性也有各种不同的认识，并从不同角度对其进行探讨，提出了各种假设。诸种不同的人性假设都蕴涵着某种程度的合理或科学的成分，我们有必要对这些观点予以深入的分析、讨论，以汲取其精髓。

第一节　中国管理思想中的人性假设

一、中国古代的人性假设与管理

（一）性恶论与管理

一般认为，性恶论由先秦儒家的集大成者荀子提出，继而为法家代表韩非所发展，在我国历史上有深远的影响。荀子认为人性本恶，人都有"饥而欲食，寒而欲暖，劳而欲息，好利而恶害"的本性，人性就是"目好色，耳好声，口好味，心好利，骨体肤里好愉逸"。如果顺着"好利"的本性发展，就会产生争夺；放纵人的本性，就必定会危害社会，致使天下大乱。所以，"人之性恶"。但他又认为可以通过人为的办法将人性变为"善"的，因此，必须进行教育，用礼仪对一般百姓进行正确的引导和教化，用赏罚分明的政策来进行治理。韩非也认为，人生来就"好利避害"，人与人之间总是"用计算之心以相待"，"利是人们行为的实际动力"，故赏罚可用。他们所倡导的理想的国家管理模式是"礼仪之治"，也就是"制礼仪以分之，以养人之欲，给人以求"。总之，性恶论者主张管理者通过制定礼仪，提供必要的规章制度，以调节人们的欲望；以礼仪教育人民，建立法制以治理国家；推行刑罚以限制百姓，使社会安定而有秩序。

（二）性善论与管理

"人之初，性本善"，儒家学派的代表人物孟子首先提出了性善论，他认为人性本来就是善的。他的人性观体现在《孟子·告子》上篇中。他说："人性之善也，犹水之就下也。人无有不善，水无有不下。"意指人的本性是善良的，就像水总是往低处流一样，人的本性都是善良的。至于人有不善，不能归罪于其本质不好，而是因为人放弃了本性，才会走上"不善"之路。孟子不仅提出了性善的理论，而且还将其理论用于管理。他主张管理应该实施"仁政"，而仁政之根本在于"养心"，就是要"以德服人"，而不是"用力服人"。他认为管理者应该以爱惜别人的心情来实施爱惜别人的政治，那么“治天下可运之掌上”。可见，性善论者非常强调把人作为管理的核心，运用道德的教化，从人的内在因素去提高人们的自律性，使人们和谐统一，达到管理的目的。

（三）人性可塑论与管理

荀子、孟子对于人性的不同假设，其实只是看到了人性的不同层面。以我们今天的观点来看，人性乃是一个复杂的组合体。人既有生存的自然属性，也有成为人的社会属性。荀子看到了前一点，所以言“性恶”，而孟子认识到的是后一点，所以言“性善”。孔子则提出“人性塑造论”。他说“性相近，习相远也”，人性的善恶分化完全取决于人的后天行为。告子继承和发扬了这一主张，指出：“性犹湍水，决诸东方则东流，决诸西方则西流。”因此，管理不应该是对人性的适应过程，而应该是对人性的塑造过程。

二、中国现代组织的人性假设与管理

当前对中国现阶段组织管理的人性的分析，经历了较长时间的讨论，比较典型的认识看法主要表现在两种观点上：员工是附属物和员工是活动主体。

（一）员工是附属物的观念与管理

这种观点认为员工是依附于组织的一种廉价劳动力。具体表现为：

① 员工是被动的，没有思想，没有主张，是为组织赚得利润的工具；

② 一切听从领导层的指挥，毫无主观能动性。

这种观点的形成通常与组织创始人的思想观念、人格特征、处世方式有着紧密的联系，而且大多在民营企业、私人企业中表现出来。因此，在管理上，他们多采取“自我中心性、非理性化家族管理”。这种管理的特点是：

① 权力掌握在企业核心人物手中，企业的一切决策都是企业核心人物人格、思想的外化；

② 员工是企业赚取利润的机器，对于企业的决策只能无条件地执行；

③ 企业的人力资源管理制度可能是健全的，但也可能都是机械的、无效的；

④ 将人看做是“工具”，只求人奉献，而不予人以激励；

⑤ 只想控制人，而不尊重人。

（二）员工是活动主体的观念与管理

这种观点认为员工是组织的主人，是组织的活动主体。具体表现为：

① 员工是积极的、主动的；

② 员工是社会的人，他们有思想，有追求，希望得到别人的尊重。

以上观念通常是在残酷的竞争环境中，领导集体在理性认识的基础上形成的，而且大多在那些比较开明、民主，目标明确的组织中表现出来。基于上述观念，领导集体在管理上必然采取“以人为中心、理性化团队管理”的模式。这种管理的特点是：

① 权力定位于组织的所有员工，组织的一切决策都是根据员工的思想、行为表现而做出的；

② 所有员工都可以参与决策，充分体现民主，决策是在科学程序指导下理性研究的结果；

③ 组织的人力资源管理制度是根据员工的心理、行为表现制定的；

④ 把人看做是“资源”，给以良好的激励；

⑤ 工作绩效是衡量员工的主要标准。

一般而言，如果采取“自我中心性、非理性化”家族管理方式，会导致组织的失败，而“以人为中心、理性化团队管理”能够带来组织的繁荣。

第二节　西方管理思想中的人性假设

在西方管理理论中与组织行为学有关的人性假设理论比较公认有四种：“经济人假设”，“社会人假设”，“自我实现人假设”和“复杂人假设”。

一、经济人假设与管理

经济人，也可以翻译成“理性的经济人”，或“实利人”。这种假设起源于享乐主义哲学和亚当·斯密关于劳动交换的经济理论，认为人的行为在于追求自身的最大利益，工作是为了得到经济的报酬，可以说这是一种性恶论的管理理论。美国学者薛恩在《组织心理学》一书中指出：关于人性是理性的和经济的说法，归根到底是从享乐主义衍生出来的，这种学说主张人的一举一动都是为使自己的利益变得最大。

这种管理思想认为，人天生好逸恶劳，人的一切行为都是趋利的，管理他们就要诱之以利，惩之以罚，即“胡萝卜加大棒”的管理策略，对人的管理是不信任和惩罚式的。美国心理学家麦格雷戈(D. M. McGregor)将这种管理方式称为 X 理论。

这种管理方式在资本主义发展初期被广为应用，而资本主义发展初期正是我们前面所提到的科学管理阶段——泰勒时期，只注意物理的评估手段，不管工人的主观反应，完成任务有奖，超额重奖，完不成则罚，以至开除，这样做提高了生产力，同时也加重了剥削，使工人处于高度紧张的状态，遭到了工人的反对和抗议。

“经济人”观点认为，人的一切行为都是为了最大限度地满足自身的欲望，人们的工作动机在于取得经济报酬。美国工业心理学家麦格雷戈在他的《企业的人性面》(1960)一书中，提出了两种对立的人性假设理论：X 理论和 Y 理论。他主张 Y 理论而反对 X 理论。X 理论就是对“经济人”观点的概括。

(一)“经济人”假设的基本要点

(1) 多数人天生是懒惰的，均想逃避工作。

(2) 多数人没有雄心壮志，不愿负责任，而心甘情愿受别人的指导。

(3) 多数人的个人目标与组织目标相矛盾。

(4) 多数人工作是为了满足基本的生理需要和安全需要。

(5) 只有少数人是勤奋的，有理想、有抱负的，他们应负起管理的责任。

X 理论所强调的人性观，必然导致严密控制和监督的管理方式，即采取“任务管理”的措施。

(二)“经济人”假设相应的管理措施

(1) 为了使被管理者勤奋工作，必须采取强迫、控制的方式，在惩罚和威胁的同时用金钱和福利去引诱。

(2) 管理就是制定各种科学的操作规程和规章制度,用以加强对被管理者的控制,以保证任务的完成,而无须考虑被管理者的思想和情感。

(3) 管理工作是少数领导管理者的事,与大多数被管理者无关。

早期科学管理的“泰勒制”就是“经济人”观的典型代表,其“动作研究”的出发点是工作的高效率,只强调实现效率的最佳方式而无视人的感情;其“刺激性付酬制度”的着眼点在于进行利益激励以控制工人;其“计划与执行分离”的另一面是反对工人参与管理,只能受制于管理者。在《科学管理》一书中,泰勒说:“现在,我们需要的是一位最佳的搬运铁块的工人,最好他蠢得或冷漠得像一头公牛——这样他才容易服从高智慧者的训练。”这再明白不过地表明了他的主张的实质。

“经济人”观点的最大贡献是促进了科学管理的发展。早期的科学管理正是采纳了这种人性观才发现了合理的劳动动作与工作效率之间的关系,制定了精确高效的工作方法,实行了完善的工作定额计量和监督手段,以及分工明确、责任明确的奖惩制度等;同时,它的利益奖惩管理原则也并非一无是处,人们的经济利益是一切动机的最根本动因,所以用物质刺激人的积极性有一定的作用;它重视规章制度和劳动纪律以及奖惩分明对于一个组织的作用;然而,“经济人”把人看成天生是懒惰的,实质是遗传决定论的人性观,它剥夺了工人参与管理的权利,把工人当做是只有生理与安全需要的乌合之众,编造了一种虚假的“贱民本性”,反映了它的“上智下愚”的本质;它把人分为多数被管理者和少数管理者,是显而易见的剥削实质;它视人为机器,认为效率的必由之路就是按照纯粹严格的科学机制办事;它视人为动物,认为求得效率的手段就是根据动物趋利避害的本性加以驱使——惩罚和奖励;其片面的指导思想必然导致片面的方法、手段,其相应的管理措施完全无视人的感情和思想。

虽然“经济人”的观点和 X 理论已经过时,但对我们的组织管理还是有一点借鉴意义:

(1) 任何管理都不可忽视利益机制和动力机制。利益是人们行为的动力,管理必须重视人们物质利益的满足。

(2) 组织内部及组织之间由于利益主体的不同存在着竞争,利益的调节和正当的竞争可以促进不同主体实力的增强和人类社会的进步,优胜劣汰,是市场经济的必然法则。

(3) 用严格的规章制度来规范人的行为,以赏罚分明来实现严格的管理和控制对组织是有用的。

但是,也应该认识到:

(1) 不能单靠物质刺激来调动人的积极性,不能忽略人的社会和心理需求层面。

(2) 组织可以建立严格的规章制度并奖惩分明,但不能悖逆人性,把人当成“机器人”、“工具人”。

二、社会人假设与管理

“社会人”认为,人最重视工作中与周围人的友好相处,良好的人际关系对于调动人的积极性有决定性的作用。这种人性观是梅奥在“霍桑实验”中提出的。

(一)“社会人”假设的基本要点

(1) 人是“社会人”,人的积极性基本是由社会心理需求激发的。

(2) 工作效率主要取决于员工的士气,而士气则取决于人际关系和管理者满足员工社会心理需求的程度。

(3) 非正式群体对员工无形的影响力量比正式群体大。

(4) 领导者要善于倾听和沟通员工的意见。

(二)"社会人"假设相应的管理措施

"社会人"假设的管理要点是参与管理,其主要内容为:

(1) 管理的重点在关心人、满足人的社会需要上。

(2) 管理者应努力培养和形成员工的归属感和整体感。

(3) 尽量给予集体奖励,个人奖励须保密。

(4) 认真了解非正式群体,使非正式群体与正式群体的需要、目标平衡。

(5) 管理者应起到上情下达,下情上传的联络员作用。

很显然,"社会人"观念比"经济人"观念向前迈进了一大步。一是指导思想的进步,开始注意人性中更重要的层面;二是管理思想的进步,从以工作为中心转移到以人员为中心;三是参与管理比传统的任务管理更有效,能够更有效地促进劳动生产率;四是把激励理论发展到一个新的水平,使人们对激励内容的认识从生理性物质需要发展到社会性情感需要,而后者是符合人性的更重要的需要;五是"社会人"观点还在理论上为后来影响深远的行为科学管理奠定了基础,促进了管理心理学关于人的社会性动机、需要激励、群体人际关系、非正式群体、领导方式等一系列问题的研究。

可是,"社会人"的着眼点只是在具体的工作交往中所形成的心理关系,而对由生产关系决定的重要的阶级和政治关系讳莫如深;在实践上,"社会人"观点的出发点旨在应付资本主义企业间的激烈竞争及缓和企业内劳资关系的紧张,其所采用的"以人为中心"的管理措施具有欺骗性和虚伪性;同时,"社会人"观点具有机械主义的色彩,人似乎完全由社会环境因素所决定。但是,无论如何,"社会人"观念对管理的现实是具有启发性的:

(1) 以人为中心的管理模式对提高领导生产率的作用这一研究所包含的心理学原理具有普遍的意义。从心理学角度看,以人为中心、让下级参与管理能使下级感受到被关心、重视、尊重,感受到自己对他人、对工作组织的价值,从而激发其责任感、工作动机,使其提高劳动生产率。

(2) "人际关系对于激发动机,调动工作积极性比物质激励更重要"是具有普遍意义的激励原理。这是由人的社会性所决定的。个人不能离开社会、群体而存在,人人都有与人交往、被人关心、接纳、承认、尊重、找到归属的欲望,工作组织能否满足组织成员的这些需要会直接影响人们的工作行为。在良好的人际关系下,即便报酬较低也能使人心情舒畅、干劲倍增;在恶劣的人际关系下,即便是高报酬也使人心情压抑、萎靡不振。

案例2-1

参与管理实验

根据社会人的观点,产生了"以人为中心"的参与管理的新型管理方式,即在不同程度上让员工和下级参与企业组织的研究和决策。马罗(Alfred. J. Marrow)用实验证明了参与管理比传统管理更为有效。实验是针对哈乌德公司准备实行的一项涉及部分工人的工作方法和工作性质的改革而进行的,该项改革被预计会受到工人的反对。马罗为此作了一项实验设计,试图考察让工人参与讨论改革方案是否有助于克服他们对改革的抵制。他将工人分为参与组与非参与组。对非参与组只说明新工作的安排和新的计件制度,对参与组则不详细说明改革的原因,并组织工人讨论如何改变工作方法、降低成本等。改革后对两组情况进行比较分析,发现非参与组的产量下降35%,一个月后也无好转,9%的工人商量另找工作,其他人则抱怨工资降低。一个半月后情况依然糟糕,管理当局决定解散该组,组内人员另行安排工作。参与组情况大不相同,改革后第二天产量就恢复到以前的水平,三周后产量比改革前提高14%,无人离职或对改革发牢骚。两个半月后,实验者将已解散的非参与组成员重新集合起来,按参与组方式组织他们讨论改革方案,结果,该组产量迅速恢复,在一周内超过了改革前的水平,不再有人离职或抱怨。

马罗的实验证明了参与管理方法效果显著,原因是工人不仅因参与决策明确了工作任务,更重要的是因工人与管理人员处于较平等地位,双方的关系得以改善,工人的社会性需要得到满足。在美国,"社会人"观点指导下的典型的参与管理的大规模实践是"斯肯伦计划",其主要内容是成立劳资双方联合委员会,共商企业降低成本、提高产量、质量等重大问题;发动全体职工提合理化建议;实行集体分红制度,对超利润部分按比例提取作为员工集体奖励。该计划使拉波因特钢铁公司在濒临破产的边缘转亏为盈,企业竞争力大幅增强。1955年以前实行个人奖励制度的派克笔厂,工人们都不愿采用新技术,致使该厂零件的50%被迫由外厂生产。实施了"斯肯伦计划"后,工人们接受新技术,成本降低,利润增加。此外,还有许多企业也实行了"斯肯伦计划",并在提高生产效率上取得成果。这些事实都说明,以"社会人"观点为指导的"以人为中心"的参与管理模式是一种比传统的任务型管理更为有效的管理方式。

资料来源:伍叶琴,组织管理心理学[M].重庆:西南师范大学出版社,2005年版,16

三、自我实现人假设与管理

自我实现人是根据马斯洛自我实现理论而提出的,马斯洛的人本主义心理学认为,人性是善的,人的基本属性是社会性的,人要尽自己的所能追求更高的成就。麦格雷戈借用了马斯洛的这个思想,提出了自我实现人的理论。这种理论也被称为Y理论。

人并无好逸恶劳的天性,人在本质上是自发、自动并能自制的,人的才能充分表现出来,才会感到最大的满足。"自我实现人"认为人都有发挥自己潜力,表现自己才能的需要。

(一)"自我实现人"假设的基本观点

(1)人生来是勤奋的,如果环境条件有利,工作如同游戏、休息一样自然,工作本身就是满足的来源。

(2)人是自动自主的,在执行任务过程中能够自制自律。

(3)在正常情况下,一般人不仅会接受责任,而且会主动寻求责任。

(4)员工中存在着解决组织诸多问题的相当丰富的智慧和创造精神。

（5）在现代工业条件下，一般人的潜力只利用了一部分。

（二）“自我实现人”假设相应的管理措施

基于以上观点和理论，管理者的管理措施应该是“自主管理”，它主张：

（1）管理的重点是创造有利于员工自我实现的工作环境和条件。

（2）管理人员的任务主要是创设能使员工自我实现的具有意义和价值的更富挑战性的工作。

（3）激励方式由“外在激励”转变为“内在激励”。

（4）管理制度趋向于让员工自治、自控。

“自我实现人”的人性观及其管理理论是在第二次世界大战后资本主义工业高度机械化的条件下提出的。20 世纪 50 年代以来，随着生产的发展，工人的工作日益专业化，特别是传送带工艺的普遍运用，把工人束缚在狭窄的工作范围内。工人只是机械地重复简单、单调、乏味的动作，俯首听命于冷冰冰的机器，看不到自己的工作与整个组织任务的联系，因而缺乏兴趣，士气低落，影响产品的数量和质量。“自我实现人”管理理论的出现改善了这种局面，为资本主义企业注射了一支强心剂。

对于“自我实现人”观点和 Y 理论，我们也应该用一分为二的观念去看待：

（1）由于强调人的价值和人的潜能的发挥，它进一步推动了现代“以人为中心”的管理运动。

（2）从心理发展的角度出发，强调了满足人的高级心理需要——自我实现对发展人的潜能、发挥人的积极性的重要性，强调了内在激励、精神激励的重要作用，这是激励理论的重大发展。

（3）它促进了管理思想的变革和组织设计、工作设计以及工作生活质量等研究的发展。

因此，我们在管理中应该看到：

（1）人们具有遵守规范的自觉性，因而教育与提高实施引导、激励水平的自律化管理方式比外在的强制管理方式更易被接受，更能发挥人的内在潜力和创造力。承认自我实现需要对工作动机的激发作用，重视内在激励的作用，能极大地提高工人的工作积极性。

（2）创造良好的工作条件，设置恰当的组织目标非常有利于劳动者的自我实现。

这种强调内在自律的管理无疑有其科学的一面，但并非管理的灵丹妙药，因为人的本性与管理实践远非如此简单化一。如果舍弃制度管理而走向另一极端，也必将导致管理的混乱与无序，而背离管理的宗旨。

四、复杂人假设与管理

复杂人假设出现在 20 世纪 60 年代末 70 年代初，考虑到了由于人的复杂性，用经济人、社会人、自我实现人等观点，来解释不同人在不同条件下的行为很难全面、完整地反映人性这一事实。

薛恩认为人的需要和潜力，随着年龄和发展阶段改变而改变，因此不能一律对待，提出了复杂人的概念。人的需要因人、因时、因地而异。复杂人观点，提出了一种新的管理理论——应变理论。“应变”是指根据具体情况而采取适当的措施。人是复杂的，因此，管理不能采取同一模式，复杂人理论是在这一问题基础上提出的新理论，即 Z 理论，又称为超 Y 理

论或权变理论。它与 X 理论和 Y 理论是完全不同的,它的基本观点如下:

(1) 人的需要是复杂多样的,人们是怀着许多不同的需要加入工作组织的,而且人的需要随人的发展和生活条件的变化而变化。

(2) 人在同一时间会有各种需要和动机,它们会发生相互作用并结合为统一体,形成错综复杂的动机模式而对人的工作行为起作用。

(3) 人在不同的群体中会产生不同的需要。

(4) 不同的人对管理方式会有不同的反应,因此没有一套普遍行之有效的管理方法。

鉴于此,管理者的管理措施应该是"弹性管理":

(1) 管理措施因人、因事、随境而异。

(2) 应变也不排斥前面三种观点的管理方法。

(3) 管理者的任务就是洞察员工的个体差异,灵活地采取相应管理措施。

由于复杂人假设和应变理论很强调管理的时空变化性,所以,我们认为这个假设更接近实际情况,含有辩证法的思想。当然,由于它只单纯强调人们差异性的一面,而忽视了人们的共同性,表现出片面和偏颇,会导致"管理无定规",忽视甚至否定管理理论的倾向。所以在管理中,必须认识到管理应该是在人们共性的基础上,采取灵活多样的管理措施。

复杂人观点对 70 年代以来的西方管理方式产生了重大影响,相关人士在这种思想指导下进行了大量的具体研究工作。例如,工作任务性质与组织权力定位的关系,组织文化与对人的管理方式,人员素质与组织结构设计、工作设计的关系,针对员工个体差异采取灵活多样的管理激励方式等。

小资料

"理性人"与"有限理性人"假设

理性人假设又称完全理性人说,它是古典经济学家对人性的认识。这种观点认为,任何个人都充分理解自身利益所在,并都能采取正确的对策去最大化地谋取自身利益,人是能够运用逻辑推理,从事实出发,推出纯粹客观的结论的,而且都能够根据客观条件和自己拥有的禀赋从许多个可选择项中做出最优的决策。理性人假设曾经统治学术界很长一段时间,直到美国经济和管理学家西蒙对此提出质疑。西蒙认为,要实现完全理性,人们必须符合三个条件:① 每一个人作决策时必须了解影响决策的每一个因素;② 每一个人作决策时必须能够完全估计到每一种可能的结果及其发生的概率;③ 人们有能力对每一种结果的偏好程度进行排序。然而,以上三个条件都不能成立。由于人们通常都不可能获得与决策相关的全部信息,并且,全体个人的大脑思维能力都有限,因此,任何个人在一般条件下都不可能做到充分理性,而只能拥有"有限理性",人们在决策时不可能追求最优的结果,而只能追求满意的结果。

举例来说,某个农民由于掌握信息不可能充分,自以为多种西瓜可以赚大钱,结果待到收获西瓜时,才发现市场上烂市,被迫贱价抛售,血本无归。这是因信息不充分造成他无法充当理性人的事例。同时也表明,以"每个人都是理性人"这一命题,无法客观、普遍地描述生活。在人们的生活中,面对无力计算清楚的众多变量,不可能具有充分理性,而只能像西蒙所指出的那样，最多只能够有“有限理性”，即在可能获得的信息条件下，依照有限的思维能力做出决策，在力所能及的范围内趋利避害。

如此来说，我们似乎可以放心地把西蒙的“有限理性”看做解释生活的可靠的一般原则，并似乎可以认定，这种一般原则会放之四海而皆准。然而，世上有许许多多人，仿佛故意和经济学家过不去，竟然在生活中违反有限理性。几乎在每个人身上，都可能发生无法克制的一时冲动行为或愚蠢行为，文学作品对这类行为多有描述。《水浒传》中描写过鲁智深三拳打死镇关西，杨志挥刀斩牛二的行为并不理性；《唐·吉诃德》、《阿Q正传》中主人公的某些行为也都很愚蠢。在日常生活中，我们可观察到暴怒失态、酒后驾车这类行为。

此外，心理学家做过许多试验，发现许多场合下人的行为都是非理性的。例如，给出如下两种选择：① 100%的机会赢1万元；② 10%的机会赢5万元，89%的机会赢1万元，1%的机会不赢不输。若人是有理性的，哪怕仅具有有限理性，也应当选择②，因为选择②的期望值是13 900元，大于选择①，然而，参加心理试验的大多数人都选择①，这显然表明，人的作为不符合理性（或有限理性）。

弗洛伊德和后弗洛伊德心理学家坚信，人的行为并非全部都有理性计算或由明确意识习惯（包括坏习惯）控制。明知吸毒、吸烟有害，但千百万瘾君子偏偏要逆理性而行；明知喝酒多了误事，但许多酒鬼偏偏要一杯又一杯地喝下去，已经烂醉如泥还硬充好汉说“我没醉”。心理学家还指出，人们买东西，也往往不是凭理性计算，而宁愿上广告的当。广告也不是用理性计算来劝告人们买什么，而是利用人们非理性的潜意识，包括性、魅力、渴望、幻想和嫉妒来设计广告以勾引顾客，并往往因此得手。没有哪个电视广告会如此策划：让一位丑陋无比的女子举着化妆品向观众说：“请用这家伙！”广告策划通常都是理性的（用优美、豪华的形象来吸引人并获得成效），但它所利用的却往往（当然并非全部）是人们的非理性（幻想、嫉妒等）。

不仅个人行为，在群体行为中，人们也可观察到非理性的人类行为。而且集体的非理性比个人的非理性更可怕。第二次世界大战爆发前和战争初期，德国千百万民众对希特勒敬佩得五体投地，以为遇到了救星。直到盟军在诺曼底登陆后长驱直入打到易北河，苏军攻克柏林，德国一败涂地、土崩瓦解，德国民众才认识到，当初把希特勒捧上天有多么愚蠢。中国历史上，历代封建帝王骑在百姓头上为所欲为，作威作福，但黎民百姓却把帝王当做天子来顶礼膜拜，他们的行为，也显然不合乎理性。

倘若果然如此，则我们无权指责说，这些人“生活错了”，我们更不能说“任何违反有限理性的生活都不算是生活”（人的一种行为，哪怕是违反有限理性的行为，都直接就是生活）。针对人们在现实生活中实实在在存在的某些违反有限理性的行为，我们只好说，有限理性，是能解释一部分人类生活，但却无法解释所有人类生活。如此来说，不仅充分理性假设靠不住，而且，就连西蒙的有限理性假设也难以普遍有效地解释人类生活。

资料来源：伍叶琴，组织管理心理学[M]. 重庆：西南师范大学出版社，2005年版，20

第三节 人性假设在管理中的作用

管理归根结底是人的管理,现代组织的管理必须建立在人性的基础上,以适当的人性假设作为管理的依据,以及管理的出发点和指导思想。

管理学认为,任何一种管理理论、方法或实践都是以一定的人性假设为基础的,不同的人性假设在实践中体现为各自不同的管理观念和管理行为。所以,如何认识人的本质或本性,是管理学中的重大问题。由于管理者对人性的不同认识,决定了他们对被管理者采取不同的态度和管理方法。一个领导者在管理中遵循什么样的管理原则,建立什么样的规章制度,设计什么样的组织结构,都与他对人性的看法有关。例如有一位领导者深信:人不可能自觉地工作,那么他必然会在组织内部建立严密的控制手段,以保证员工按时上下班,并密切监督控制员工的言行。而另一位领导者则认为:人会自觉地工作,因为人是有责任感的,那么,他就会十分重视在组织内部贯彻民主与参与的管理制度,鼓励员工自我约束、自我控制,而不会严格监督控制。所以,人性观是领导管理者行为方式的依据。那么究竟什么是人性呢? 我们认为它是一种管理哲学与思想:是对被管理者的需要结构及其在工作中追求什么的系统认识。

人性假设管理理论能够为我们提供什么启示呢?

当我们全面考察了中西方管理中的人性假设管理理论的发展历程之后,可以得到一些非常有益的启示。

(1) 研究完整的个体。我们如果要认识人性问题,就必须就完整的个体来加以研究。人是复杂的,他绝不会因为追求经济利益而放弃能力的发挥,更不可能为了接受有挑战性的任务而放弃高报酬。事实上,人性的各个方面是相互影响、相互关联的,只不过不同的个体有不同的偏向性而已。所以管理者不仅需要制定严格的规章制度、奖惩分明的政策,也需要创设良好的群体氛围、工作环境,更要看到组织是由不同的人所构成的,应为他们提供体现自身价值的机会。

(2) 管理者的重要认识。人有心智,所以他们有自己的行为方式。但他们为了能够实现自己的理想可以克服一些本性上的要求。所以,如果管理者善于选择策略,可将员工引入到组织所期望的轨道上来,使其达成组织的愿望又满足他的个人需要。例如,可以利用人本质上的荣誉感、地位欲等加以引导。

(3) 对被管理者的思考。被管理者不仅具有生物性,还具有社会性和精神性。因此,对被管理者应该做到:

① 多数人喜欢在社会环境中生活与工作,"社会助长作用"常常能够发挥效用。但也有人不愿意受到别人的干扰,如科学家、研究人员、作家等脑力劳动者。

② 人们希望在团体中享受权利而不是成为奴隶,所以专制的管理方式常常受到唾弃。

③ 人不仅有共性,也有差异性。"一刀切"的管理方式通常会失败。

④ 人们通常都能尽全力接受挑战,但如果认为每个人都有责任意识就是错误的估计。责任通常是给予那些希望承担更大责任的员工的。

⑤ 良好的工作环境是人们的追求。所以,管理者应该创造能使员工竭力工作的内部环

境:评价、晋升要考虑员工的能力;训练必须针对工作和个人发展的需要;任务分配要符合人的能力和兴趣;薪酬设定应按职责和贡献进行。

思考题

1. 人性的假设理论有哪几种?其要点是什么?
2. 简述人性假设理论在管理中的应用。

练习题

1. 麦格雷戈将经济人假设概括为 X 理论,其基本观点是(　　)

A. 多数人天生懒惰,不愿工作

B. 多数人没有雄心大志,喜欢依赖别人

C. 多数人喜欢安逸,与组织目标相矛盾,须用强制的方法才能迫使他们为组织目标而工作

D. 多数人是为金钱和地位而工作

2. 麦格雷戈认为,由 X 理论引出的管理方式的特点是(　　)

A. 把金钱作为主要激励工具

B. 把惩罚视为一种有效的管理手段

C. 采取"胡萝卜加大棒"的管理方法

D. 用权力和命令来实现管理

E. 强调人的主观能动性

3. 麦格雷戈认为,由 Y 理论引出的管理方式的特点是(　　)

A. 把效率放在首要地位

B. 把调动员工内在积极性放在首位

C. 强调实现对员工的自我控制

D. 让员工参与管理

E. 主要采取控制、指挥的手段

4. 麦格雷戈提出的 Y 理论的基本观点是(　　)

A. 一般讲,人都是勤奋的

B. 控制和惩罚不是使人服从组织目标的唯一方法

C. 激励在需要的每一个阶梯上都起作用

D. 缺乏抱负并非人的天性

E. 提倡实现个人、组织和工作三者之间最佳的配合

5. 建立在超 Y 理论基础之上的管理方式的特点是(　　)

A. 强调外部控制

B. 强调启发内因

C. 强调因人、因事、因其不同情景而采取不同的管理方法

D. 强调管理工作应实现个人、组织、工作三者之间最佳的配合

E. 在任务不明确、工作混乱时,采取以 X 理论为基础的领导方式

案例题

张磊是某高新技术公司的总经理,他深谙人才的重要,十分重视开发员工的潜力,以最大努力发挥公司里每一个人的积极性。

该公司人才济济,技术人员大部分来自国内名牌大学,也有一些海归人员,有博士也有硕士。对于人的使用,张总自始至终充满尊重、理解和信赖。他认为,公司是人组成的,能不能把每个员工的积极性发挥出来,直接关系到公司的成败。在具体工作中,他根据员工的不同类型、特点、技术专长和生活需要,实行不同的管理方式。他把设计和研制产品的工程师看成公司的灵魂,给他们特殊的礼遇,以示尊重。而对一个有创造性的技术人才,即使他有令人难以容忍的错误和缺点,或是骄横自负,张磊也能友善地对待他,使他明白公司领导人深知他为公司所做的贡献。公司有时会出现这种情况:某个工程师正在做公司下达的一项设计或研制任务,而且做得很好,公司却因为某种原因突然决定停止这个项目的设计和研制。为了不使这个工程师感到失望,避免挫伤他的积极性,张磊亲自和这个工程师谈心,给予鼓励和安慰。同时,还千方百计安排他去完成另一件特别重要的项目,从而维护了这个工程师的自尊。

张磊作为公司的总经理,对于下属员工,自始至终充满尊重、理解和信赖。他从不随便干预部门经理的工作,认真听取下属每一个员工的意见,使员工能够畅所欲言。对每一条合理的建议,他都能及时采纳,使员工感觉到自身的价值;对下属的意见,也都能认真听取,并有针对性地解决问题。

希望得到理解是人所具有的一种欲望,一旦得到了理解,就会感到莫大的欣慰,更会不惜付出各种代价。七月的一天,张总在与一个工程师的闲聊中得知,这个工程师的孩子即将参加高考,与公司的刚下达的工作任务恰在同一时间。张总马上表示,这个工程师可以在孩子高考的那几天休息,为孩子高考做好后勤工作。这件事使这个工程师备受感动,为了按时完成公司的任务,他把母亲从老家接来,自己连一天假也没有请。

案例思考

(1) 根据西方人性假设理论,张总经理的人性观属于哪一种?

(2) 这种人性观在管理方式上是怎样体现的?

参考文献

[1] 陈国海,组织行为学[M].北京:清华大学出版社,2009 年第 3 版

[2] 伍叶琴,组织管理心理学[M].重庆:西南师范大学出版社,2005 年版

[3] 单大明,组织行为学[M].北京:机械工业出版社,2004 年版

相关网站

http://wenku. baidu. com/view/人性假设与管理

第三章

社会认知与行为

引导性案例

三国故事——庞统见孙权

鲁肃向孙权推荐庞统，鲁肃曰："肃碌碌庸才，误蒙公瑾重荐，其实不称所职，愿举一人以助主公。此人上通天文，下晓地理；谋略不减于管、乐，枢机可并于孙、吴。往日周公瑾多用其言，孔明亦深服其智，现在江南，何不重用！"权闻言大喜，便问此人姓名。肃曰："此人乃襄阳人，姓庞，名统，字士元，道号凤雏先生。"权曰："孤亦闻其名久矣。今既在此，可即请来相见。"

于是鲁肃邀请庞统入见孙权。施礼毕。权见其人浓眉掀鼻，黑面短髯，形容古怪，心中不喜。乃问曰："公平生所学，以何为主？"统曰："不必拘执，随机应变。"权曰："公之才学，比公瑾如何？"统笑曰："某之所学，与公瑾大不相同。"权平生最喜周瑜，见统轻之，心中愈不乐，乃谓统曰："公且退。待有用公之时，却来相请。"统长叹一声而出。鲁肃曰："主公何不用庞士元？"权曰："狂士也，用之何益！"肃曰："赤壁鏖兵之时，此人曾献连环策，成第一功。主公想必知之。"权曰："此时乃曹操自欲钉船，未必此从之功也，吾誓不用之。"

在与他人的交往中，相貌、语言都可以成为评判他人内心的信息，从这一案例中可以看到，首先是庞统的相貌，使孙权不喜；而庞统回答问题的神态，让孙权感到其狂，再加上孙权平生最喜欢的周瑜，也被庞统轻视，因此，孙权只见了庞统一面，就下了"吾誓不用之"的结论。

资料来源：(明)罗贯中，三国演义[M]. 上海：上海古籍出版社，2000 年第 2 版

本章知识点

1. 社会认知的定义和特征
2. 社会认知的基本范围
3. 影响社会认知的因素
4. 社会认知的归因理论

人们生活在社会中,必须要认识其他人,与他人打交道。研究对人的认知及其规律的这部分内容,称为社会认知,也称为社会知觉。

第一节　社会认知概述

一、社会认知的定义

社会认知是人们在认识他人时,对其所形成的初步印象。如你在路上碰到一个陌生人,或在社交场合碰到一个相识不久的人,通过初步交往形成了印象,但对他的本质特征(如能力、性格)还缺乏了解,只有在今后的进一步交往中,随着接触的增多,才能形成较深的印象。

社会认知是指个人在与他人交往接触时,根据他人的外现行为,推测与判断他人的心理状态、动机和意向的过程。

二、社会认知的特征

如前所述,知觉是大脑对来自各个感觉器官的信息进行选择、组织和解释,从而获得有意义的、连贯的现实映像的过程,这一过程具有以下几个方面的特点。

(一) 知觉的选择性

人生活的环境中充满了声、光、电、热等各种各样的刺激,在同一时刻作用于人的感觉器官的刺激物多种多样,由于人的信息加工能力的限制,人不可能对所有作用于感觉器官的刺激都进行反应,而只能有选择地对其中一部分刺激进行反应。因为每个人都有自己的经验和认知结构,并依此对外界刺激做出自己的反应:选择某些信息,忽略或逃避其他信息。人对外部刺激有选择地进行反应的特性就是知觉的选择性,这是知觉能动性的体现。由于这一特性,人可以把注意力集中到少数对自己具有重要意义的刺激上,排除无关刺激的干扰,从而有效地识别有益和有害的刺激,更好地适应环境。大致说来,人们的认知选择决定两种因素:第一,如果刺激物满足主体的需要,则会引发积极的倾向;反之,如果刺激物不能满足主体的需要或是阻碍主体需要的满足,人们则会对刺激物置之不理或是产生消极的倾向。第二,刺激物的强度也影响着认知者。一般说来,刺激量越大,越易引起认知者的注意,而微弱的刺激作用则可能使人毫无知觉。任何人、物、事件的突出特点都会提高人们对它知觉的可能性。为什么?因为我们不可能接受我们所见到的每一件事,而只能接受某些刺激。这可以解释我们前面提到的现象:为什么你更可能注意到与自己相同的车;为什么有些人因为做了某事而受到上司的指责,而其他人做了同样的事却未被注意到。我们无法注意到周围发生的所有事件,因而只能进行选择性知觉(selective perception)。一项经典研究表明了不同兴趣如何影响我们对问题的认识。

戴尔本和西蒙(Dearborn & Simon)曾进行过一项知觉研究,他们请23位企业的经营管理人员阅读一份描述某一钢厂的组织与活动的综合案例。23名经营人员中6人掌管销售工作,5人掌管生产工作,4人掌管财会工作,8人掌管总务工作。让每名管理者写出在这一案例中自己认为最重要的问题是什么。掌管销售的经营人员中83%的人认为销售最为重要,而其他人中只有29%的人有同样看法。这一结果与该研究的其他结果结合在一起,研究者得出这样的结论:在环境中参与者所感知的方面与他所承担的活动和目标有着明显的联系。群体对组织活动的知觉会有选择性地与他们所代表的利益保持一致。换句话说,当刺激模棱两可时(如钢厂案例),知觉倾向于更多受到个体解释基础(即态度、兴趣和背景)的影响,而不是刺激本身的影响。

在判断他人时选择性知觉是怎样走捷径的?我们不可能接受所有观察到的信息,而只能接受零散的信息。但这些零散信息并不是随机选择的,而是观察者依据自己的兴趣、背景、经验和态度进行的主动选择。选择性知觉使我们能"快速阅读"他人,但这同时也冒信息失真的风险。因为我们看到的是我们想看到的东西。我们可以从一个模棱两可的情境中得到没有根据的结论。如果有传言说你公司的销售数字正在下降,并将导致大量的裁员,此时一名高级经营管理者的常规参观则可能被解释为管理层确认解聘人员的第一步,虽然事实上它可能与高级管理者头脑中的活动相差甚远。

在知觉过程中,凡是被我们清晰地知觉到的事物就成为知觉的对象,而周围未被清晰感知到的事物则构成了知觉的背景。知觉过程也就是把对象从背景中分离出来的过程。在这一过程中,知觉对象好像被往前拉,靠近知觉者,而背景对象则好像被往后推,远离知觉者。人们在生产中,只有对加工的对象感知得更精确,更明晰,才能把它们从现实中区分出来,使它们作为感知的对象。也就是说对象的刺激物在大脑皮层上引起适宜的兴奋时,才能把它从现实事物中区分出来。对象和背景的差别越大,则对象就越容易从背景中突出出来,而首先被感知。教师批改作业使用红笔,教科书中重要的定理、公式等都使用黑体字,就是为了使错误或重要的内容突出出来,使人产生较深的印象,增强感知效果。

当消费者在超市购物时,某一时刻他所关注的商品及商品的颜色、质量及包装就成为知觉的对象,而货架上其他琳琅满目的商品则成为知觉的背景。但知觉的对象与背景并不是固定不变的,有时它们会发生相互转换。图3-1中的两可图形很好地说明了知觉过程中对象与背景间的相互转换现象。在图3-1(a)中,可以看到一个漂亮的小姑娘,也可以看到一个丑陋的老太婆;在图3-1(b)中,既可以看到一个花瓶,也可以看到两个正对着的人头。

在某一时刻,消费者选择什么作为对象进行知觉,受其期望、态度、需要和动机等主观因素的影响。例如,对一个想购买冰箱的消费者来说,有关冰箱的广告很容易引起他的知觉,而没有这种需要的消费者,则可能很少关注冰箱广告。知觉的选择性除了受消费者主观因素影响外,还受客观因素的影响,刺激物的强弱、长短、动静、色彩及与其他对象的对比等因素都会对知觉的选择性产生影响。

(二)知觉的整体性

我们所知觉的客观事物,包含许多部分和属性,但我们对它们进行感知时,并不是把它们感知成许多彼此无关的部分或属性,而是在大脑中按照某种规则把它们组织成某个整体,

图 3-1　两可图形

把它们作为一个整体进行知觉,知觉过程的这一特点叫做知觉的整体性。

客观事物通常是作为一种复合刺激物作用于人的感觉器官的,事物的不同部分或属性分别作用于不同的感觉器官,这些不同方面的刺激物经常一起出现,它们之间会形成一种固定联系,随着经验的积累,人在大脑中能够把这种联系保存下来并形成一种关系反射。当这种复合刺激物再度出现时,不用再对它的每一部分或属性分别仔细进行感知,只要抓住了它的主要特征,就可以根据过去的经验把它作为一个整体进行反应。

人们在社会认知过程中,自觉或不自觉地贯彻了完形原则(或格式塔原则),即把认知对象作为一个整体来认识。如果对刺激物了解得不完整,倾向于从主观上根据自己的经验,给认知对象添补细节,形成完整的印象。德国格式塔学派研究发现,知觉对象的组合服从下述原则:

(1) 接近原则。两种刺激若在空间上彼此接近,则具有被看成属于一个组织单位的倾向。例如,下列的图形容易被认知为三个圆圈一组的。

○○○　　○○○　　○○○　　○○○

(2) 相似原则。两种刺激的性质相似,容易被感知为一个整体,如在企业中销售人员、管理人员、生产人员各被视为不同的群体。

(3) 闭锁原则。几个知觉对象包围一个空间,则易被知觉为一个整体。如火车上相对的座位包围一个空间,易被看成一个整体,背对而坐的就不容易被视为整体。

(4) 连续原则。当知觉对象在时间上、空间上具有连续性时,易被知觉为一个整体。知觉对象组合的连续性原则对企业有重要意义。如在设计机器、仪表的指针刻度,表盘配置与排列时,要符合人们的知觉心理,避免判读发生错误。

格式塔学派心理学家马克斯·韦特海默的似动现象很好地说明了知觉的整体性。在图3-2(a)中有两条直线,将这两条直线快速呈现,当呈现速度达到一定值时,我们观察到的不是两条孤立的直线,或是先有垂直线,再有水平线,而是呈现出图3-2(b)的景象,或垂直线通过一弧线的似动现象。

知觉的这一特性很容易解释户外霓虹灯广告的动态效果,尽管各个片断之间有短暂的时距,但由于闪烁的速度很快,很容易使人产生动态的、整体的映像。

整体的知觉并不等于各部分的感觉之和。这是完形心理学(亦称为格式塔心理学)的基本观点。

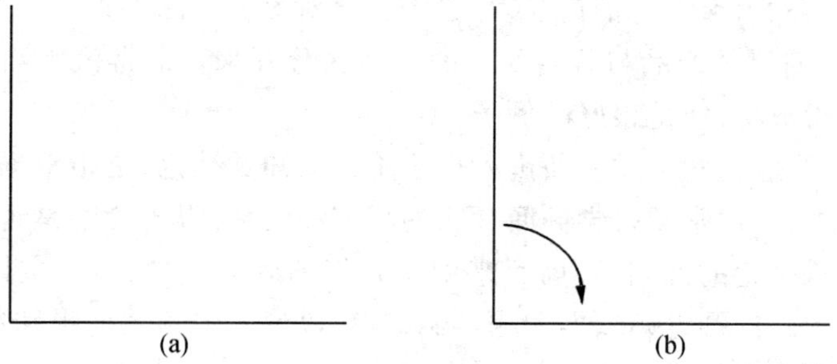

图　3-2

心理学家阿希用一组词汇表做过一个经典的实验。它们是:智慧的、熟练的、勤勉的、热心的、坚决的、实际的和谨慎的。实验者要求他们根据这份词汇表写出对此人的简明印象。在第二组阅读的词汇表里,"热心的"被换成"冷淡的"一词,其余各项保持一样。当这组人被要求写出对此人的简明印象时,发现这两组所描述的知觉印象差别很大。具体说,含有"热心的"人被看成是快乐的、脾气好的、更会交际的、更利人的、更和谐的和更富有想象力的。刺激两者之间的相互作用,尤其是主要成分对其余成分的作用,可能影响知觉形成什么样的整体。忽视这一点,可能给广告带来不良后果。在广告传播中,为维持个性鲜明、形象统一的品牌形象,广告诉求的主题一般不应经常变换。

(三)知觉的理解性

人在对客观事物进行知觉时,总是根据已有的知识和经验对外部输入的信息进行理解和解释,从而获得客观事物的意义,知觉过程的这一特性被称为知觉的理解性。

由于知觉过程受先前的知识、经验的影响,因此,对于同一客观对象,由于不同知觉者的知识、经验不同,对该对象的理解也不相同。不同的人看后产生了不同的联想,原因就是不同的人知识与经验结构不同,用不同的经验对同一对象进行解释和理解时,必然会产生不同的结果。根据知觉的理解性,为提高广告效果,在广告的创意、设计和传播过程中,要充分考虑目标消费群体的知识与经验,只有为目标消费者所熟悉,与其知识、经验相一致的广告信息才能被他们顺利接受和理解。

根据知觉的理解性,消费者在知觉过程中,常对知觉对象进行分类与推论。

在知觉过程中,离散的感觉信息被组成整体模式之后,大脑就会把它跟长时记忆中保存的经验作比较,以便对它加以识别,指认出它是过去经验过的某一事物,即模式的识别。识别的过程也可看做是知觉分类的过程。这一过程十分短暂,而且通常不被意识到,但它对消费行为的影响却不可忽视。因为,现实中常出现对商标识别的困难和误认的情形。

对知觉的分类实际上是一种快速进行的双向过程。这既依赖于外界刺激的特性,又依赖于消费者头脑存贮的类型。后者对知觉分类的影响,表现在各种期待对知觉分类的作用。它引导着我们知觉加工和身体的活动。依据知觉分类双向过程的特点,经营者可以采取一些行之有效的策略,对知觉商品和商店的分类施加影响。例如,人们常根据商品本身的特权进行知觉分类,对此,经营者可以采用"特征"策略,也就是通过强调新产品的特殊属性,去帮助区分新旧产品的类型。无氟冰箱广告传播就是运用这一策略的很好例子。从消费者现有的认知结构出发,经营者也可以采用范例策略,即把自己的产品跟著名商标的产品联系起来。例如,“如果您喜欢××商标的产品,想必您也会对××产品感兴趣。”与此相反,还可以采用“区别策略”,把自己的产品与著名商标的产品区分开来。七喜汽水当年推向市场时所采取的非可乐化获得成功,便是很好的例子。

对一个刺激分类之后,知觉过程便进入推论阶段。知觉推论,是指根据感觉线索对客体做出某种结论。例如,人们常用口尝鼻闻食物的味道和气味,得出食物是否新鲜或变质的结论。知觉推论与思维推论的区别是,前者来源于直接的刺激线索,而且主体可能有时自觉,有时不自觉。思维形式的推论则依据命题。例如,三段论式中的大前提和小前提,均是一些命题。思维推论是需要自觉进行的。

在现实生活中,依据感觉信息进行知觉推论的例子是颇多的。例如,洗涤剂的蓝色作为一种感觉线索,常被用来推出结论:该洗涤剂有很强的洗洁力。顾客在挑选服饰、布料时,用手摸摸,试图借助触觉的线索推断该服饰或布料的质地如何。行家里手通过听机器的运转声推断机器是否运转正常等。

有研究说明:在消费者看来,标有不同价格的相同产品是不同质量的反映。例如,在一项研究中,一种没有标明品牌的啤酒标有不同售价,要求受众把它们按质分成等级。结果发现,高价的啤酒名列榜首,中等价格的次之,低价者被列为质量最差。由此可见,价格的高低的确被作为推论产品质量优劣的线索。所谓一分钱一分货,便宜没好货就是这种推论的结果。此外,精致的包装、名人的使用与消费、货架上的位置,诸如此类都可能成为商品质量的推论线索。

当今,企业标志、字体、颜色等视觉符号的统一化与规范化和员工的行为(服务)规范等,很受企业的重视。一个重要的因素是企业试图让公众获得多方面的直接线索,并从中自觉或不自觉地做出这样的推论:这是一家现代企业。

总之,在各种可变的营销因素中,无论是产品功能、包装、品牌、价格、服务,还是分销渠道、人员推销、广告以及其他促销手段,都能找到可供知觉推论的刺激线索,了解这些对于策划者是有帮助的。

(四)知觉的恒常性

由于知识经验等因素的影响,当知觉的条件在一定范围内改变了的时候,比如在照明、距离和位置等发生变化的条件下,我们对事物的知觉结果仍旧保持不变的趋势,知觉的这种不变性,就是知觉的恒常性。我们周围的世界在不停地变化着,它向我们的知觉系统输送的刺激信息也在不停地改变,但我们并不是把周围事物知觉为千变万化、不可知的东西。例如,物体表面的颜色在不同光源的照射下,反射出来的光线会有变化。中午阳光下煤块反射的光亮大于在黄昏时或阴影下粉笔反射的光亮,但人们仍然把煤块知觉为黑色,把粉笔知觉为白色。知觉的恒常性使人们能够获得对物体本身特点的精确的知觉,而不受外界变化了的条件的影响,这是人们知觉客观事物的一个重要特性,也是人类在长期的实践中形成的一种适应外界变化的重要本领。

知觉恒常性包括形状恒常性、大小恒常性、明度恒常性、颜色恒常性等。知觉的恒常性特点在广告设计中具有积极的意义。形状恒常性的知识可以使广告设计更灵活、更生动,避免死板。明度恒常性的知识为处理对象与背景照明提供了恰当的依据。从大小恒常性出发,可以更好地把握对象与周围背景的关系,通过它们之间适当的比例(而不是遵循严格的几何透视规律)，可使整个的布景更加协调，从而收到更好的广告效果。

(1) 大小恒常性。根据几何学的透视原理，客观对象在视网膜上形成的像是随距离的增大而减小的。若要保持视网膜上网像的大小不变，在距离增大的条件下，就必须使对象增大。物体大小、距离和网像之间存在如下关系：$a = A/D$。a 代表视网膜像的大小；A 代表对象大小；D 代表对象与眼的距离。

该关系式表明，视网膜像的大小与物体的大小成正比，与物体同眼睛的距离成反比。然而现实生活中，人们知觉的(看到的)物体大小，并不完全如几何规律所指明的那样依视网膜像的大小而变化。例如，从窗口看远处的楼房，其视像往往小于窗台上的一个花瓶，但在心理上的知觉是楼房大于花瓶许多倍。

根据关系式 $a = A/D$ 来说明知觉的大小恒常性时，A 和 D 分别代表知觉对象的大小和知觉距离，当我们对熟悉的对象进行知觉时，在视网膜像缩小的情况下，观察者会很自然地把对象知觉想得更远些。

(2) 形状的恒常性。当我们从不同角度观察同一物体时，该物体在视网膜上所形成的网像的形状随观察角度的不同而不同，但我们知觉的结果并不因此而改变。例如，图 3-3 中的门尽管看起来是一个梯形，但在我们的知觉中它总是长方形的。

图　3-3

(3) 明度恒常性。明度是对光强的主观感觉。一个物体的明度取决于光照的强度和物体表面的反射率。两者相比较，后者对明度的影响更大。人们都认为白纸的明度大于黑纸，这是因为白纸的反射率高于黑纸。实际上中午强光下黑纸所反射的光线多于傍晚的白纸反射的光线。但人们仍然觉得白纸是白的，黑纸是黑的。也就是说，改变照明强度使物体反射的光量变化时，人对物体明度的知觉仍趋向于保持不变，这一特性就是知觉的明度恒常性。

(4) 颜色恒常性。当照射物体表面的颜色光发生变化时，人们对物体表面颜色的知觉仍然保持不变，这就是颜色恒常性。例如，人们对草坪的绿色知觉，无论在白天或是夜晚，无论是白炽灯光照射，还是五颜六色的彩灯照射的情况下，总是保持不变的。尽管实际上，草坪的表面色在不同色光照射下已发生变化。很显然，这是生活经验的作用。进一步说，这是因为人们深知草坪是绿色的。在知觉过程中，过去的经验很自然被用以解释新的感觉信息，获得对物体固有属性的知觉。对于被光照的物体，人们缺乏确定的过去经验时，就会通过周围的参照对象来获得知觉恒常性。例如，用红光照射一块白纸，白纸实际上显出红色。但是，让观察者同时能看到周围环境、红色的光源及纸块的形状时，他就仍可把纸知觉成白色。如果让他通过一个长筒观察该纸块中央，该纸又会被知觉成红色的了。

知觉恒常性的知识对于橱窗设计具有积极意义。以模特儿的肤色为例,林仲贤等人的研究表明,人的肤色被真实地再现是不受欢迎的。为人所喜好的乃是记忆中的肤色。

小资料

视错觉及其应用

知觉的恒常性只是当知觉的条件在一定范围内改变时,知觉映象保持相对不变,它倾向于事物的真实状态和属性。知觉的这一特性对于维持人的正常生存是必不可少的。但是,并不是在任何时候、任何条件下人们的知觉都能准确地反映客观事物,有时候人们会产生各种各样的错觉,即对客观事物不正确的知觉。错觉的种类很多,最常见的是视错觉。例如,墙壁上装有镜子的房间会让人觉得宽敞得多;一个身穿横条衣服的人会显得胖些,而穿竖条衣服的人则显得瘦高些。

法国的国旗是蓝、白、红三色组成的色带。原来这三种颜色的宽度是一样的,但总使人感到三种色带不一样宽,蓝的比红的宽些。后来修改了三种宽度的比例。在三者实际宽度不等的情况下,保持了感知觉上的宽度一致。

在商业、服务行业中,视错觉的应用例子屡见不鲜。例如,一家面积不大的宴会厅,为了增添热烈气氛,在大厅两面墙上镶上巨大的反射镜,客人们一踏进大厅,便油然而生一种盛大之感;同样,在水果、糕点柜旁斜立一面镜子,更加显得货物丰富。在包装设计上,利用错觉原理对相同容积的盒子进行不同设计,可以使其显得大些或小些。如把正方形的瓶子旋转成菱形,就会显得大些。图 3-4 中垂直的线段与水平线相等,但垂直线似乎长于水平线。视错觉还能使两维平面产生三维的效果,如图 3-5 所示。

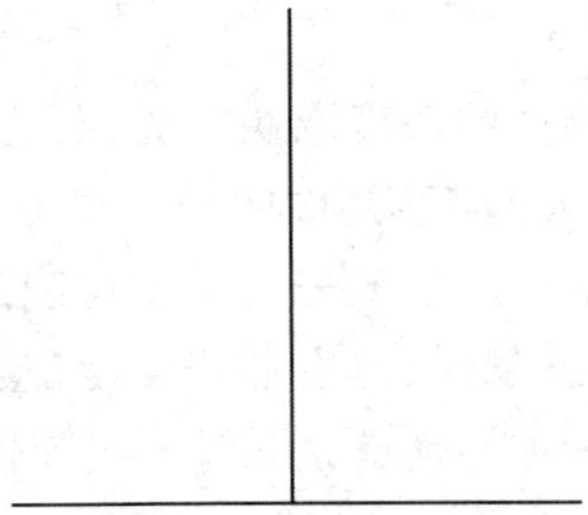

图 3-4

图 3-5

从社会认知的角度看,认知的特性还有:

(五) 认知反应的显著性

认知反应的显著性是指刺激物对个体的意义越重大,认知反应就越显著。如一个渴望谋取某一职位的人,对有关该职位的各种信息特别敏感。而对这一职位漠不关心的人,其认知反应就不那么强烈,甚至无动于衷。

(六) 防御性

当代社会心理学家普遍认为社会认知和自我防卫机能息息相关。当刺激物的出现破坏了个体与外界环境的平衡时,个体可能采取的自我防卫方式是避开刺激物或是消极反抗。如有些人对别人的批评采用置之不理或辩解开脱的态度。

三、社会认知的类型

(一) 他人认知

他人认知是指在人际交往过程中,通过对他人外在行为表现及特征的观察,得出对其内在情绪、态度、动机、人格等心理状态和特征的认知。

(二) 自我认知

自我认知是个体对自己的认识,是个体对自己作为一个社会和组织成员的角色、品质、为人等方面的认识。

(三) 人际认知

这是指个体在人际交往过程中,对人与人之间相互关系的认知,包括对自己与他人关系以及他人与他人关系的认知。

(四) 角色认知

角色认知是个体对自己或他人的角色及有关角色现象的整体认识。

四、社会认知的信息范围

从动态上看,社会知觉是一个由表及里的过程。最初,认知者只能接收到有关对象外部特征的信息。在这个基础上,认知者不断拓展认知范围,开始涉及对象的内在属性。与此同时,在认知过程中,人们总是有意无意地将认知对象与周围的人加以对照,试图了解他们之间的相互关系。另一方面,认知者并不忽略对自己的认知,他们往往把自己同一定的认知对象置于某种关系网络之中,并形成对这种关系的判断。

依照上述分析,社会认知信息范围基本上有如下几个方面。

(一) 外部特征

一个人的外部特征常常是人们最先看到的信息。通过一个人的相貌、高矮、胖瘦、肤色、衣着、发型,我们可以看出他(她)是男还是女,大约有多大年纪,是时髦还是朴素,通过一系列特征的整合,我们可以对这个人的心理状态做出某种判断。

1. 相貌

相貌具有生物性,这是毫无疑义的,但是人的相貌也即五官不仅具有生物性的功能,同时也具有表现情感的功能,这同样不容忽视。相貌不等于表情,但表情是通过相貌来表现的,表情本身又是个体心理的反映。因此,人的相貌就如人的生理需要一样,不仅具有生物性而且具有社会性。美国前总统林肯曾说过:“一个人过了 40 岁就应该对自己的相貌负责。”因为人的相貌不仅具有生物性而且具有社会性,从人的相貌可以在一定程度上推断和认知其心理状态,一个人如果笑口常开,眼角、嘴角都是上扬的;而整天愁眉苦脸的人,眼角和嘴角都是往下耷拉着的。再如从一个已婚妇女的脸色,大致可以看出其婚姻生活是幸福还是劳累。幸福者一般皮肤光滑、容光焕发,不幸福或劳累者一般晦暗多皱。当然人的表情的多样性可以掩饰相貌，对人的相貌的推断还有很多主观方面的偏见因素，所以这只能作为一种参考，是社会认知信息的一个方面而不是唯一的方面。

2. 体型

体型同人的相貌一样，不仅具有审美的价值，而且能在一定程度上反映人的心理特点。20世纪20年代初，法国精神病学家克雷奇默尔曾以602个病例的研究数据为基础，发表了《体型与性格》一书，认为人的体型分为瘦弱型、肥胖型和健壮型，三种体型都和人的性情相关：瘦弱型的人内向、乖戾；肥胖型的人达观、饶舌；健壮型的人死板、坚毅。40年代，美国心理学家薛尔顿又进一步探寻体型、心理和内在生理机制的关系，认为肥胖型的人是“内胚”发达者，即消化器官和其他内脏器官发达，所以体型圆浑，为人随和，贪图享受；健壮型的人是“中胚”发达者，即骨骼、肌肉及结缔组织发达，一般精力充沛、冲动好斗、喜欢冒险；瘦弱型的人是“外胚”发达者，即神经系统和皮肤组织发达，一般多思多虑，个性内向，行动谨慎。从统计数字来看，体型确实同个性有一定的关系。在现代社会的压力下，有些人被迫改变了自己的饮食习惯，造成内分泌失调，可能使体型发生较大的变化。或者，由于过量进食造成脂肪积累，由于多虑苦恼而不想吃东西变得骨瘦如柴。这表明，体型的变化同人的社会性有十分密切的联系。但是如果把体型看做人的心理状态的标志，而排斥其他因素，那也是不正确的，和相貌一样，体型也只是一种参考的因素。

3. 发型、服饰

发型和服饰，在现代社会中是表现自我的重要手段，是对相貌、体型进行加工、掩饰、衬托的最普通、最简单的方法。发型能在一定程度上改变人的相貌。长发飘逸可使少女显示青春活力；盘在头顶上的发髻则可使女性显得沉稳华贵。服饰包括服装和首饰等，可以展示人的内心需求、爱好、兴趣，乃至价值观。适宜而得体的服饰，不仅可以展示人的内在魅力，而且也能表现一个人的文化修养。因此通过一个人的发型和服饰判断其心理特征和心理倾向性，是认知人的心理的一个重要因素。

（二）言语、动作

言语是说出来的话，动作是肢体或面部的活动，人的外部特征是静态的，而言语和动作是动态的，因而言语和动作更能够反映个体当时的心理状态。这样说当然并不含有外部特征，只反映一般心理状态，言语和动作只反映当时心理状态的意思，人的某些个性心理特征，例如能力，恰恰在言语和动作中才能更充分地显示，人的气质、性格在言语和动作中也能对外部特征作进一步的补充。另一方面，人的外部特征只能够用眼睛来观察，而他的言语和动作需要眼、耳并用，需要“听其言而观其行”。正是从这个意义上说，个体的言语和动作为我们认知其心理提供更可靠的凭据。

一般说来，“言为心声”，在无须掩饰的情况下人们说的大多是真话。但有时候人们并不直抒己见，而采用一种迂回战术小心翼翼地进行试探，这种情况特别是在彼此不熟悉、还未建立信任感或人员较多的场合更为多见。在言语交谈中认知个体心理的困难之处就在这里。因为有些人在有些时候根本就不愿意让别人知道自己是怎样一个人、自己希望得到什么和不希望发生什么，他们用沉默、用模棱两可的言语来进行遮掩。所以“听话听音”不仅意味着听懂说出来的言语，而且意味着听懂没有说出来的言语，意味着认知说话者的心理。

言语一般以三种方式表达自己的看法和意愿：第一种，直陈式，有什么想法就说什么想法，这是最直接地表现自己的兴趣、需要、价值观等心理倾向性的方式；第二种，婉言式，由于某种原因而不愿开诚布公，不愿直说，而采取含混的、委婉的言词，这是间接地表现自己的心理倾向性的方式；第三种，反话式，明明同意说不同意，明明反对说不反对，这是从反面表现自己心理倾向性的方式。另外，这三种方式又在一定程度上反映人的能力、气质和性格。例如胆汁质类型的人不善于用婉言的方式，抑郁质类型的人最习惯于用反语的方式；温和的性格使人说话委婉，好斗的性格使人话中带刺；能言善辩本身是一种能力，同时又反映其他方面的能力。所以，“言为心声”的正确含义不仅包括言语正确地反映心声，而且包括言语表达的方式反映心声。从个体的言语中了解其心理，就要注意对其言语表达方式进行辨别，真正弄懂他想要说的是什么，他具有怎样的心理特征和心理倾向性，他是怎样一个人。

同个体静态的外部特征一样，对个体的表情、手势、体姿等动作也需要通过综合观察才能认知其真实的意义。人类一共有多少种表情、手势和体姿，这是无法回答的问题，但它们各自表达的意义在相对独立的情况下还是容易辨别的。例如，人们不会把愤怒的表情理解成为满意，不会把摇手理解为接受，不会把半坐半躺的体姿理解为礼貌。但是如果综合起来看，人们的表情、手势、姿势有时表达的意义不完全一致，有时甚至是矛盾的。当一个人摇手表示拒绝的时候，脸上喜悦的表情和不由自主地欠动上身却暗示接受；当一个人带着赞赏的微笑频频颔首表示同意的时候，抱着茶杯的微微抖动的双手却暗示他并非真的表示同意。所以单一的观察往往并不可靠，对表情、手势和体姿的观察应当是综合的。

一般来说，相同的面部表情通常表达相同的情绪状态，各民族大同小异，全人类具有较高的一致性。如目瞪口呆、捶胸顿足、咬牙切齿、手舞足蹈等表情往往成为认知一个人情绪状态的客观指标。

目光接触可以表示对对方感兴趣，被认为是诚实、直率；而目光不接触，说明此人害羞或害怕；但长时间的目光接触可能是愤怒、敌意的信号。

我们对他人的知觉，不仅取决于对方所说的话，也取决于他（她）怎么说，如说话的速度、节奏等。当一个人说话的速度很快时，我们常常会推断此人心直口快，是一个直率、没有心计的人；一个说话轻声慢语的女孩，常会给人留下温柔、恬静、有涵养的印象。

表情同手势和体姿比较起来更容易被注意，所以也更容易装假。脸部表情越丰富越能够看出心理变化，因而善于掩饰的人总习惯于控制脸部变化，保持表情的稳定性。

手势包括手的各种动作。弗洛伊德曾说：“凡人皆无法隐瞒私情。尽管他的嘴可以保持缄默，但他的手指却会多嘴多舌。”美国的心理学家曾研究过说谎时人的手势，认为它有这样一些特点：第一，手的动作减少；第二，以手摸触脸部的动作增加；第三，摊手的动作增多。他们解释说，手的动作减少是因为注意力集中于说谎，而怕手的动作“多嘴多舌”；触摸脸部是因为想帮助嘴说谎而又怕弄巧成拙；摊手是想加强谎言的可信度。当然这些原因都是在潜意识中探寻的，说服力不强。不过手势确实反映人的心理，这是可信的。

体姿指的是身体的各种姿势。在人与人之间的交往中，体姿往往反映相互的关系。一般说来，体姿越相似，相互的关系越接近。亲密的关系是这样，敌对的关系也是这样，反过来，体姿有明显的差异显示相互之间保持一定的距离。

心理学家们在警告人们不要为表情、手势、体姿的假象所迷惑的时候，提出了四条原则：第一，离脸部越远发生的动作越为真实；第二，越不自觉的动作越为真实；第三，越不明确的动作越为真实;第四,越不自然的动作越为真实。用这四条原则来检验人们言语和动作的真伪性,一般能较为准确地认知个体的心理。

(三) 行为

虽然外表与非言语线索是对他人形成印象时所利用的主要信息来源,但最有用处的信息还是他人的行为,因为许多行为与某些人格特质有着密切的联系。如一个人热心公益事业,我们就会认为这是一个有爱心的人。一个人贪污受贿,我们就会认为此人是一个利欲熏心的人。

琼斯与戴维斯提出的对应推论理论认为,人们常假设他人的内在品质与他们的外在行为相对应。此理论还分析了人们在什么时候会根据一个人的行为来推断此人具有与他(她)的行为相对应的内在特质。

(1) 当一个人的行为不符合社会期望或不为社会所接受时。如当一个消防员冲入火中抢救人时,人们不一定据此行为推断此人是利他的、勇敢的,因为这是他的职责。人们对消防员这一角色的期望就应如此。但如果是一位过路居民勇敢地冲入火中抢救人时,百分之百的人都会据此行为推断此人是利他的、勇敢的。

(2) 某人从事的行为是自由选择的,而非在外在强大压力下才做的,那我们就会认为此人的行为与其内在的品质相对应。如一个单位的领导命令每个人向灾区捐款 50 元,从这种被迫的行为中我们无法得知哪些人有爱心,哪些人冷漠。

总之,人们会利用所能获得的各种线索对他人形成印象。但线索(如人的长相、穿戴、身体姿势等)本身并无意义,它们是根据知觉者记忆中所储存的有关人、行为、特质的知识来解释的。另外人们要把各种渠道得来的信息综合起来,形成对一个人的概括性认识。所谓的印象形成就是把一个人若干有意义的特征加以综合、概括,形成一个具有结论意义的特性。

五、认知偏差

(一) 首因效应

又称为优先效应,即所谓"先入为主"。指人们根据最初获得的信息所形成的印象较为强烈,从而左右对后来信息的理解。如与某个陌生人接触时发现他不大说话,不太愿意回答自己所提出的问题,就认为他是个很冷漠的人,但真实的原因有可能是对方很腼腆,不习惯与陌生人谈话。

(二) 近因效应

是指根据最近出现的信息所形成的强烈印象,而忽略了过去信息所留下的印象。如 A 曾一直帮助 B,但由于 B 最近请 A 帮他做一件很重要的事而 A 未能做到,B 根据这件事所形成的印象埋怨 A 不够朋友,完全忽略了 A 过去对他的帮助,即受到近因效应的影响。然而 A 则感到十分委屈,认为 B 不通情达理。

(三) 晕轮效应

指在对人的知觉过程中,由于此人的某种品质或某种特征较为突出,使人产生特别清晰明显的印象,并由此产生一定情感,使后来有关此人的信息都带上了情绪色彩,再由此去推断此人尚未获悉的品质。

（四）刻板效应

由于社会的影响，对某一类人产生稳定不变的看法，以致在后来看待人时倾向于把其归类，用这类人的印象来照套某个人。

第二节 影响社会认知的心理因素

一、认知者的因素

（一）兴趣、动机和任务

兴趣的个别差异往往决定着认知的选择性，这就是说，人们的兴趣往往会使他们把不感兴趣的事物排除到认知的背景上去，而集中注意力于感兴趣的事物，如读书入迷可以在人声嘈杂的闹市中旁若无人。

动机是推动人们行动的原因，符合人的动机的事物，往往会成为知觉的对象与注意的中心。如急切想得到某一工作，对有关这一工作的信息特别注意。

给被试者以明确的任务，其对事物的感知就比较完整。如平日对楼梯的级数，教室窗户上的玻璃块数不一定注意，提问时可能一下子答不出来。但明确任务之后，则很快可答出。

（二）过去的经验

人们的感知的对象是当前存在于面前的事物，但这些客观事物却是复杂的。人们在感知其时，由于过去的经验、生活方式、文化背景的不同，对同一社会刺激会产生不同的认知结果。

不少学者认为，人们之所以能够认知对象的意义，是因为对关于该对象的经验已形成了观念，这种观念参与了认知过程，经验参与认知过程，巴克称之为“概念应用”。如一个学生根据他在学校的化学成绩可能认为自己是当医生的料。在这里原先所形成的概念帮助他做出了判断。

（三）情绪影响

人对事物的感知也受个体情绪的影响，一个人当前的情绪状态，会多少影响他对人的判断。人们在愉快的状态下，会感到眼前一片阳光明媚，什么都是美好的；当人忧郁、烦闷的时候，会感到一切都没有希望，俗话说的“一朝被蛇咬，十年怕井绳”、“情人眼里出西施”等都说明一个人的感情影响知觉。

（四）个性特征

人的个性特征也影响知觉，不同性格、气质类型的人，知觉的广度和深度有个别差异，多血质的人知觉速度快，敏锐，知觉范围广，但不细致。粘液质的人知觉速度慢，知觉范围狭窄，但比较细致。另外，能力不同的人，知觉事物也不相同，有绘画能力的人，视知觉和颜色感知觉比较发达。

人们的性格不同也会影响他们的认知，自信心强的人和自信心弱的人在认知同一对象时，前者有独立性，后者却往往因服从别人，迷信权威而使认知活动受暗示，变得人云亦云。

一个常爱猜疑别人、具有猜疑性格的人，对他人动作和语言的认知往往从猜疑立场加以判断，一个具有内倾性格的人，判断与他交往的对方时，总是以自己的内倾性格去看待对方，发生一种投射作用。

二、认知对象因素

（一）魅力

构成个体魅力的因素既有外表特征和行为反应方式方面，又有内在性格特点方面。说一个人有魅力，意味着他具有一系列积极属性，如容貌美、有能力、正直、聪明、友好等。但在实际的认知过程中，个人往往只需具备其中某一两个特征就可能被认为有吸引力。

美貌通常最快被人认知，且直接形成人的魅力，从而往往首先导致光环作用。除相貌外，态度也同魅力相关。人们把自己作为判断别人是否和自己相似的参照系，同时还常常会观察别人对自己的态度。按照弱化理论，人们喜欢爱自己的人而讨厌恨自己的人。在这个意义上，只要认知对象的判断对自己有利，认知者就会把他看成是有魅力的并对他持积极肯定的态度。

（二）知名度

一个人知名度的大小也影响着别人对他的认知。在一个人有一定知名度的情况下，人们通过某种社会传播媒介或周围其他人传递的有关他的信息，实际上已经开始了对个人的认知。这时，人们所依据的都是间接材料，受他人暗示的成分较大。无论是否相信这些材料却已经形成了一定的判断。所以一旦真正接触到知名人士，认知者必须首先检验原有的看法。一般说来，知名度高、社会评价积极的人，对于认知者的心理有特殊的影响力。人们常常把这样的人先入为主地看成是有吸引力的人。

（三）印象整饰

在多数情况下，认知对象并不是认知活动中完全被动的一方，而是让别人认知的一方。因此，认知对象的主观意图势必要影响他人对自己的判断。

人们在交往中总是要选择一定的装束、言辞、表情或动作，以给他人留下一个独特的印象。这种有意地控制别人对自己形成各种印象的过程，就叫做印象整饰。

心理学家考夫曼认为，人们之间的交往和互动好像是一种戏剧演出. 每个人都在表演自己的节目。所谓节目就是一套经过选择的用来表现自我的语言与非语言的活动。由于人们交往和互动所处的情境不同，因而节目各有差异。在人际交往中，每个人都极力让自己的言行适合于该情境，就像一个演员，努力演好自己应充当的角色，以赢得别人的正面评价和赞扬。

按照考夫曼的理论，每个人都在通过强调自己许多属性中的某些属性而隐瞒其他的属性，试图控制别人对自己的印象。这种办法有时很成功，使得同一个认知者在不同的时间和场合下对同一个人得出不一致的看法。如同一个人，有时使人感到深不可测，有时则使人觉得他诚挚、坦率；而不同的认知者，有人觉得某人心胸开阔、热情大方，有人却认为此人固执、沉静。在这里，认知对象的印象整饰对于认知者的作用是不可否认的。

三、认知的情境因素

（一）宏观环境

指整个社会环境、社会文化因素等都会对认知个体产生的影响。这是由于不同的国家、不同的民族都有自己的文化和风俗习惯，风格迥异的社会文化因素使人们对同一事物的认知有所不同。如在西方与他人交谈时不能询问对方工资多少，否则对方会认为你侵犯了他的隐私，但在我国，人们常把这一问题作为交谈的话题，而对方也并不认为这是一种冒犯。

（二）微观环境

认知者及被认知者所处的家庭、社会地位、工作单位、居住条件等因素都会对人的认知产生影响。

在认知活动中，被认知者所处的场合也常常成为判断的参考系统。巴克指出，对象周围的环境常常会引起我们对其一定行为的联想，从而影响我们的认知。人们往往以为，出现于特定环境背景下的人必然是从事某种行为的，他的个性特征也可以通过环境加以认定。

环境背景对于认知这种影响可以在判断个体感情的文献中得到证明。20 年代以来的许多实验研究一致表明，认知对象所处的背景对于决定被试者做出什么样的判断非常重要。被试者做出什么判断以及判断的准确程度，受到认知对象周围景物和色调的强烈影响。科尔曼等人甚至认为，人的面孔和身体所传达的信息一致的情况是不多的。背影可以提供最强的线索，把感情归属于人物。如假定一个人在笑，那么只有情景线索才能显示出这一动作究竟是表示高兴还是难堪。

第三节　社会认知中的归因问题

所谓归因是指人们从可能导致行为发生的各种因素中，认定行为的原因并判断其性质的过程。

一、归因理论

海德是归因理论的创始人，他提出在日常生活中，每一个人，不光是心理学家，都对各种行为的因果关系感兴趣，希望弄清周围人们行为的前因后果。

海德区分了导致行为发生的两种因素：一是行为者的内在因素，包括能力、动机、努力程度等；二是来自外界的因素，如环境、他人和任务的难易程度等。如果把某项行为归因于行为者的内在状态，那么观察者将由此推测出行为者的许多特点。即使这种推测不总是很准确，它也有助于观察者预测行为者在类似情况下行为的可能性。但是，假如某项行为被归于外在力量，观察者就会推断说该行为是由外力引起的，那么以后能否再度发生则难以确定，因此，海德认为对行为的预测与对行为的归因是相互联系着的。

维纳研究了人们对成功与失败的归因。他同意海德提出的尺度，即把原因分为内在的和外在的两种。但他还提出另一种尺度，把原因区分为暂时的和稳定的两个方面。依照这两种尺度，维纳对成功行为的决定因素作了分类（见表 3-1）。

表 3-1　维纳对成功因素的分类

归因尺度	内在的	外在的
稳定的	能力	任务难度
暂时的	努力	机遇

两种尺度上的因素在归因中都是很重要的,它们会导致不同的后果。在我们形成期望或者预言某人将来的行为时,暂时/稳定尺度是非常重要的。如假使我们相信某球队比赛成绩之所以好是因为队员个人技术好,整体作战能力强,那么当这支球队再次与对手相遇时,我们就会预期这支球队的战绩会与上次一样好。如果我们断定这支球队获胜的原因纯属偶然,如士气高或分组有利,我们就不会对它下次取胜抱有信心。在解释失败的尝试中,暂时/稳定尺度也是适用的。如果把失败归因于稳定因素,我们就可以预测将来的失败;如果把失败归因于暂时性因素,就可以预测将来的改进。

归因的内在/外在尺度同对一种行为的奖赏或惩罚是联系在一起的。例如,如果我们认为某人的成功不是由于机遇或工作简易,而是凭他自己的能力经过一番努力获得的,我们就会奖励他。而当他的失败被归因于能力低或懒惰,我们就会惩罚他。

凯利则认为,人们在归因时使用了三种基本信息,即区别性信息、一致性信息和一贯性信息。

他指出人们在试图解释某人的行为时可能用到三种形式:归因于行为者,归因于客观刺激物(行为者对之做出反应的事件或他人),归因于行为者所处的情境或关系(时间和形态)。

区别性信息告诉人们行为者在对待不同刺激物时,其行为表现是否有差别。如果行为者对其他对象没有做出与这一刺激物相同的反应,其区别性就高;对其他对象也做出相同的反应的话,其区别性就低。

一致性信息向人们显示关于周围其他人的行为方式与行为者的行为表现之间是否一致。如果大家都是如此,则表明某人与其他人的行为之间有高一致性。如果情况不是这样,那么这个人的行为将是独特的,同别人的行为之间只具有低一致性。

一贯性信息是人们所要了解的关于行为者在其他场合的表现情况。如果反应始终如一,则说明他在不同场合对于同一刺激物的反应有高一贯性,相反则只有低一贯性。

上述三类信息的使用情况,决定了我们对行为归因的可靠程度。通过这些信息的组合,我们就可以断定引发某种具体行为的原因是来自行为者本身,还是来自客观刺激物或情境。然而,在日常生活中,我们经常无法充分掌握各类信息。如我们可能不曾在从前的某些场合观察过这个人,或者我们可能不知道在同样的情形下其他人会怎样做。凯利认为,在这种情况下,我们有关因果关系的现成观念(即因果图式)起了作用。也就是说在以往的观察中,我们对因果关系形成了一定的想法(或图式),这些想法现在被用来解释他人的行为。

因果图式的种类很多,人们比较常用的有两种。一种是"多种充分原因模式",它可以帮助人们从多种可能因素中判断何者是行为的原因。如看到某人去参观绘画展览,我们可能做出这样的解释:或者这个人爱好绘画,或者他是被朋友邀去的。在两种解释之中,有一个是可行的,选择哪一个是由我们所掌握的信息来决定的。如果我们了解这个人平时从来不关心绘画方面的事,就会判断他是应邀而去的;如果我们了解到他学过绘画,并力图提高创作水平,就会断定是他自己想去的。

另一种是"多种必要原因模式"。按照这种模式,某种事件的原因至少有两个。人们经常用这种模式去解释那些极端事件。如甲突然和乙打起来了,原因可能有两个,甲故意向乙挑衅,或者乙本来就好打架。在这种情况下,大多数人会认为这两种说法都是正确的。或者说，人们从两个人身上找原因去解释一个事件。

二、归因偏差

上述的归因理论，特别是凯利的模式基本上都假定归因是一种合理的有逻辑的过程。但学者们指出，人们在许多情况下对于行为原因的解释是武断的不合实际的偏见。

（一）过高估计内在因素

这种偏差主要是就观察者而言的，被称为基本归因错误。观察者倾向于把行为者本身看做是其行为的起因，而忽视了外在因素可能产生的影响。杰黑森等人指出，发生这种错误的原因在于：第一，我们有这样一种社会规范，即人们应该对自己行为的后果负责，故轻视外在因素的作用，重视内部因素的作用。第二，在一个环境中，行为者比环境中的其他因素更为突出，使得我们往往只注意行为者，而忽视了背景因素和社会关系。

（二）行为者和观察者的归因分歧

与观察者的倾向相比，行为者很容易过高估计外在因素对于自己行为的作用。也就是说，行为者对自己的行为倾向易作外在归因。为什么两者之间在归因上会出现这种分歧呢？第一，因为二者的着眼点不同：观察者通常把注意力放在行为者身上，而行为者则可能更注意外在因素对于自己的行为所造成的影响。第二，因为二者可用的信息不同：观察者通常很少掌握行为者历史方面的信息，只注意他此时此地的行为表现，而行为者对自己的过去行为却非常了解，不仅仅是看当时的情况。

（三）忽视一致性信息

凯利假定人们在归因时同样重视区别性、一致性和一贯性三种信息。但是，事实上，一致性信息所受重视的程度特别低。人们往往只注意行为者本人的种种表现，却不大注意行为者周围的其他人如何行动。目前有关这种现象的研究指出了这样几种原因：第一，人们习惯于注重具体的、生动的、独一无二的事情，往往忽视抽象、空洞和统计类型的信息。第二，人们可能觉得直接信息比间接信息更可靠，而一致性涉及行为者周围的其他人，这方面的材料相对分散，无法凭观察者自己一一获取。第三，行为者周围的其他人与行为者本人相比处于较不突出的位置，往往只构成观察的背景，因而受到忽视。

（四）成功与失败的归因倾向

人们总是愿意获得成功，这种倾向也可能导致归因偏差。如果我们把成功看做加强自我的权威或保护自尊心的手段，就会对自己的失败行为作歪曲的解释。我们往往把成功的原因归于自己的内在因素，如能力、努力工作或好品格等。与此相反，对于自己的失败往往从外在环境中寻找原因，为自己开脱。这种归因偏差在行为者确信自己行为原因无人确知的情况下容易发生。

另一方面，为了解释自己的失败，行为者还可能出现另一种防御偏差，即所谓自我贬损。在这种情形下，行为者用各种消极的办法，如借助酒精、药物等，来逃避个人的责任。史密斯等人指出，自我贬损可以使失败者不必面对自己缺乏某种优良特质的难题，避免因个人真实能力被发现而难堪。

思考题

1. 社会认知的基本特征有哪些？
2. 举例说明影响社会认知的心理因素有哪些。
3. 试述研究各种认知偏差的重要意义。
4. 举例说明归因理论如何影响人的行为。

练习题

1. 在观察一个人时，对方先出现的特点，将给人以强烈的印象，并影响别人对他看法。这属于(　　)

A. 近因效应　　B. 首因效应　　C. 晕轮效应

2. 社会认知是指个人在与他人交往接触时，______________，推测与判断他人的______________过程。

3. 社会认知的特征有____________________________。

4. 对人际关系的认知包括认知者对______________的认知和对______________的认知。

5. 影响社会认知的因素有____________________________。

6. 认知者的因素包括____________________________。

7. 常见的认知偏见有____________________________。

8. 认知对象因素包括______________。认知情境因素包括______________。

案例题

一个经常见面但从未与之交谈过的人，给你留下的印象是，他衣着极为整洁，裤子笔挺，没有一丝皱褶，凭此印象你认为他一定是个做事细心周到，非常认真的人。

试分析：

① 这种推断是否一定正确？

② 这种推断属于认知中的什么现象？

③ 这种现象对认知有什么影响？

参考文献

[1] 陈国海，组织行为学[M]. 北京：清华大学出版社，2009 年第 3 版

[2] 单大明，组织行为学[M]. 北京：机械工业出版社，2004 年版

相关网站

http://www.cnki.com.cn/Article/中国知网

第四章

个性与行为

引导性案例

有一对兄弟，一个出奇地乐观，一个却异常悲观。他们的父亲欲对他们进行“性格改造”，有一天，父亲把那个乐观的孩子锁进一间堆满马粪的屋子，而把悲观的孩子锁进一间放满漂亮玩具的屋子。

过了一小时，他们的父亲走进悲观孩子所在的屋子，发现他坐在一个角落里，一把鼻涕一把眼泪地在哭泣，便问：“你怎么不玩那些玩具呢？”“玩了就会坏的。”孩子仍在哭。

当父亲走进乐观孩子所在的屋子时，发现孩子正在兴奋地用一把小铲子挖着马粪，把散乱的马粪铲得干干净净。看到父亲，乐观的孩子高兴地叫道：“爸爸，这里有这么多马粪，附近肯定会有一匹漂亮的小马，我要给它清理出一块干净的地方来。”

这个故事中的兄弟俩之所以会有如此大的差别，是他们的个性使然，这就是我们这一章要探讨的内容。

资料来源：http://www.360doc.com/content/11/1230/02/20425_175973246.shtml

本章知识点

1. 个性的定义与特点
2. 个性形成的影响因素
3. 能力、气质、性格特征及在管理中的作用

第一节　个性与行为

每个人都是独一无二的，“人上一百，形形色色”，正说明了人的个体差异性。世界上没

有两个个性完全相同的人,个性是理解个体差异的基础。每个人的个性是在社会中形成的,又反过来影响社会的发展。因此,要使组织中人尽其才,就必须了解每个员工的个性,预测其个性的发展趋势,引导其个性向好的方向发展。这是组织行为学研究的重要方面。

一、个性的定义

在日常生活中,个性是一个很常用的词。心理学上,个性的定义林林总总,学者们对个性所下的定义不下五十种。目前广泛使用的定义是:个性是在先天生理素质基础上,在一定的社会历史条件下的社会实践活动中经常表现出来的、比较稳定的、区别于他人的个体倾向和个体心理特征的总和。这就说明,个性是由需要、动机、态度、兴趣、理想、信念、世界观等因素组成的个性倾向和由能力、气质、性格等因素组成的个性心理特征有机结合而成的。

个性倾向性是指人对社会环境的态度以及行为的积极性特征。它主要表现在心理活动对客观事物的选择性、对事物的不同态度以及行为方式上,它是个性的潜在力量,是人们进行社会活动的基本动力。个性心理特征是在人的个性差异中比较经常的、稳定的、具有决定意义的部分,它表明一个人的典型心理活动和行为。

二、个性的特点

个性具有如下特点:

(一) 独特性

每个人的个性心理都包含有人类共同的心理特点,都带有民族思想感情、文化传统、生活习惯等因素的影响所打下的烙印,这是在个性心理方面的共同特征。但是,世界上不会有两个个性心理特征完全一样的人,即每个人都有区别于他人的能力、气质和性格,人们之间普遍存在着个性差异,即个性的独特性。

(二)稳定性

每一个具体人的个性都不是一朝一夕形成的,而是在先天生理素质基础上,经过家庭、社会潜移默化的影响和学校教育的熏陶以及实践活动的锤炼塑造形成的。所以,它一经形成,就比较稳定、少变,总以重复性、持续性、必然性的面貌出现。

当然,个性的稳定性只是相对的,不是绝对的。随着社会实践条件以及人的知识水平、生理心理和家庭境况等因素的变化,个性心理特征也必然发生变化。这种变化,一般来说,可以发生在任何人的任何年龄阶段上,特别是人在生活实践中遭遇和经历的某些重大事件,会给人的个性打上深深的烙印,并使其个性发生变化。

(三) 整体性

个性不是一个孤立的心理特征,而是一组心理特征的有机组合。因此,要准确描述某个人的个性,就必须说出一组心理特征才行,仅有某个特征是不够的。如当你初次遇到某人,他很少说话,仅凭此就断定此人是内向的人并不一定正确。

(四) 制约性

人既是生物实体,又是社会实体。人与生俱来的生物特性是种族发展和遗传的产物。科学实验证明,高级神经活动类型影响个性形成,并使个性的某些成分表现出一定的差异。

(五) 倾向性

个性既体现人与人之间在性格、气质、能力等方面的差别,又明显地表现出一个人具有一定意识的倾向性,这种倾向性体现在个体的价值观、兴趣爱好、需要和信念等方面。

三、个性形成的影响因素

在个性形成的影响因素方面,学者们观点不一,有人认为是由遗传或者先天因素决定的;也有人认为是由后天环境决定的。这两种看法各有片面性,正确的看法应该是将两种因素结合起来,也就是说,遗传为个性的形成和发展提供了前提,但不起决定作用。一个人的个性向什么方向发展,发展到什么水平,不是由遗传决定的,而是由后天环境决定的,特别是由社会生活条件决定的。一个人个性的形成和发展,是一个复杂的过程,虽然人的生理素质对个性有一定的影响,但个性主要还是在社会实践中,经过长期的塑造而逐渐形成和发展的。

一个人个性的形成和发展,大体都经历三个时期:

(一) 儿童时期

这个时期,人的个性主要受父母、兄长及亲友的熏陶和影响,即通常人们说的,孩子是大人的一面镜子,大人在孩子个性发展上打下的烙印,往往会影响其一生。

(二) 学生时期

这个时期的个性受师长和同学的影响较深,个性的发展按照一定的规范进行。

(三) 成人时期

这是个性发展最复杂的阶段,有许多因素影响着个性的发展。社会制度、经济发展、政治形势、文化教育等都对一个人个性的发展产生重要影响。

个性的形成和发展,受社会生活条件的作用和影响是很大的。虽然先天的遗传也有影响,但它只是提供了一个发展的前提,起决定作用的还是后天的环境,特别是社会生活条件的作用。世界上没有孤立存在的人,每个人都生活在社会关系中,都要受到一定的社会生活条件的教育和影响,受到社会关系的制约。

人又是有能动性的,它接受外界的影响是积极的、主动的,人在改造客观世界的同时改造自己的主观世界,包括认识能力、气质、性格等。人的个性就是在社会关系的交往中逐步磨炼而成的。

第二节　气质差异与管理

一、概念

心理学上说的气质,不同于人们通常说的风格或气度,而是指人的“脾气”、“秉性”或“性情”,是人的个性心理特征之一,它是指在人的认识、情感、言语、行动中,心理活动发生作用时力量的强弱、变化的快慢和均衡程度等稳定的动力特征。主要表现在情绪体验的快慢、强弱和表现的隐显,情绪状态的稳定性和持久性,情绪变化的幅度,以及动作、言语的灵敏度方面。

气质是一个很古老的概念,早在公元前 5 世纪,古希腊著名医生希波克拉特就观察到,不同的人有不同的气质。他认为,人体内有黄胆汁、血液、粘液、黑胆汁四种液体,由于这些液体比例的不同,不同的人有不同的气质。4 种液体中黄胆汁占优势的人为胆汁质,这类人热情直率、容易冲动、精力旺盛;血液占优势的人为多血质,这类人活泼好动、善于交际、反应迅速;粘液占优势的人多为粘液质,他们情绪稳定、沉默寡言;黑胆汁占优势的人多为抑郁质,他们孤僻、多愁善感、动作迟缓。用体液解释气质类型虽然缺乏科学根据,但人们在日常生活中确实能观察到这四种气质类型的典型代表。因此,这四种气质类型的名称曾被许多学者所采纳,并一直沿用至今。

我国古代学者也发现了人与人之间气质上的差异。孔子在《论语・子路篇第十三》中把人分成"狂"、"狷"、"中行"三类。他认为,"狂者进取",这类人对现实的态度是积极进取的,他们"志大言大",言行比较强烈而现于外;"狷者有所不为",这类人性格比较拘谨,因而就"有所谨畏不为";中行者介于"狂"和"狷"之间,"依平庸而行"。《周易》、《尚书》曾用阴阳五行解释人的气质类型,把人的某些心理上的个别差异与生理解剖特点联系起来。按阴阳的强弱,分为太阴、少阴、太阳、少阳、阴阳平衡五种类型,每种类型各具有不同的体质形态和气质,其中,"阳"是指活跃、兴奋;"阴"是冷静、抑制;又根据五行法则把人分为"金形"、"木形"、"水形"、"火形"和"土形",也各有不同的肤色、体形和气质特点。以上这两种分法是互相联系的,作为分类基础的阴阳与近代生理学研究的兴奋和抑制有某些类似之处。

20 世纪 30 年代,苏联生理学家巴甫洛夫发现高级神经活动有两个基本过程——兴奋和抑制,并根据气质是人的高级神经活动类型的特点和其在行为方式上的表现,揭示出在这两个基本过程中,不同的人有不同的特点:① 兴奋过程和抑制过程的强度;② 兴奋过程和抑制过程的均衡度;③ 兴奋过程和抑制过程的灵活性。他根据这三个方面特点的变化,把高级神经活动分为四种类型:① 强而不均衡的;② 强的、均衡的、灵活的;③ 强的、均衡的、不灵活的;④ 弱型的。而这些恰好与希波克拉底理论中的四种气质类型相一致,为之找到了科学的自然基础。巴甫洛夫根据人的高级神经系统活动的特点总结出四种高级神经活动的反应类型:兴奋型、活泼型、安静型、抑制型。巴甫洛夫对四种气质作了如下解释:

(1) 胆汁质(兴奋型)相当于神经活动的强而不均衡型。这种气质的人兴奋性很高,脾气暴躁,性情直率,精力旺盛,能以很高的热情埋头事业。情绪易于冲动,心境变换剧烈,兴奋时,决心克服一切困难,精力耗尽时,情绪又一落千丈。

(2) 多血质(活泼型)相当于神经活动的强而均衡的灵活型。这种气质的人活泼,好动,敏感,热情,有能力,反应迅速,适应性强,喜欢交际,精神愉快,机智灵活,注意力易转移,情绪易改变;但是办事重兴趣,富于幻想,不愿做耐心细致的工作。

(3) 粘液质(安静型)相当于神经活动的强而均衡的安静型。这种气质的人平静,稳重,反应缓慢,沉默寡言,情绪不易外露,善于克制忍让,生活有规律,不为无关事情分心,埋头苦干,有耐久性,态度持重,不卑不亢,不爱空谈,严肃认真;但不够灵活,因循守旧。

(4) 抑郁质(抑制型)相当于神经活动的弱型,兴奋和抑制过程都弱。这种气质的人沉静,体验深刻,善于觉察别人不易觉察到的细小事物,办事稳妥可靠,做事坚定,能克服困难;但比较敏感,易受挫折,孤僻、寡断,疲劳不易恢复,反应缓慢,不图进取。

根据神经系统活动的特点,我们可给气质下这样的定义:

气质是指一个人典型地表现于心理过程的速度,心理过程的强度,心理过程的稳定性和心理活动的指向性等心理活动的动力方面的特点。

后来，苏联心理学家捷普洛夫、涅贝里岑等人提出了一些关于气质的新见解。他们认为，人的高度组织的神经系统具有多种特性，它们以复杂的组合方式，影响着神经系统兴奋与抑制的动力特点，从而构成人的气质的生理基础。

捷普洛夫和他的合作者在几百项实验研究基础上，提出一种新的神经系统基本特性的结构。根据这个结构，神经系统有一级特性和二级特性，其中一级特性主要是神经系统的强度、灵活性和动力性。在巴甫洛夫学说中作为三个基本特性之一的平衡性，实际上是一种一般特性，它带有派生性质，存在于各种一级特性之中，也就是说，无论强度、灵活性还是动力性，都存在神经细胞的兴奋和抑制之间的平衡问题。动力性主要说明神经系统形成阳性条件联系的速度(兴奋的动力性)和阴性条件联系的速度(抑制的动力性)。在这个结构中，从灵活性中又分出易变性，这主要说明神经过程的运动速度以及兴奋与抑制的相互转换速度。

除了巴甫洛夫的四种气质类型，捷普洛夫等人提出了强而不平衡的灵活型、强而不平衡的迟钝型、弱而平衡的灵活型、弱而平衡的迟钝型、弱而不平衡的灵活型与迟钝型等新的类型。

有关气质及其生理基础的研究正在深入。怎样划分人的气质类型？也许学者们今后又会提出新的气质类型和分类方法。

气质是人典型的、稳定的心理特点。这种典型的心理特点很早就表露在儿童的游戏、作业和交际活动中，气质类型的表露很早，说明气质较多地受个体生物组织的制约，正因为如此，气质在环境和教育的影响下虽然也有所改变，但与其他个性心理特征相比，变化要缓慢得多，具有稳定性的特点。

当然，心理活动的动力并非完全决定于气质特性，它也与活动的内容、目的和动机有关。任何人，无论有什么样的气质，遇到愉快的事情总会精神振奋，情绪高涨，干劲倍增；反之，遇到不幸的事情会精神不振，情绪低落。但是人的气质特征则对目的、内容不同的活动表现出一定的影响，换句话说，有着某种气质类型的人，常在内容全然不同的活动中，显示出同样性质的动力特点。如一个学生每逢考试就表现出情绪激动，等待与友人的会面时会坐立不安，参加体育比赛也总沉不住气等。就是说，这个学生的情绪易于激动会在种种场合表现出来，具有相当固定的性质，只有在这种情况下，才能说，情绪易于激动是这个学生的气质特征。

二、正确对待人的气质特点

1. 气质本身并无好坏之分

每种气质都有两重性，既有好的一面，也有不足的一面。一种气质在某种情况下可能具有积极的意义，而在另一种情况下可能具有消极的意义。

2. 气质不能决定一个人活动的社会价值和成就的高低

据研究，俄国的四位著名作家：普希金、赫尔岑、克雷洛夫和果戈理，在气质上分别属于胆汁质、多血质、粘液质和抑郁质。但他们在文学上同样取得了杰出的成就。

三、气质在管理中的作用

气质对活动效率的影响，要根据工作性质具体分析。有些工作与气质类型有密切关系，它直接影响着人能否胜任这一工作。

要求灵活反应的工作对于多血质和胆汁质的人较为合适，而粘液质和抑郁质的人则较难适应。如坑道救险、高空作业等带险情的工作。

反之，要求持久、耐心细致的工作对粘液质、抑郁质的人较为合适，而多血质和胆汁质的人却较难适应。如修表、绣花、外科医生等。

在一般学习和工作中，气质的各种特性之间常常可以起互补作用，因此，对活动效率的影响并不显著。但在特殊职业中，要求人们具有极强的反应能力和高度的紧张状况，因此对人的气质就提出了特殊的要求。

由此可见，了解人的气质，对于知人善任，用其所长，避其所短，充分调动人的积极因素，提高工作效率，避免可能发生的事故，有着重要的意义。在管理工作中，应当尽可能地选择适应人们气质的工作方法，从而提高人们生产的积极性，避免使人遭受心理挫折。

第三节　性格差异与管理

对一个人性格的了解，不仅有助于解释和掌握他现在的行为，而且还可以预见他未来的行为。这样，一方面有助于控制员工的行为，另一方面有助于创设适宜的工作环境，使之与员工的性格倾向尽量相吻合，以利于人力资源的发挥。

一、概念

性格是一个人对现实的态度以及与此态度相适应的行为方式中比较稳定的并具有核心意义的个人心理特征。

性格是一个十分复杂的心理现象，是一个多维结构，其主要的组成成分为性格的理智特征，性格的情绪特征，性格的意志特征，以及对待现实的态度的性格特征。

1. 对待现实的态度的性格特征

可分为四方面：

一是对待社会、集体、他人态度的性格特征。如热爱祖国、关心集体、大公无私、正直、诚实、富有同情心、喜交际，文雅礼貌等，或敌视祖国、背叛人民、自私自利、狡诈、虚伪、冷酷无情、粗暴、孤僻等。

二是对待工作、学习、劳动态度的性格特征。如勤劳、认真、细致、首创精神等，或懒惰、马虎敷衍、粗心、因循守旧等。

三是对待物品态度的性格特征。如节俭、爱护财物、廉洁等，或奢华、铺张浪费、贪婪等。

四是对待自己态度的性格特征。如谦虚、大方、自信、自尊、自爱、自强等，或自负、自满、自卑、轻浮放任、羞怯等。

2. 意志方面的性格特征

指人对自己的行为进行自觉调节方面的性格特征，大致分为四个方面：

一是行为目的性的性格特征。如计划性、主动性、独立性等，或盲目性、消极被动、受暗示性等。

二是自我控制的性格特征。如自制力、组织纪律性等，或放荡妄为、我行我素等。

三是面临紧急或困难情境时的性格特征。如沉着、镇定、深思熟虑、坚决果断、勇敢等，或惊惶失措、冒失鲁莽、优柔寡断、胆怯等。

四是长期工作中的性格特征。如坚韧不拔、善始善终、顽强等，或见异思迁、半途而废、顽固、怯弱等。

3. 情绪方面的性格特征

如有的人生活、工作、学习常受情绪所支配，有的人则以理智支配行为，控制情绪；有的人情绪易激动且不能自控，有的人情绪稳定，引发缓慢，也能控制；有的人情绪体验深刻持久，有的人则体验肤浅且持续时间短；有的人经常情绪饱满，热情奔放，乐观开朗，善于调节情绪，有的人则情绪低沉、多愁善感、抑郁寡欢；有的人恬静、温和、安宁，有的人则情绪波动、焦虑不安等。

4. 理智方面的性格特征

指人在智力活动中表现出来的性格特征。如有的人遇事多思善想，深谋远虑，沉着，冷静，有的人听风是雨，人云亦云，手足无措；有的人体察入微，有的人粗糙笼统；有的人自信，有的人怀疑；有的人求知欲旺盛，有的人得过且过；有的人为事业孜孜不倦，有的人满足现状；有的人脚踏实地，有的人想入非非；有的人看问题全面，有的人偏执；有的人能理智处理问题，有的人以感情代替理智；等等。

以上各种性格特征在每个人身上都以特有的形式结合成有机的整体，区别于他人。在每个人的性格结构中，态度方面的性格特征直接表现一个人认识世界总的心理倾向，也是一个人的本质属性、品德和世界观的具体体现，并且在一定程度上决定着其他三方面的性格特征。

个体在生活中某种一时性的偶然表现不能被认为是一个人的性格特征，例如：一个人在某种偶然的场合表现出胆怯行为，不能据此就断定此人具有怯懦的性格特征；一个人在某种特殊的情景下一反常态大发脾气，不能就认定此人性格暴躁，只有那些经常的、习惯化的行为表现才能被认为是个体的性格特征。

性格一般说来形成后较为稳固，但在生活经历中的重大事件，社会环境和社会实践中的重大变化或转折，往往在很大程度上改变人的性格。总之，稳定性和习惯性的行为方式是性格的主导方面，而可变性是它的从属特征。

二、性格特征在管理中的作用

了解职工的性格差异，管理者可以根据不同的对象，采取不同的方法进行管理，对性格活泼、有点自以为是的人，可以当面批评、争论，但一定要坚持说理，平等待人；对于性格较顽固、不爱多说话的人，适合于多用事实、榜样来教育或用后果教育法让他自己接受教训；对于自尊心强、缺乏勇气的人适合于先冷淡，后单独做工作。在管理中，有预见性、针对性地帮助员工自觉发挥长处，防止或克服其不足，可使员工在各自的岗位上做出积极的贡献。

三、性格与气质的关系

从气质和性格的各自特点来说，气质更多地体现神经系统基本特征的自然影响，而性格则更多地受社会生活条件的制约。因而在性格的形成过程中，气质影响着性格的动态方面，比较明显地表现在性格的情绪性和表现速度方面，如同样是勤劳的人，具有多血质气质的人在劳动中易表现为情绪饱满，精力充沛；而具有粘液质气质的人则可能表现为踏实肯干，操作精细。气质的这种动力特点给同样的性格特征添上了独特的色彩。

气质对性格的影响还表现在气质可以影响性格形成和发展的速度，如自制力的形成，具有胆汁质的人，需要经过极大的克制和努力，而对抑郁质的人则较容易和自然。

性格对气质的影响更为显著，气质也是在生活实践中形成的，由于实践的要求，以及人的态度体系和行为方式的作用，性格会在一定程度上掩盖和改造气质，甚至掩盖和改造神经活动的特性，使之服从于实践要求的行为方式。如从事精细操作的外科医生，所应具备的沉着的性格特征，在形成过程中就有可能改造胆汁质容易冲动和不可遏止的特性。

研究表明，在良好的环境与教育的影响下，各种气质类型的人都可以培养积极的性格特征，从而说明性格对气质的重要作用。

具有不同气质类型的人，可以形成同样的性格特征，而相同气质类型的人又可具有带着同样动力色彩但却不相同的性格。在性格的培养中，良好的教育应当注意改造那些不适合某种性格特征的消极气质特征，发挥那些对某种良好性格适宜的气质特征。

作为心理特征的气质和性格，两者是不同的，从气质的自然性质而言，气质似乎是性格的基础，性格则似乎可以在一定程度上掩盖或改造气质。但这种区别不是截然的，气质也是心理特征，也是在生活实践中形成的，并不是纯自然的东西，性格对气质虽有施加影响的一面，也有受后者制约的一面，气质与性格是互相渗透、互相制约的。

第四节　能力差异与管理

能力是指一个人要想顺利地完成某种活动所必须具备的心理条件。

能力的高低会影响一个人掌握活动的速度、难易和巩固程度。能力水平高的人所以能够取得较好的效果，是因为他的心理特征上各种因素的综合表现与活动的要求相符合；一些人之所以不能胜任某种工作，可能由于他的能力发展水平过低，或是各种能力的综合与工作的要求不相符合。

实际上，在现实生活中，某种活动或工作的完成绝不是单凭一种能力，而是需要若干种能力共同发生作用，心理学上把完成工作或活动所必须具备的一些特殊能力的组合，叫做才能。如一个人要想胜利地完成某一项领导工作，就必须在主观方面有高度的观察力、判断力、语言表达能力、丰富的想象力、记忆的精确性、思维的敏捷性与批判性、自制力与意志的果断性等。一个人在主观上具备了上述这些能力的综合，我们可以说这个人基本上具备了管理的才能。

每个人的能力都是有一定差异的，能力的差异有质的差异，也有量的差异。质的差异除了表现在各人有不同的特殊能力外，还表现为能力的类型差异，量的差异表现在能力发展水平的差异和能力表现早晚的差异，现分述如下。

一、能力类型表现的差异

人们在知觉、表象、记忆、言语和思维等方面，都表现出个别差异，如有的人知觉属于综合型，其知觉特点是富于概括性和整体性，但是分析方面较弱；而属于知觉分析型的人，其知觉特点则相反，有较强的分析能力，对细节感知清晰，但对整体的把握不够；第三种人的知觉兼有上面两种类型的特点，属于分析综合型。

记忆的类型差别表现在人们怎样识记材料，一些人运用视觉识记较好，另一些人运用听觉识记较好，第三种人在有运动觉参加时识记较好，第四种人运用多种识记表象时成绩较好。

从识记不同材料效果的不同，还可区别另一些记忆类型：有些人识记物体、图画、颜色、声音等能力较强，为直观形象的记忆类型；另一些人识记词的材料、概念和数字能力较强，为词的抽象记忆类型；除此之外，还有中间类型。

人的言语和思维也存在类型差异，有的人言语特点是形象的，情绪的因素占优势，属于生动的言语类型；另一些人的言语特点是概括的，逻辑的联系占优势，属于逻辑联系的言语类型。

能力的类型差异，除了表现在完成同一种活动时，不同的人可能采取不同途径外，还表现在完成同一种活动可以由各种能力的不同结合方式来保证。例如，两个成绩同样好的学生，其中不能马上在平面上画出形象的投影图的学生可以通过分析、推论得到必要的理解。不同的人可能在心理上通过不同的途径达到相同的实际结果，这种情况使能力的发展有更大的可能性。

二、能力发展水平的差异

各种能力都有发展水平的不同，在相同条件下，如果一个人在某种活动中表现出比别人有更高的成就，就表示他具有较高的能力，能力的高度发展可以造就天才。相反，一些人活动的结果不好，一般说他是一个在某方面能力低下的人。智力落后是能力低下的一种极端情况，一般属于病理的范围。

为了达到治疗或教育的目的，把智力落后儿童分为若干类：

轻度的或可教育的智力落后	智商：50—69
中度的或可训练的智力落后	智商：25—49
严重的或需监护的智力落后	智商：25 以下

其他能力发展水平的智商一般为：

临界迟钝	智商：70—79
平　　庸	智商：80—89
中　　等	智商：90—109
优　　秀	智商：110—119
异常优秀	智商：120—139
天　　才	智商：140 以上

$$智商 = 智力年龄/实际年龄 \times 100$$

一个具有多方面高度发展的能力的人，知觉往往全面而概括，准确又迅速，注意力易于集中，稳定，灵活，范围较广，他的记忆通常迅速、准确而且巩固，有关所从事的活动的想象是丰富的，具有创造性的，尤其是高水平的思维的广度、深度和灵活性，常常是他的主要特征。

三、能力表现早晚的差异

有些人在某些方面的优异能力，在儿童时期就表现出来了，这叫做“人才早熟”或能力的早期表现，如中国科技大学少年班的学生，即较早就在某个方面表现出较高的才能。

年龄较小时表现出较高才能的儿童被人称为神童，其实并不是什么神秘的事情，既然素质对能力的形成与发展起着一定的作用，那么在脑与神经系统的某方面所集中的某些特点，对某些能力的形成提供了有利条件，或促使它们在早期得到迅速的发展，这是完全可以理解的。然而重要的还是环境的影响，主要是家庭的影响，因而儿童能力的早熟，主要取决于人们受教育的条件。

缺乏早期成就的人，并不能被认为将来不可能发展出优异的能力，事实上，有些人的优异能力或天才表现较晚，甚至可能在晚年时期才表现出来，其基本条件就是学习和实践。

由于各人能力在客观上存在着差异，会影响工作效率，所以企业管理者要研究能力差异，量才使用，使人尽其才。

执行某一性质的工作，只需某种恰当智力发展水平，只有这样，才能使个人工作效率最大限度地发挥出来。智商过高的人，从事一项比较简单的工作，往往会对工作感到乏味，以致不能维持兴趣，当然会影响工作效率；反之，如果一个智力发展水平偏低的人或是一个智力发展水平平庸的人，去从事一项比较复杂或比较精尖的工作时，往往会感到自己力不从心，产生焦虑心理，严重的还会感到团体压力，而出现人格异常。因此，一个好的管理者，并不在于谋求把社会上智力最优秀的人聚集在自己周围，而在于合理地根据企业性质正确地确定本企业所需要的智力水平，并在此基础上聚集与之相适应的人才。

在具体分配工作时，管理者应根据员工智力发展的不同水平，分配不同的工作，还应注意：

（1）同一个人并不能适应所有部门的每一个工作，同一个人在不同的工作条件下不可能时时事事都达到同样的成就。一个人在某一种主观条件下（如感兴趣时），可能会取得较大的成就，而在另一种主观条件下（如心境不好时），也可能一事无成。所以先进的不可能事事先进。人的感情总是随着感受的刺激处于一种动态情境中，因此他的行为反应也是动态的。

（2）接受同等教育，能力水平并不相等。知识的掌握并不等于能力的发展，科学心理学的解释应当是，知识的掌握是能力发展的前提条件，而能力的发展又有助于知识的掌握。在管理中，必须分清文凭与机遇的关系，文凭并不标志着个人能力发展水平，只意味着其接受了某种文化知识的训练。没有文凭的人中，也有许多佼佼者，有无文凭只是历史机遇加贴在某一个人身上的标签而已。当然有无这个标签往往影响组织对一个人的注意和使用。

（3）同样聪明的人，并不一定适应于同一工作。这是因为任何一种工作，除了必须具有一定智力水平外，还要求具有某些达到一定水平的特殊能力，如分类能力、应变能力、概括能力、推理能力、应用能力等。

总之，能力是有差异的，但也可以经过培养而发展，关键在于方法是否得当。管理者应根据需要尽可能创造条件，为个体提供学习和锻炼的机会，发现人才、培养人才，并鼓励员工自学成才，提高能力。

思考题

1. 什么是个性？它有何特点？
2. 影响个性形成与发展的因素有哪些？
3. 何谓气质？对管理活动有什么影响？
4. 性格是怎样形成和发展的？有哪些影响因素？
5. 什么是能力？如何衡量个体的能力差异？
6. 举例说明影响能力发展的因素。

练习题

1. 人的能力差异主要表现在哪些方面？

2. 安静沉着,稳定踏实,做事用心专一,埋头苦干,自制力极强,但动作迟缓而不灵活的气质特征,属于(　　)。

A. 多血质　　B. 胆汁质　　C. 粘液质　　D. 抑郁质

3. “江山易改,禀性难移”说明个性具有(　　)

A. 整体性　　B. 独特性　　C. 稳定性　　D. 倾向性

案例题

鲍尔敦一个人在自己的办公室里坐着。下班了,屋里静悄悄的,人全走光了。老鲍把坐姿调整一下,使自己坐得更舒服点,眼睛得意地瞅着桌子上那套光子元件头一轮测试结果的记录。

他就是喜欢在别人全走光了以后独自留下来。他被任命为新的课题组组长这件事至今对他来说还挺新鲜,仍能使他深深地体验到一种快感。他的目光停留在眼前的图表上,可是脑海里闪现的,却是研究所副所长,德高望重的老学者季澜德多次对他说到的一段话:“在咱们所,如今你很有希望得到大展宏图的机会,你有多大本事就使出来吧。想干啥就能干到啥,没什么能限制你才能的发挥的。”想到这,老鲍就又一次感到既高兴又为难的复杂。他自言自语地说:“好,这下子老子总算搞出些名堂来了,可不是开玩笑的。”他是五年前调到应用物理研究所来的。有一回,他在对几个报废的克兰逊元件作常规测试的过程中,忽然灵机触动,有了光子耦合器的主意。季副所长知道后,很重视也很热心,很快拨出人成立了一个新课题组,专门负责这个项目的研究,想进一步开发这种装置,鲍尔敦荣任这个课题组组长,就是理所当然,众望所归的事了。“看来,我老鲍是时来运转了。”

他终于不再胡思乱想,静下心来,想埋头查阅手头的实验记录,好好地思索一番了。就在这时,他听见有谁进了屋来,而且站到他身后了。他带着期望扭头去看,满心以为准是季副所长。因为季老也常待到很晚才走,有时会折进他的屋里来跟他聊上几句。每回遇上这种情况,总使老鲍觉得那天过得特别愉快。

可是这回却不是老季,而是一位陌生人。他三十刚出头吧,个子高高瘦瘦的,脸庞黑中透红,像个农民,似乎曾经被风吹日晒,但却戴了一副知识分子常戴的那种秀郎框架的眼镜。

他穿一件旧的部队的草绿上衣,脏脏的显得不太修边幅。最古怪而显眼的是他挎着一个土黄色布包,下边带有穗子的那种。后来老鲍爱人小杨曾说,这准是朝山拜佛的香客才挎的那种包。总之,有点不伦不类。

这位陌生人微笑了一下,就自我介绍说,"我是费士廷。请问您是鲍尔敦同志吗?"老鲍说正是,于是相互握了握手。"季副所长说我可能能在这间屋子里找到您。我刚跟他谈到您这个课题,我对您这里搞的这项研究很感兴趣。"老鲍于是向旁边一张椅子摆了摆手,示意请坐。

这会老费看来不像是来访者中任何一种典型类型的人:不像大学或兄弟研究所来的,也不像是仪器仪表公司来的,更不像上级部门来的。老鲍指指桌上那堆纸说:"喏,这是我们搞的试验的初步结果。我们是发现了一种新玩意的苗头,可还没弄懂是怎么回事。还没搞完,不过我可以把正在试验的那一节给你翻翻。"

老费于是接过材料,专心致意地看那些图表。过了一会,他抬起头来,嘴上挂着有点古怪的笑,微微露着牙齿,说:"这看起来有点像是詹宁斯函数曲面的一段嘛,是不是?我一直在搞曲面自动相关函数之类的名堂,你想必准是懂得这些的喽。"老鲍有点发懵,他对老费说的那些东西其实根本一无所知;可是他却未置可否地以含糊的一笑作答。但他随即感到有点不安,就说:"来,让我给你看看咱们正在搞的那个宝贝吧。"说着就领头向实验室走去。

老费终于走了。鲍尔敦把桌上的图表、材料往边上一推,心里感到一种莫名其妙的烦恼。然后,就像突然拿定了什么主意似的,他赶忙把房门锁上了,故意绕了一圈路,好打季副所长办公室门前走过。可是那办公室已经锁上了。老鲍有点怅然若失,心里在算计着季老会不会是跟那个姓费的家伙一块走的。

第二天上午,老鲍就到副所长办公室去找季老,想了解老费昨天作为不速之客来谈话的事,还想问问这老费究竟是何许人也。

季副所长说:"来,先坐下。我正想找你谈谈费士廷的情况。你觉得他这个人怎么样?"老鲍如实谈了自己的印象说,他觉得老费好像很聪明,可能工作能力也挺强。季老听他这么说,看来也挺高兴。他说:"我们正在调他来这里,基本没啥问题了。他在好几个研究所干过,底子相当好。对于咱们正在搞的课题,他好像有些新点子。"老鲍听了点点头,但心里却在说,千万可别把他安排到我这个组里来呀。

季老接着说:"我们还没定下来他最后放在哪个组比较好,不过他好像对你们组搞的题目很感兴趣。我想可以让他先跟你们一块干上一阵子。要是他挺合适干这活,再正式算你们组里的人。怎么样?"老鲍心事重重地点了点头,说:"那好吧,他好像肚子里事先就藏了些点子了。我们希望他能呆下去;有了他,我们挺高兴。"

鲍尔敦朝实验室回头走时,心境复杂矛盾,可以说是酸甜苦辣,百味俱全。他对自己说:老费来,对我们组是有好处的;他是个能干的人,准能帮我们组搞出些名堂来的。可是,他马上又想到季老上回说过的一段话,他说:"谁能在这个课题攻关里搞出好成果,走到最前头,所里就提拔谁。"这话如今听起来,好像就有点像威胁了。

资料来源:http://wendang.baidu.com/view/ac4cd269af1ffc4ffe47ac72.html

案例思考

（1）请用个性理论分析老费、老鲍和季老的个性特征。

（2）季老对这样的部下应如何管理？

参考文献

[1] 陈国海.组织行为学[M].北京:清华大学出版社,2009 年第 3 版

[2] 单大明.组织行为学[M].北京:机械工业出版社,2004 年版

相关网站

http://baike.baidu.com/view/4463.htm

http://www.wiki8.com/gexingxinlixue_117620/

第五章

激励理论

引导性案例

及时奖赏

在福格斯保罗公司发展初期,是否具有技术优势对企业的生存状况非常关键。一天傍晚,一个科学家拿着一个样本冲进总裁的办公室。总裁被问题解决得如此漂亮所折服,不知如何奖励这位科学家才好,于是身子向前倾,在办公桌的抽屉里翻腾,找到了一个东西,隔着办公桌递给这位科学家,说:“这个给你!”他手中拿的是一个香蕉,这是他立刻能找到的唯一的奖赏。在这时候,这个小的“金香蕉”是对科学家成绩的最好奖励。

这个案例给我们的启示是调动人的积极性可以采用不同的方法,在关键的时刻,一个小小的香蕉,也能够成为最好的奖励。

资料来源:徐子健.组织行为学[M].北京:对外经济贸易出版社,2005

本章知识点

1. 激励的基本概念及其过程;
2. 内容型激励理论的主要内容;
3. 过程性激励理论的主要内容;
4. 激励理论的应用。

第一节 激励概述

一、激励的概念

心理学中“激励”一词,指的是持续激发人的动机的心理过程。在某种内部或外部的刺激的影响下，通过激励，使人始终维持在一种兴奋状态中。将"激励"这一概念用于管理，就是通常所说的调动人的积极性的问题。关于如何调动人的积极性的激励问题一直是组织行为学的核心内容和研究热点之一。哈佛大学的威廉·詹姆斯研究发现，按计时工资获得报酬的员工，一般只需发挥能力的20%—30%，即可保证不被解雇。如果受到充分的激励，则员工的能力可发挥出80%—90%，这说明，管理中采取激励措施，使员工的工作效率提高了60%。

从管理者的角度来看，激励的目的应该是引导员工高效能地工作，努力完成企业的目标。具体地说，员工的工作绩效不仅取决于激励，还受到能力和环境的影响。可以用以下公式来表示：

$$P = f(3M \times 2A \times E)$$

式中，P 指员工的绩效；M 指激励；A 指能力；E 指环境。其中，激励的影响最大。由此可见，人的工作绩效，不仅取决于他的能力大小，而且取决于激励的水平，即积极性的高低。激励的水平越高，达到目标的努力程度和满意感也越强，所取得的工作效能也越高。反之，激励水平低，缺乏完成组织目标的动机，工作效率也就越低。

一个有效的激励手段，必然是符合人类的心理和行为活动的客观规律的；反之，不符合人类心理活动客观规律的激励措施就不会达到调动人的积极性的目的。

二、激励过程

由人类行为规律可知，人的任何行为都是从需要开始的。当人受到外界刺激，内在的平衡被打破而产生某种需要，欲望增强会产生一种紧张的心理状态，在遇到能满足需要的特定目标时，这种紧张的心理状态就能转化为推动人去进行某项活动的动机，动机进而引起行为，随着行为的进行，最终实现目标。当达到目标时，紧张的心理状态就会消除，需要得到满足。旧的需要满足了，又会产生新的需要。这样周而复始的发展下去，从而推动人去从事各式各样的活动，达到一个又一个的目标。

当个体存在未被满足的需要时，机体就会感到紧张，进而在内部产生内驱力。这些内驱力会产生寻找行为，去寻找能够满足需要的特定目标，如果目标达到，需要就会被满足，并降低机体的紧张程度。这就是激励过程（见图5-1）。

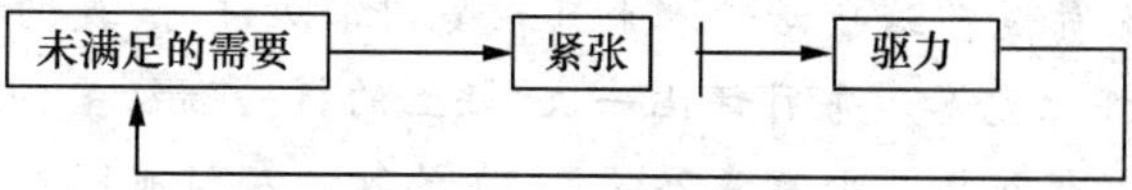

图5-1 激励过程

因此，我们可以认为，被激励的员工处于一种紧张状态，员工为缓解紧张而努力工作，紧张强度越大，努力程度越高。从人的行为模式到人类行为规律，我们可以看到：人的行为都是在某种动机的策动下为了达到某个目标的有目的的活动。外在刺激、内在动机、目标吸引力正是构成人类行为动力系统的三种重要因素。其关系由图5-2表示。

从心理学的角度分析激励过程，实质上就是要处理好三类变量之间的相互关系。

（1）刺激变量是指对机体反应发生影响的刺激条件，其中包括可以变化与控制的自然与社会的环境刺激。

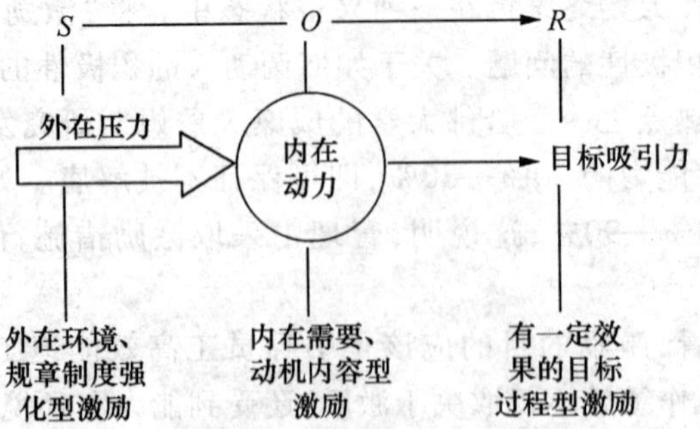

图 5-2　人类行为动力系统与激励

(2) 机体变量是对机体反应有影响的特性,这些都是被视为本身具有的特性,如性格、动机、内驱力强度等。

(3) 反应变量是指刺激变量和机体变量在行为上引起的变化。由此分析,以上二图中的需要和动机都属于机体变量,行为属于反应变量,外界的目标实际上属于刺激变量。人的行为的激励过程,实质上就是刺激变量引起的机体变量产生持续不断的兴奋,从而引起积极的行为反应的过程。当达到目标之后,经过反馈又强化了刺激,如此周而往复,延续不断。

综合分析看来,激励是指激发人的内在动机,鼓励人朝着所期望的目标采取行动的过程。从行为规律看,人的需要和动机是说明人为什么会采取某种行为的原因,而作为管理者来说,更关心的是怎样才能使员工采取某种特定的行为。根据人的行为动力理论,一个人的行为取决于其动机的强弱,而动机的形成又取决于人的内在需要和外在刺激。因此,管理者可以通过外在的刺激,在一定程度上影响人们的动机,从而使其产生组织所期望的行为。

小资料

美国同仁公司的评比竞赛

在美国同仁公司,一进楼道,迎面挂着一条大横幅,白底红字,中间画了一个四颗红星的士兵头盔,大意是开展争当"四星头盔士兵"活动。旁边墙上还办了贴着"四星头盔"标志的竞赛墙报。公司管理人员说:"这项活动本来只在美国军队进行,我们引入公司,是借其形式来开展'先进工作者'评比竞赛。每月评比一次,评上的得一颗红星,一年中累计得了四颗红星的,就是先进工作者,有重奖。"更有意思的是,在计算机房门前还支着两块大白板,贴着当月已得星的职员的彩照,这不就是"光荣榜"么!

资料来源:http://blog. sina. com. cn2008. 3. 8

遵照这一原理,国外有许多管理学者对激励做了多种研究,将工作激励的理论划分为内容型激励理论和过程型激励理论。内容型激励理论主要从内在动力角度,集中于分析个体的多种需要,认为管理者的任务是创设一种积极满足各种个体需要的工作环境。内容型激励理论可以帮助解释出现的各种工作态度、行为和绩效的原因,并认为奖励的价值在于满足所激发的需求。过程型激励理论主要从外部因素角度,围绕人的激励过程及其对工作行为的决定性影响,注重解释需要、奖励和行为之间的关系和相互作用问题。

第二节 内容型激励理论

内容型激励理论基本上是围绕着如何满足员工的需要进而调动其工作积极性开展研究,也称为需要理论,这方面比较诚实的理论主要有马斯洛的需要层次理论、赫茨伯格的双因素理论、阿尔德弗的 ERG 理论和麦克利兰的成就需要理论。

需要是行为的动力,是人积极性的源泉。因此,调动人的积极性首先要满足人的需要。满足需要就要研究人有哪些需要,各种需要之间有怎样的关系,如何处理好各需要间的关系以满足人的需要。为此,国外有许多有影响、值得我们借鉴的研究成果,指导着我们的管理活动。

一、马斯洛的需要层次理论

(一) 需要层次理论的主要内容

美国人本主义心理学家马斯洛认为,人的行为是受到内心的欲望推动的,内心需要的满足是行为的目的。他认为,人的需要是从较低级的生理需要到较高级的社会性需要的有序排列。当一种较低水平的需要得到满足以后,就会出现较高层次的需要。人的需要由低到高依次为:

(1) 生理需要。包括饮食、栖身、性和其他身体需要。这是人类需求中的起始点,也是为了生存所不可缺少的最基本的需要。在许多需要缺乏的情况下,食物需要特别强烈。

(2) 安全需要。指使身体免受生理和心理伤害的需要。这是人类生存的需要,包括身心健康、人身安全、职业稳定、收入有保障、财产保险、医疗保险、老年的生活保证等。

(3) 归属与爱的需要。这是人作为社会人所具有的社会需要,包括情感、归属、被接纳和友谊等需要。希望与别人保持关系,进行社交,获得友谊和爱,希望归属于某个群体或被群体接纳的欲望。

(4) 尊重需要。指人对尊严、荣辱、名誉、地位、权力等的需要。是人的高层次的精神需要。尊重的需要包括自尊,如自尊心、自主权、成就感等需要;也包括他尊,如地位、名誉、被人认同、受重视等需要。这种需要使人充满信心,体会到自己的生命价值。

(5) 自我实现的需要。这是一种追求充分发挥个人的潜能和才能,对社会做出自己觉得有意义、有价值的贡献,实现自己的理想和抱负的需要。包括个人成长、个人潜能挖掘、个人理想实现的需要。自我实现需要是人类追求的最高理想境界,自我实现的人是处于社会顶峰的人物。

按对个体的重要程度,马斯洛的五个需要的等级排列图示表示如图 5-3 所示。

马斯洛认为,人的需要是一个由低到高逐次发生的过程。个人的需要在短暂的某个时间内是可以得到满足的,但从长远来看,人类的需要是不可能完全得到满足的。"人心不足蛇吞象",说的就是需要是不断升级、永不满足的。对于每一个人来说,不同层次的需要可以同时并存,这些需要不是"有"或"没有"的问题,而是哪个需要占主导地位的问题。

(二) 需要层次理论中各需要间的关系

(1) 五种需要又可分两个级次,其中生理需要和安全需要属于低层次需要,归属与爱的

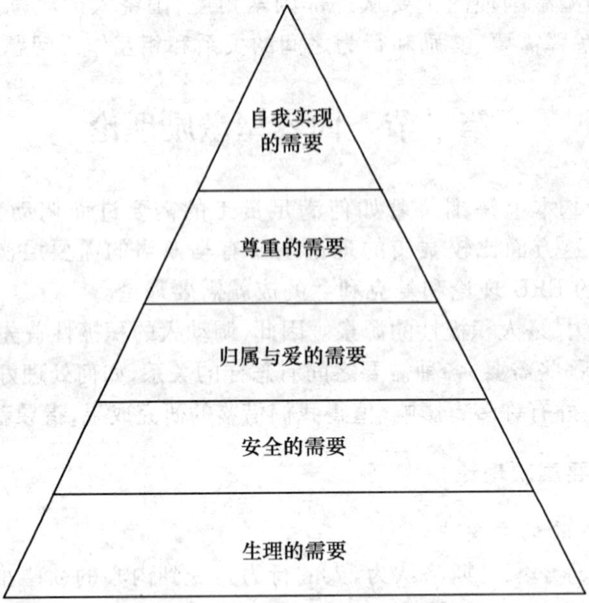

图 5-3　马斯洛需要层次理论图

需要、尊重的需要和自我实现的需要属于高层次的需要。其区分标准主要是以是否能够以外部满足条件存在为依据，一般来说，低一级的需要通过外部条件就可以得到满足；而高一级的需要主要是通过内部因素才能满足，并且是无止境的。

(2) 各层次需要虽然呈现递进关系，但各层次的需要又相互依赖和重叠，高一层次需要得到发展后，低一层次的需要仍然存在，只是对人行为的影响力大大减弱。

(3) 通过对不同国家发展状况进行考察，马斯洛认为，人的需要层次结构与一个国家的经济发展水平、科学技术水平、文化和人民受教育程度直接相关。在不发达国家，生理需要和安全需要占主导的人数比重大，而高级需要占主导的人数较小；在发达国家，则正好相反。同时，他也指出，在一个国家的不同发展时期，人的需要层次会随着生产力水平的变化而变化，一般表现为由低级向高级发展。生产力发展水平低下时，人们对金钱、物质的需求更加迫切；生产力发展水平提高时，人们更加注重高层次需要的满足。

(三) 需要层次理论在管理中的应用

1. 掌握员工的需求层次，满足员工不同层次的需求

管理者在实践中应该根据不同层次的需求，采取相应的组织措施，以引导和控制人的行为，使之与组织的或社会的需求相一致。首先要满足员工的低层次需要，可以通过工资、住房、保险、福利等方式使员工的这些需要得到满足。但是当员工低层次的需要得到一定程度的满足后，公司仍以原来的激励方式来激励员工，效果会很小。相反，如果着眼于满足员工更高层次的需要的激励，可以使组织绩效明显提高。按照这种理论，如果想激励员工，首先需要了解员工目前的需要处于哪一个层次的水平，从而采取相应的激励措施。

2. 了解员工的需求差异，满足不同员工的需求

员工不但有着不同层次的需求，而且由于职业、年龄、个性、物质条件、社会地位等因素不同，需求层次的排列及需求特点也各有差异。一项关于我国企业员工的需求的调查表明：

管理干部、科技人员和文化程度较高者,自我实现需求占首位,其次是金钱需求和尊重需求;工人、文化程度较低者,金钱需求占首位,其次是爱的需求和自我实现的需求。例如,生产线上的工人可能相对更容易注重生理和安全等低层次的需要,他们在工作中更看重工作条件、福利待遇和住房等物质方面的条件。因此,管理者要注意掌握不同员工的不同需求,针对不同人的需求采取不同的激励方法和管理措施。

3. 把握员工的优势需求,实施最大限度的激励

在同一时期内,员工可能存在着多种需求,但必定有一个优势需求占主导地位,支配、推动着人的行为。而且随着时间、条件的改变,人的优势需求的内容也在变化。如以上调查:未成家的青年人,爱的需求占第一位;成家后,金钱的需求上升为首位;45 岁以后,爱和自我实现的需求成为最重要的。当员工的收入很高时,其第一位的需求也由金钱转变为自我实现和安全。因此,管理者不但要注意分析不同人的需求差异,还要掌握一定时间内、一定条件下人的优势需求及其变化。只有满足员工的优势需求,才能产生较大的激发力量。

需要层次理论自问世以来,一直有很大的争议,如人的需要层次并不是一个绝对的从低到高的满足过程。受客观条件的限制,人的需要层次满足有很大的差异性;自我实现需要不是每个人都能达到的;等等。尽管马斯洛的需要层次理论存在这样或那样的缺点,但它揭示了人类行为的动力结构,为我们预测和掌握人的行为规律提供了科学的根据。因此,它为我国的管理工作,尤其是人力资源的管理工作提供了好的借鉴作用。同时,由于需要层次理论本身的缺陷,在实际应用时要对具体的情况灵活对待。不能简单地根据需要层次理论的层级顺序来激励员工,而应该把员工的需要引向更高的内在需求方面,产生持久的激励作用。因此,这一理论对企业管理乃至国家制定方针政策均具有较大指导作用。

二、双因素理论

"双因素"理论是由美国心理学家弗雷德里克·赫茨伯格(Fred-erick Herdeig)提出的,其全称为"激励因素—保健因素理论"。

(一)"双因素"理论的实验基础

20 世纪 50 年代末期,赫茨伯格在匹兹堡心理研究所与其同事们对该地区 11 个商业机构中的 203 名工程师和会计师进行了一次调查,要求受访人回答"什么时候你对工作不满意"、"原因是什么"等问题,并说出引起他们不满的事件及先后顺序。调查发现,引起人们不满意和满意的因素是不同的,不满意因素多半是由他们的工作环境引起的,而满意因素一般是由工作本身引起的。赫茨伯格经过研究,把影响人们工作行为动机的各种因素分为两类,一类叫保健因素,另一类叫激励因素(见图 5-4)。

(二)"双因素"理论的含义

"双因素"指的是激励因素和保健因素,简称"双因素"理论。"双因素"理论认为,激发人的动机的因素有两类因素。

1. 保健因素

保健因素又称为维持因素,是指与工作环境有关的因素,包括工资水平、工作环境、福利和安全、适当的政策等。这些因素没有激励人的作用,但却带有预防人们产生不满和保持人的积极性、维持工作现状的作用。这些因素处理不当,或者这类需要得不到满足,会导致

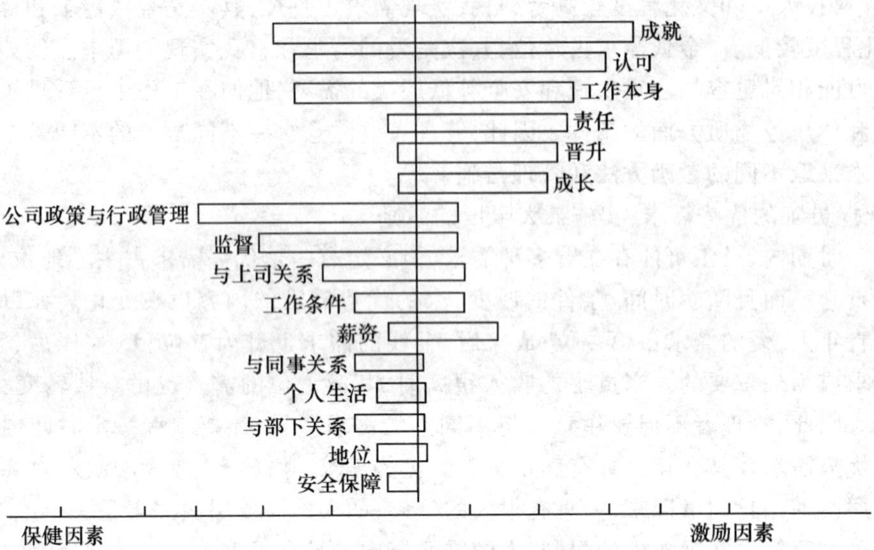

图 5-4 双因素激励图

员工的不满,甚至会挫伤员工的积极性;相反,如果这类因素处理得当,也只能像卫生条件一样,仅起到防止员工产生不满情绪,或维持原有积极性的作用。如同一个跌了一跤的人,皮肤被擦破了,及时用点红药水消消毒,可以起到防止伤口发炎的作用,但不能增进人的身体健康,故称这类因素为保健因素。也就是说,满足这类因素需要,只能起维持积极性的作用,而没有激励人的作用。如果保健因素类需要得不到满足,往往会使员工产生不满情绪,消极怠工,甚至引起对抗行为。

2. 激励因素

激励因素是影响人们工作的内在因素,多数是与工作本身有关的因素,诸如成就感、荣誉、工作具有的挑战性、职务晋升、自我发展等。其本质是注重工作本身的内容,借此可以提高工作效率,促进人们的进取心,激发人们做出最好的成绩。激励因素像人们锻炼身体一样,可以改变身体素质,增进人们的健康。如成就、认可、责任、发展等因素的存在将给人们带来极大的满足。有效持久地调动职工的积极性,就要注重人们激励因素方面需要的满足,使之做出最好的成绩。

(三) 满意与不满意的新观点

赫茨伯格在提出保健因素与激励因素理论的基础上,进一步提出了关于满意与不满意的新观点。传统的观点把满意与不满意看成是一个连续体。满意的对立面是不满意,消除了不满意因素,员工就会满意。但是,赫茨伯格在统计资料中发现,"满意"的对立面是"没有满意","不满意"的对立面是"没有不满意",消除工作中的不满意因素并不必然带来满意(见图 5-5)。赫茨伯格注意到,激励因素和保健因素都有若干重叠现象,如赏识属于激励因素,基本上起积极作用。但当没有受到赏识时,又可能起消极作用,这时又表现为保健因素。工资是保健因素,但有时也能产生使员工满意的结果。

赫茨伯格的双因素理论同马斯洛的需要层次理论有相似之处。保健因素相当于马斯洛提出的生理需要、安全需要、感情需要等较低级的需要;激励因素则相当于受人尊敬的需要、

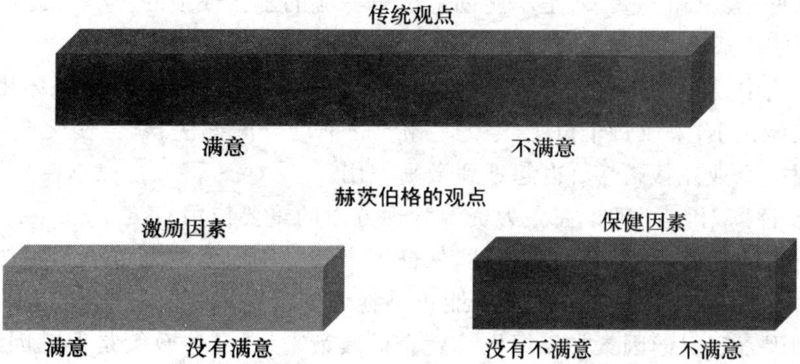

图 5-5 双因素理论对满意、不满意的理解

自我实现的需要等较高级的需要。当然,他们的具体分析和解释是不同的。但是,这两种理论都没有把“个人需要的满足”同“组织目标的达到”这两点联系起来。

小资料

斯伦贝谢国际石油公司的工作轮换制

著名的斯伦贝谢国际石油公司有一条明文规定:一个国家或地区的经理,一般任期为两年,最多五年,期满后必须轮换到其他岗位,即使干得再好也要轮换。他们认为,岗位轮换可以使人才始终保持开拓进取、不容懈怠的最佳工作状态。通过企业内部人才流动,先进的技术和管理也跟着流动和交流。通过专业流动、地区流动和岗位轮换,可以让企业核心人才不断接受新的责任,可以使其眼界放宽、观念开放,有利于提高他们的工作能力和水平。

小资料

工作丰富化

根据瑞典沃尔沃汽车公司凯尔玛工厂的报道,该厂因为采用高度自动化流水作业线生产,工人对工作厌倦,导致缺勤和流动率很高。为解决这一问题,该厂把传统的汽车装配线组织改为15—27人的装配小组,分工负责一种零配件或一道工序,所有物资供应、产量、质量均由小组负责。结果该厂工人流动率降低,质量提高,不合格零配件减少。

资料来源:石森.管理心理学[M].北京:机械工业出版社,2005

(四)“双因素”理论在企业管理中的应用

1.“双因素”理论有一定的科学性,实际工作中确实存在这样的划分

要调动员工的积极性,首先得注意保健因素,使员工不致产生不满情绪。但更重要的是要利用激励因素激发员工的工作热情,使其努力工作。如果只注重保健因素,仅仅满足于员

工没有什么意见,大家相安无事,是不能创造出第一流的工作成绩的。

2. 可以利用"双因素"理论来指导奖金发放工作

在我国企业中,要发挥奖金的激励因素作用,就必须与企业经营状况好坏相联系。不讲部门与个人成绩大小,采取每个员工"各拿一份"的平均分配办法,就会使奖金变成"保健因素"。如果这样,企业花钱再多,也起不到激励作用。

3. 充分发挥"双因素"理论在人力资源管理方面的重要作用

(1) 由于人的需要的复杂性、多样性,保健因素和激励因素的划分也不尽然。对某些人来说,赫茨伯格列入保健因素的东西,可能正是他们的激励因素。因此,重要的是应当对不同的人的激励因素和保健因素加以区别。就企业政策来说,有些政策是保健因素,如员工退休政策,有些政策是激励因素,如企业的经济承包责任制。

(2) "双因素"理论可以使我们更多地注意与工作本身有关的因素,即通过做具有挑战性的工作来激励自己。这是一种内激励,它可以激励人们去自觉地工作,而减弱对工资、奖金等物质条件的需要,如实行"提成工资制",就可把原来的保健因素转化为激励因素,这就要求我们应用工作成绩来正确地处理物质奖励和精神激励的辩证关系。

应该强调指出:我国与西方国家的民族传统和现实国情不同,因而在企业中,哪些因素应属于保健因素,哪些因素应属于激励因素是会有差异的。即使是同一因素在不同时期,也可能划归为不同种类。最后值得一提的是,应用"双因素"理论还要把握好时机。时机把握不好,就不能真正起到激励作用。如调整员工工资,本来是一项重要的激励因素,但如这件事放在调整物价之后进行,所得到的反应是,增加工资是为了补偿物价上涨,因而这项措施只起到了保健因素的作用。

三、ERG 理论

(一) ERG 理论的主要内容

耶鲁大学的阿尔得夫(Clayton Alderher)重组了马斯洛的需要层次,认为人有三种核心需要:生存(Exsistence)需要,相互关系(Relationship)需要和成长(Growth)需要,称为 ERG 理论。

(1) 生存需要。指维持生存的物质条件的需要。例如,吃饭、喝水以及蔽身等,该需要类似马斯洛的生理需要与某些安全需要。

(2) 相互关系需要。指在工作环境中维持与他人之间重要人际关系的需要。对个体而言,此种需要的满足依赖于分享与他人之间的情感和相互关怀的过程。这与马斯洛提出的归属与爱的需要、尊重的需要等社会需要相关。

(3) 成长需要。指个人努力创造的需要或个人在工作中成长的所有需要。这是个人发展的内部需要。成长需要的满足,不仅要求个体充分认识自己,自尊自信,充分发挥自己的能力,而且还需要集体为个人创设发展新能力的机会。

ERG 理论认为:第一,各种层次的需要可以同时并存,共同发挥激励作用。一个追求好的工作业绩、表现好的员工,可能既受到生存需要的驱使,同时也受到关系需要和成长需要等各种层次需要的驱使,而不仅仅是由单一的需要推动。这与马斯洛主张的低层需要满足是高层需要的先决条件有所不同。第二,对于每一层次的需要,满足越少获得满足的欲望越高。如一个夜以继日加班的员工在一天的放假时间中最需要做什么？他可能最希望的就是睡一个好觉，好好地松弛神经。而此时他对公司所组织的集体娱乐活动是很不情愿的，所以在节假日搞活动不会取得良好的效果。第三，阿尔得夫提出了“挫折—退化”理论，认为如果较高层次需要不能得到满足，对较低层次需要的满足欲望就会加强。如成长需要的满足程度愈小，人们愈希望关系需要的满足。这就是较高层次的需要满足遇到挫折，而出现需要从高层次向低层次退化的现象。

（二）与马斯洛需要层次论区别

（1）马斯洛需要层次论是建立在“满足—上升”的基础上，也就是说一旦较低需要得到满足，人们将进到更高一级的需要上去；而 ERG 论不仅发现“满足—上升”的方面，而且也提出了“挫折—倒退”的一面。“挫折—倒退”说明较高的需要未满足或受到挫折时，人们更着重在一个较低层的需要上有强烈的欲望。如一些人当官不成则愈加追求低级趣味、腐化堕落的生活。

（2）需要层次论认为，人在每一个时期只有一种突出的需要；而 ERG 理论指出，在任何一个时期内，人都可以有一个或一个以上的需要发生作用。

（3）需要层次论认为，人的需要是严格地按从低到高逐级上升的，不存在越级，也不存在由高到低的下降；而 ERG 论则提出人的需要并不一定严格按由低到高的发展顺序，而是可以越级的。“生命诚可贵，爱情价更高，若为自由故，二者皆可抛”是这种思想境界的最好验证。人在遇到挫折时，需要也存在由高到低的下降趋势。

（4）需要层次论认为，人类的五种需要都是生来就有的，是内在的；而 ERG 论则认为，三种需要中有些是先天的，有的是经过后天学习获得的。比如成就的需要就是后天学习得来的。

阿尔得夫经过大量调查证明，人的需要不完全是天生的。需要的发展不仅有“满足—上升”，而且有“挫折—倒退”。“挫折—倒退”说明，较高的需要得不到满足时，人们就会把欲望放在较低的需要上。ERG 理论认为需要次序并不一定如此严格，而是可以越级的，有时还可以有一个以上的需要。在国外，有更多的人认为，阿尔得夫 ERG 理论较马斯洛的需要层次理论更切合实际。

（三）ERG 理论在管理中的应用

ERG 理论为我们了解人的动力结构发展以及人的动力结构的复杂性提供了理论指导。在管理活动中，不但要根据各种不同需要层次的个体水平设置相应的激励措施，而且要注意到人的各种需要的并存性，能最大限度地满足员工各种层次需要的活动或工作对员工有更大的激励效果。同时，对于在接受有挑战性和风险性的工作中受到挫折的员工，适当地满足他们较低层次的一些需要，有助于使他们得到心理平衡，从而更大地激发他们的工作热情。

四、麦克利兰的成就动机理论

戴维·麦克利兰（David McClelland）是美国哈佛大学心理学家，他在 20 世纪 50 年代初采取投射法对成就需要做了大量的调查研究，提出成就动机理论。

（一）成就动机理论的主要观点

为了理解组织中人的行为，麦克利兰假设：当人的基本生存需要都得到满足时，人有三种由低到高的、基本的社会性需要,即成就需要、权力需要和亲和需要。成就需要是追求卓越,实现目标,争取成功的内驱力。权力需要是促使别人顺从自己意志的欲望,高权力需要者喜欢承担责任,努力影响和控制别人,重视地位。亲和需要是寻求与别人建立友善且亲近的人际关系的欲望。麦克利兰指出,成就动机高的管理者独立性强,非常关心工作环境的改善,力求做得最好。亲和动机强的管理者,非常关心团体对他的接纳和认可,并担心被团体所疏远,只要有被团体疏远的可能性,其决策就会变得消极而犹豫不决。而权力动机强的管理者,更善于行使制度所赋予的权力影响力。

(二) 成就动机的测定评估

麦克利兰用投射法来测定人们成就动机的强度,即对被测试者采取非结构性的刺激来引起其各种不同类型的反应。人们受成就激励的强弱取决于其童年生活、个人职业经历,以及其所在组织的类型。

(三) 高成就动机者的特点

麦克利兰通过研究指出,自我激励的高成就动机者有三个主要特点:

(1) 高成就动机者喜欢设置自己的目标。他们不满足于漫无目的地随波逐流和随遇而安,而总是想有所作为。他们总是精心选择自己的目标,很少自动地接受别人(包括上司)为其选定的目标。除了请教能提供所需技术的专家外,他们不喜欢寻求别人的帮助或忠告。他们既看重成功后应得的荣誉,也勇于承担失败的责任。他们敢冒风险,善研究、自主、独立。

(2) 高成就动机者在选择目标时会回避过分的难度,喜欢中等难度的目标。在高成就者看来,当成功和失败的可能性几乎相等时,是一个人从个人努力中获得成就感和满意感的最佳时机。既不是唾手可得没有一点成就感,也不是困难得只能凭运气。他们会揣度可能办到的程度,然后再选定一个力所能及的目标,也就是会选择能够取胜的最艰巨的挑战。

(3) 高成就动机者喜欢完成任务后能立即得到反馈。这对于他们是非常重要的。所以他们希望尽快知道结果。这就是高成就者往往选择专业性职业,或从事销售,或参与经营活动的原因之一。

麦克利兰通过广泛的研究指出,金钱刺激对高成就动机者的影响很复杂。一方面,高成就动机者往往对自己的贡献评价甚高,因为他们了解自己的长处,也了解自己的短处,所以在选择特定工作时有信心。如果他们在组织中工做出色而薪酬很低,他们是不会在这个组织呆很长时间的。另一方面,金钱刺激究竟能够对提高他们的绩效起多大作用很难说清,金钱固然是成就和能力的鲜明标志,但由于他们觉得这配不上他们的贡献,因而可能会产生不满。

(四) 成就动机理论在管理中的应用

(1) 由于具有不同需要的人需要不同的激励方式,了解员工的需要与动机有利于合理建立激励机制。在对员工实施激励时需要考虑这三种需要的强烈程度,以便提供能够满足这些需要的激励措施。例如成就动机高的个人更希望工作能够提供个人的责任感、承担适度的风险、及时得到工作情况的反馈。高权力需要的人喜欢承担责任,努力影响其他人,喜欢处于竞争性的环境和被重视的地位,更关心威望和希望获得对其他人的影响力。

(2) 在人员的选拔和安置上,通过测量和评价一个人动机体系的特征对于如何分派工作和安排职位有重要的意义。高成就需要的人不一定就是一个优秀的管理者,尤其是在一个组织中，高成就需要者感兴趣的是他们个人如何做好，而不是如何影响其他人做好。如果高成就者从事例行性或令人生厌的工作，或者工作缺乏竞争性，那么成就激励就发挥不了什么作用了。

（3）成就动机是指个人在学习、工作、科研等活动中追求成功的内部动因。在心理学中，成就动机主要指个人对自己认为重要或有价值的工作不但愿意做，而且力求努力达到更高标准的内在心理过程。如果一个个体在组织中认为自己所面临的目标或任务过于困难或过于容易，都不会产生强烈的成就动机。在工作难易适中，成败的可能性各占一半的情况下，个人的成就动机最强。因为这种工作最具挑战性，但却无充分完成的把握，要想成功，唯有全力以赴，因此最能调动人的积极性。因此，组织目标任务的设置要充分培养人的高成就动机。

（4）企业必须加强对高成就需要者的管理

① 具有高成就需要的人对企业和国家有重要作用。一个公司拥有这种人越多，它的发展就越快，获利就越多；一个国家拥有这种人越多，就越会兴旺发达。据麦克利兰的调查，英国1925年国民经济情况很好，当时英国所拥有的高成就需要的人数，在被调查的25个国家中名列第五位。第二次世界大战以后，英国经济走了下坡路，1950年再进行该调查时，它在被调查的39个国家中名列第27位。

② 通过教育和培训可以造就出具有高成就需要的人才。具体做法是：首先通过介绍高成就动机者的事迹来激发受训者的成就动机；其次通过制定个人成就动机发展规划，使受训者把已激发出来的成就动机转化成实际行动；再次通过学习与成就动机有关的学科知识，提高受训者的基本理论水平和认识能力；最后通过组织受训者交流成功与失败、希望与恐惧的经验体会，增强他们争取更高成就的信心。使用这套成就动机训练程序，对培训企业经理人员和营销队伍等高成就群体有一定的效果。

③ 对高成就需要者的成绩应给予充分肯定。对企业的业务骨干应给予一定的奖励并有计划地提供学习和进修的机会。

④ 将个人需要与国家、企业的利益相结合。

麦克利兰的成就动机理论对我们发现人才，重视高成就需要人才的管理，合理用人等，具有很大的启发作用。

五、如何运用内容型激励理论

满足人的需要是组织中每一位领导者和管理者的首要职责。“当官要为民做主”，“得民心者得天下”，这些都说明，作为一名管理者就是要为民说话，为民办事，做人民的“公仆”。管理者要善于体察民情，了解民心方可安天下，进而得天下。这一切工作的根本就在于要了解下属的需要，并不断地满足人的需要。管理者应采取哪些措施，满足人的需要呢？

（一）需要的管理步骤

由于人的需要是复杂的、多方面的，满足人的需要并不是一件易事。根据实践的经验，一般采取以下的方法进行管理，能取得较好的效果。

1. 从调查研究入手

调查研究是解决好员工需要的一个根本出发点和前提。企业可以通过向员工发放“职工需要调查表”，了解员工的需要，有针对性地激发动机，发挥员工的积极性。

2. 在调查研究基础上，进行综合分析

在调查研究的基础上，对需要作认真的综合分析，提出解决的途径（见图 5-6）。

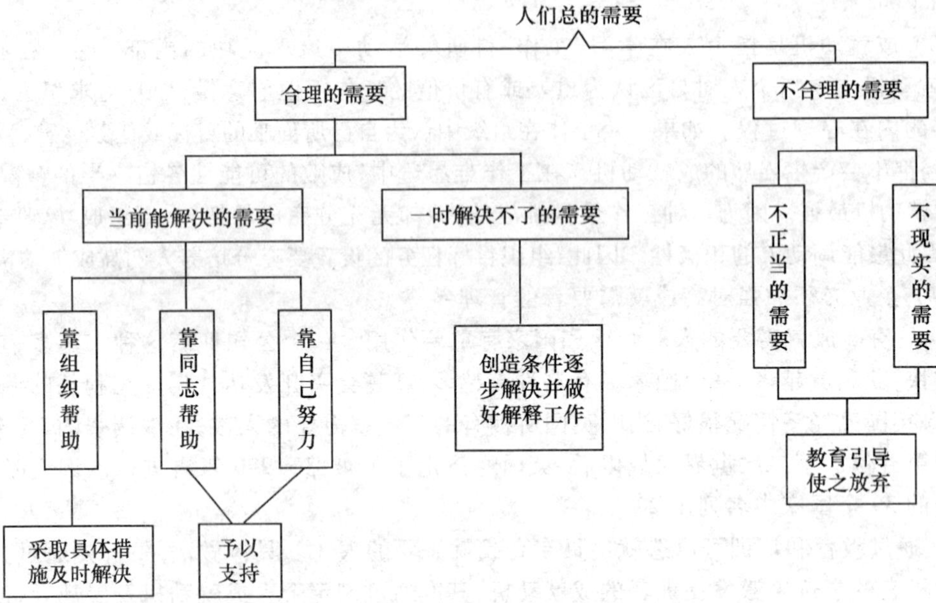

图 5-6　人们需要的综合分析

作为一个管理者，做好员工管理工作，必须关心员工的需要，在调查研究和综合分析的基础上，做到逐步地、合理地解决问题。越是在困难的时候，越要关心和解决员工生活中的问题，满足其合理的需要。这样，才能激发起人的自觉行动，才能团结人为自己的利益而奋斗。这在一定程度上反映了人类行为的共同规律。在对待“需要”这个问题上，必须搞清个人需要与国家需要、目标需要与长远需要等的关系。当有些需要不能满足或一时得不到满足时，应向群众解释清楚，做好思想政治工作。

（二）目前国有企业员工的心态调查

现代企业管理专家及管理学者，通过大量调查研究所得的一系列资料表明，中国企业员工的积极性正在下降。下面提供一些有关当代企业积极性滑坡的具体表现资料，令人深思。

1. 劳动态度和主观能动性发挥的情况不理想

企业转轨过程中，只有 35.8% 的工人愿意超产，只有 25% 的工人愿意接受困难任务。

2. 工作责任感普遍不如过去

问卷调查中，回答能高标准地对待产品质量的只有 46%；回答能平时注意原材料、水、电消耗情况的只有 38%。

3. 主人翁意识趋向淡薄

调查表明：只有 32.7% 的人认为“自己对企业兴衰也有责任”；64.2% 的人不愿关心本企业产品的市场销售情况；有 67.5% 的人见到损害企业利益的事时，不能出来制止。

对国有企业员工需要层次的调查结果发现：员工需要的层次与需要的满足的层次相差很大，其中最明显的是生存需要，生存需要最需要满足，而满足的情况最差。

全国总工会宣教部关于企业员工价值取向的调查，得到了与以上类似的结论：员工在就业选择上，挣钱是主要目的。北京地区46.4%的员工认为挣钱是工作的主要目的，76.9%的员工认为假如有机会要选择“收入比目前高的工作，不怕工作辛苦和冒险”；有91%的员工表示愿意到合资企业工作，理由是收入高。广东地区64.2%的员工不满意自己的职业，32.9%的员工想调离本单位，30%—40%的员工在外搞第二职业。有的调查也得到了类似的结论：有41.8%的员工对“工作报酬”表示不满意，仅次于对“培训机会”不满意的比例（56.7%）。有41.5%的人对“晋升机会”表示不满。员工对职业的预期方面，只有10.9%的人愿意做一名一般工人，追求“技术型”职业生涯的人占36%，追求“管理型”职业生涯的比例最高，占41%。

但也有例外，中科院心理所的专家研究发现，工资和奖金因素在工作重要性的排列中列第6、第8位。激励工人的因素并不是高额的奖金，有些企业奖金发得越来越多，但干劲却未见有很大增长。据心理学家研究，管理人员主要满足的方面有：(1) 成就感（有41%的提及率）；(2) 被赏识、嘉许（33%）；(3) 工作本身（26%）；(4) 具有一定的责任（23%）；(5) 晋升的机会（21%）；(6) 工资（15%）。很明显，这说明了非金钱因素的重要性。而且，进一步的分析表明，即便工资被当成是一种工人满足的重要因素时，往往也总是与其他因素相联系着，如得到了较高额的奖金，受到了上级的嘉赏等，而不只是单纯为了金钱，即不是一个孤立的满足因素。

在以人事制度、工资分配制度和社会保险制度为主要内容的企业内部改革中，企业员工表现出了各种各样的心态。主要表现：(1) 失落感。自豪的“全民员工”变成了“合同工”，“铁饭碗”变成了一纸合同。(2) 不公平。“亲亲组合”、“行政权力的干预”等会使人感受到竞争的不规范。(3) 实惠不够理想就跳槽。(4) 感到缺乏适当的保障。

（三）根据员工心态采取合理的管理措施

不管生活在现代社会中的人员有什么样的需要，他们都在努力提高各自的生活水平和追求自我价值的实现，充分展示自己独特的个性，希望得到他人的尊重和认可等，经济地位、政治地位和社会地位的追求，便是这种心态的外化。这种心态的充分显现，一方面给人们的心理承受能力提出了严峻的挑战；另一方面给现有各部门的管理人员提出了新的要求。作为管理者，应摒弃原有“以工作为中心”的管理风格，尝试实践“以人为中心”的管理方式。在人际互动的过程中，以“深入理解”方法，站在他人的角度，提出有助于实现自我价值和组织目标的管理措施，这是现代管理者应追求的管理境界。根据员工的需要，管理者应采取哪些有效的管理措施呢（见表5-1）？

表5-1　需要层次与管理对策表

需要层次	激励（追求的目标）	管理策略
生理的需要	工资、健康的工作环境、各种福利	待遇、奖金、保健、医疗设备、工作时间、住房、福利设施
安全的需要	职业保障、意外事故的防止	雇用保证、退休金制度、意外保险制度
归属与友爱	友谊（良好的人际关系）、团体的接纳、组织的认同感	协谈制度、利润分配制度、团体活动计划、互助金制度、教育培训制度
尊重的需要	地位、名誉、权力、责任、与他人工资之相对高低	人事考核制度、晋升制度、表彰制度、选拔进修制度、委员会参与制度
自我实现的需要	能发展个体特长的组织环境、具有挑战性的工作	决策参与制度、提案制度、研究发展计划

需要本身就是激发动机的原始驱动力，一个人如果没有了需要，也就没有了动力和活力。反之，一个人只要有需要，就表示存在着激励因素。相传唐朝玄奘和尚西域取经，历经八十一难；达摩参禅面壁，花九年工夫，可见需要对人的激励作用。管理人员如能充分了解员工的需要，便不愁找不到激励员工的途径。由于每一层次的需要包含众多的需要内容，具有相当丰富的激励作用，因而，可供管理人员设置目标、激发动机、引导行为。而且低层次的需要满足后，又有上一层次的需要，因而对人的行为始终有内容丰富多彩、形式千变万化的激励方式。这就要求管理人员将满足员工需要这一目标与组织的目标密切结合起来，不仅要掌握充满活力的需要理论，还要特别注意到激励员工的管理策略。

第三节　过程型激励理论

过程型激励理论着重对行为目标的选择，即对动机的形成过程进行研究，主要包括弗罗姆的期望理论、亚当斯的公平理论和洛克的目标设置理论。强化理论属于调整型激励理论，着重对达到激励的目的，即调整和转化人的行为进行研究，因篇幅较少，也放在这一节加以讨论。

一、期望理论

从人类的行为动力系统分析可知，行为除受到内在动机的激发而产生外，也会因目标的吸引力作用而发生。期望理论就是从目标吸引力角度探讨调动人的积极性问题的。期望理论认为，人的积极性是建立在人对未来目标期望基础上的，个体的行为取决于对行为结果引起的满足感的期望。因此这种理论侧重于未来，并认为：激励的出发点不在于是否有需要，而在于个体通过认知评价的过程进行判断，看行为的结果是否满足需要，即取决于结果是否有效价。结果如果有效价才能激励人去行动，若无效价则不能激励人采取行动。这一理论的主要代表人物有弗罗姆、波特和劳勒等。

（一）期望理论的主要内容

弗罗姆期望理论是最有影响的激励过程理论之一。1964 年他在《工作与激励》一书中提出的期望理论认为：人们之所以采取某种行为，是因为他觉得采取这种行为可以有把握达到某种结果，并且这种结果对他有足够的价值，满足某种需求。

用公式表示为：

$$激励力\ M = 效价\ V \times 期望\ E$$

其中：激励力(M)指调动个体积极性和内部动力的强度。

效价(V)指所要达到的目标对于满足个人需要的价值和重要性，是行为者的一种主观判断和评价，效价有正负、大小之分。一个员工认为努力工作的结果是获得表扬和奖励，则效价为正值。若认为努力工作不仅不会受到表扬和奖励，反而会被批评，那么努力的结果效价为负值。若认为努力工作的结果虽然不会受到批评，但也没人说好，则效价为零。只有效价为正值时才有激励力量，零值没有激励作用，负值则起消极作用。

期望(E)是指被激励者估计经过努力而实现目标的概率，是行为者对实现目标可能性的主观估计。如果他认为经过努力达到目标的可能性大，那他就会积极去做；如果他认为可能性虽然不大，但还是有一点，他也许会去试一试；但如果他认为再努力也不可能达到，则他根本就不会去行动。

从这个基本公式中不难看到，期望理论是以动机的认知论为根据的，动机能否去推动行为以及如何去行动，则取决于认知过程。一方面要对行为的结果做出判断，另一方面还要对实现目标的可能性进行估计。具体而言，当员工认为努力会带来良好的绩效评价时，他就会因受到激励而付出更大的努力；而良好的绩效评价又会带来组织奖励，如奖金、加薪或晋升；同时，组织奖励也会满足员工的个人目标。只有在确认有可能实现目标，同时在实现目标后能满足需要的情况下，人的积极性才能极大地调动起来，并为实现目标而努力。因此，期望理论关注行为选择过程中个体主观认知评价的作用。

小资料

我不要当主管

某君自大学毕业后在某跨国公司工作，现已有六个年头。跟他同一批来的大学生，很多已被提拔到主管或更高的职位。他也表现不差，组织有意提拔他为主管。在一个场合，人力资源部经理向他透露了这个意图。没想到第二天，他找到人力资源部经理，一见面就眼睛湿润，感到很委屈的样子，说自己怎么都不愿意做主管。询问之下，他说自己不想做主管的主要原因是家庭离不开他，妻子、孩子还有老人一有什么事，他都应抽出时间和精力悉心照料。如果自己当上了主管，便不能这样做了。

（二）弗罗姆期望理论中的三种关系

为有效地激发工作动机，弗罗姆的期望理论着眼于A、B、C三种关系，如图5-5所示。

个人努力 —A→ 个人绩效 —B→ 组织奖励 —C→ 个人目标

图5-5 期望理论的三种关系

A：努力—成绩的关系。是个人努力会取得一定绩效的情况下，个体对目标绩效期望概率的知觉。期望概率是一种主观估计与知觉，受到人们的认知、态度、价值取向等个体因素和任务特征、奖励结构及组织文化等因素的影响。

B：绩效—奖励关系。是指在实现预期工作绩效后能得到适当、合理奖励的方式与程度，包括内在奖励与外在奖励。研究表明，成绩与奖励之间的关系应注意其总体性和多重性，使奖励制度更具综合激励作用。

C：奖励—个人目标关系。组织满足个人目标或需要的程度以及这些潜在的奖励对个人的吸引力。实践证明，设计多种奖励方案，有利于形成复合式效价结构，满足多重需求。

期望理论透彻详细地揭示了激励的过程，这就为管理者提供了一个架构去了解员工行为的全过程，从而采取一些管理措施，调动员工的工作积极性。同时应该看到，动机和绩效的关系并不是绝对化的一一对应的关系，能力和机遇对于绩效也有非常重要的作用。员工的工作绩效是能力、动机和机遇三者相结合作用的结果。

在期望理论的基础上，组织行为学提出注重有区别地运用内在奖励和外在奖励。内在奖励是指人们从任务过程和绩效直接获得的重要结果;外在奖励则是在工作中从其他人和情景因素获得的激励和积极结果。根据期望理论,工作动机是建立在多重工作结果的基础之上的,例如,激励的程度不仅受到绩效考核制度的影响,而且与同事间关系密切相关。因此,组织需要根据发展目标的要求,致力于提高员工的工作期望、奖励效价强度等。

(三) 波特和劳勒的期望激励理论

这是美国行为科学家爱德华·劳勒和莱曼·波特于1968年在《管理态度和成绩》一书中提出来的一种激励理论。这个模式的特点是:

(1) "激励"决定一个人是否努力及其努力的程度。

(2) 工作的实际绩效取决于能力的大小、努力程度以及对所需完成任务理解的程度。具体地讲,"角色概念"就是一个人对自己扮演的角色认识是否明确,是否将自己的努力指向正确的方向,是否抓住了自己的主要职责或任务的一种认识。一个角色概念正确的人,能更有效地完成他的工作目标。

(3) 奖励要以绩效为前提,不是先有奖励后有绩效,而是必须先完成组织任务才能导致精神的、物质的奖励。当员工看到他们的奖励与成绩关联性很差时,奖励将不能成为提高绩效的刺激物。

(4) 奖惩措施是否会产生满意,取决于被激励者是否认为获得的报酬是公正的。如果他认为符合公平原则,当然会感到满意,否则就会感到不满。众所周知的事实是,满意感将导致进一步的努力。

波特和劳勒他们合作的《成绩对工作满足的影响》一文中,进一步探讨了成绩对满足的影响的一种理论模式:一个人在做出了成绩后,得到两类报酬。一是外在报酬,包括工资、地位、提升、安全感等,相当于马斯洛的需要层次论低层次的需要。另一种报酬是内在报酬,即一个人由于工作成绩良好而给予自己的报酬,如感到为社会做出了贡献,对自我存在意义及能力的肯定等。它对应的是一些高层次需要的满足,而且与工作成绩是直接相关的。其间必然要经过"所理解的公正报酬"的调节。也就是说,一个人要把自己所得到的报酬同自己认为应该得到的报酬相比较。如果他认为两者相符合就会感到满足,并会付出更多的努力。如果他认为自己得到的报酬低于"所理解的公正报酬",那么,即使事实上他得到的报酬并不少,他也会感到不满足,甚至失落,从而影响他以后的努力。

(三) 期望理论在管理中的应用

波特—劳勒的期望激励理论是20世纪60—70年代非常有影响的激励理论,在今天看来仍具有相当大的现实意义。它告诉我们,不要以为设置了激励目标,采取了激励手段,就一定能获得所需的行动和努力,并使员工满意。要形成激励→努力→绩效→奖励→满足并从"满足"再反馈到"努力"这样的良性循环,取决于奖励内容、奖惩制度、组织分工、目标导向行动的设置、管理水平、考核的公正性、领导作风及个人心理期望等多种综合性因素。期望理论应用于管理中,应注意考虑以下几方面:

1. 对被管理者要坚持激励与培养相结合

期望理论告诉我们,必须将期望概率和效价两者都提高,才能提高激励水平,那种只注重激励、忽视培养的做法是片面的。只有注重员工的教育与培养,提高其业务能力和思想素质,提高其自信心和自强不息的精神,才能提高个体的期望概率,从而提高激励水平,达到创造较高绩效的目标。

2. 在管理工作中将报酬与绩效紧密结合

期望理论告诉我们,绩效与报酬的关联度越强,受激励者的效价就越高,所以管理者要提高对关联性的认识,使报酬与绩效紧密挂钩,做到多劳多得,奖罚得当。如果对一个重大科技发明者只奖励50元钱,不仅起不到应有的激励作用,相反还可能产生心理负效应。

奖酬作为外在效价要起到积极的激励作用,必须公平合理。否则,非但起不到积极作用,还会挫伤员工的积极性。期望理论认为如果要使激励作用达到最大程度,就应该让员工相信绩效和报酬之间存在紧密的联系。实行绩效薪金制如计件工资、工作奖金、利润分成、利润分红等多种形式可以减少管理者的工作量,因为员工为了获得更多的利润会自发地努力工作,不需要管理者的监督。

3. 在管理工作中将物质奖励与精神奖励结合起来

期望理论告诉我们,目标价值的诱惑力与个体的需要有关,不同的个体有不同的价值观和不同的需要,不同的目标有不同的价值,同一个目标对不同的个体也有不同的价值。只有当人把目标看得很重要时,积极性才会高。管理者一定要了解自己的管理对象,有针对性地采取多元化的奖励方式,使组织的各种报酬同职工的愿望相符合。例如运动会组织者对运动员奖一块金牌比奖同样价值的钞票更有激励作用。

二、公平理论

公平理论是由美国心理学教授斯塔西·亚当斯在总结前人有关分配的公平概念和认知失调理论的基础上提出来的。这个理论主要探讨报酬分配的合理性、公平性及其对员工行为积极性的影响。

(一) 公平理论的主要内容

1. 公平是一种主观认知和评价

公平感是人类的一种基本心理需要。人不仅有保持生理平衡的需要,也有保持心理平衡的需要。对报酬待遇的认知失调,将影响到心理平衡,使人产生不公平感和心理紧张;对报酬和待遇感到满意,就会使人获得公平感,对工作充满积极性。亚当斯将贡献、投资、努力称为投入,用 I 表示,将利益、报酬称为结果,用 O 表示。当一个员工 A 与比较对象 B 进行比较时,即 $(O/I)A$ 与 $(O/I)B$ 比较,也就是把 A 的投入产出比与 B 的投入产出比相比较。当两者比率相当时,就产生公平感;当两者不平衡时,就产生不公平感。

2. 人们通过投入与产出比来评价是否公平

员工通常把自己的投入产出比与其他人的投入产出比进行比较。这种比较主要有四类:

第一类:自我—内部比较。员工本人在当前组织中不同工作岗位上的投入产出比较。例如,某人在同一个单位,先做了两年的销售人员,实行的是绩效工资制,现在又调入业务操作部工作,操作部的工作繁琐而忙碌,实行的是固定工资制,收入比在销售部低多了。这个时候,和自己以前相比,他会产生不公平感。

第二类:自我—外部比较。员工与当前组织之外的其他职业或岗位比较。如新到一个单位的员工大多会把他在新单位的投入产出比与在原来单位的投入产出比进行比较,从而产生满意或不满意感。

第三类:别人—内部比较。员工与所在组织中的其他人比较。个体的激励不仅取决于努力是否获得了奖励,而且来源于个体的认知评价过程。这个认知评价过程包含了对公平性的评价。也就是说,获得奖励不一定就能获得满足,还有一个公平性的评价过程。

第四类:别人—外部比较,员工与所在组织之外的其他人比较。

在这四类比较中,前两者为个人内比较,是指将自己的工作投入(努力、技能、教育、知识、年资、经验、绩效)与所获得的报酬(工资、晋升、职务、地位、荣誉、嘉奖)进行比较。如果自己的投入与报酬是相一致的,则感到公平,否则就产生不公平感。个人内比较促使个人积极寻找能使自己获得公平感的岗位,调动工作就是一个途径。后两者是社会比较,是指通过与他人(同事、部下、同类职业、社会其他职业)的投入报酬比的比较,来估计自己所得的报酬是否公平合理。社会比较的不公平感来自行业的差异。

3. 不公平感激发的行为反应

当人们感到对自己的不公平时,就可能采取一系列的行为:若自己的报酬高于比较对象,则可能采取减少报酬或增加投入的行动,以消除心理上的不平衡。一般而言,采取减少报酬的情况少,而多采取提高质量或产量,以更加努力的工作来消除心理上不平衡感的方式。但在自己的报酬低于比较对象的情况下,则可能采取要求增加报酬和减少投入的行动,以消除不公平感。如首先要求增加收入,达到与比较对象相当的水平;在自己的报酬得不到提高的情况下,会设法改变别人的报酬,使之与自己的报酬相当;在以上都做不到的情况下,则提出离职要求,另找报酬较高的工作;也有些人改变比较对象,通过自我调适,达到自我安慰。

小资料

员工偷窃:一个值得深思的问题

某公司为避免裁员,决定在其下属的两家工厂中实行为期10周的削减15%工资的措施。管理层专门起草了两份关于削减工资的报告,但在每家厂里只宣读其中的一份。在减资计划公布之前,该企业员工的偷窃率为每年大约3%。

A报告

我向诸位通报的原因在于想让你们了解究竟发生了什么事。你们可能已经知道,公司失去了一份重要的合同,这使得企业处于困境。从星期一开始,我们每位都会削减15%的工资,你、我、大家都一样,福利则不动。我个人希望这次减薪的时间不超过10周。希望经过这次考验后我们会比以往更强大。我要感谢每一位员工,让我们同舟共济。

B报告

像我们的处境一样,在商业运作中必要的削减支出的做法是不可避免的。不幸的是,我们正是要采取这样的措施。尽管我知道这对于每个人都不是件轻松的事,但是董事长已在公司董事会上做出决定:从星期一开始减薪15%。全体员工,包括董事长本人,都要一起患难与共,以拯救我们的企业,而我敢肯定此次减薪将只持续10周时间。现在我将回答几个问题,然后得赶飞机去参加另一个会议。

结果在听到B报告的员工中偷窃现象增长了250%。为什么？因为听了B报告的员工会认为他们没有知道全部的事实真相，所以他们会通过偷窃行为以减少不公平感。可见，为了加强有效管理，公平合理的解释必须让人感到诚实坦率而非任人摆布。

资料参考：维基百科

（二）公平理论在企业管理中的应用

公平理论提出的基本观点是客观存在的，作为管理者应从这里得到一些有益的启示：

（1）公平奖励员工。要求公平是任何社会普遍存在的一种社会现象。公平理论第一次把激励和报酬的分配联系在了一起，说明人是要追求公平的，从而揭示了现实生活中的许多现象。

（2）加强管理，建立平等竞争机制。人的工作动机不仅受绝对报酬的影响，而且更重要的是受相对报酬的影响。人们在主观上感到公平合理时，心情就会舒畅，人的潜力就会充分发挥出来，从而使组织充满生机和活力。这就启示我们管理者必须坚持"各尽所能，按劳分配"的原则，把职工所做的贡献与他应得的报酬紧密挂钩。

（3）教育员工正确选择比较对象和认识不公平现象。公平理论表明公平与否源于个人感觉，个人判别报酬与付出的标准往往都会偏向于对自己有利的一方，从而产生不公平感，这对组织是不利的。因此，管理者应能以敏锐的目光察觉个人认识上可能存在的偏差，适时做好引导工作，确保个人工作积极性的发挥。

三、目标设置理论

洛克（E. A. Locke）于1967提出目标设置理论（Locke & Latham，1990）。该理论认为，设置达到目标是一种强有力的激励，是完成工作的最直接的动机，也是提高激励水平的重要过程。外来的刺激如奖励、工作反馈、监督的压力等，都是通过目标来影响动机的。目标导致努力，努力创造工作绩效，绩效增强自尊心和责任心，从而产生更高的目标。另一管理学家休斯（C. L. Hughes）进一步认为，成长、成就和责任感等因素都要通过目标的达成而满足个人的需要。因此，重视目标和争取完成目标是激发动机的重要过程。

洛克等从实验中还发现，从激励的效果来说，有目标比没有目标好，有具体的目标比空泛的、号召性的目标好，有能被执行者接受而又有适当难度的目标比唾手可得的目标好。有学者还认为，遇到难度很高、复杂的目标，可以把它划分为若干阶段性目标，通常称为"小步子"。通过"小步子"的逐一完成，最后达到总目标。这是完成艰巨目标的有效方法。

此外，目标按其性质可分为硬性目标和软性目标。硬性目标是指比较容易观测和衡量的目标，如销售额。软性目标是指比较难观测和衡量的目标，如团队协作。一般地说，硬性目标比较容易被员工所知觉，而软性目标比较容易被员工所忽视。随着组织的发展，组织可能会逐步地由原来的重视硬性目标，过渡到既重视硬性目标，又重视软性目标。如一些销售公司对营销员的报酬结构由原来的底薪加提成改为底薪加奖金的做法，就反映了这种考虑。

四、强化理论

强化理论原本是一种以行为主义为依据的学习理论，它是由斯金纳在巴甫洛夫经典条件反射学说的基础上发展而成的。斯金纳做过一个有名的奖赏实验:训练老鼠压杠杆。每当老鼠压一下杠杆,就会有食物出现作为奖赏。这样老鼠就会不断地去压杠杆,这是一种积极的强化行为。莫勒依照同样原理做了一个惩罚实验:只要老鼠踏上通电的踏板就会受到电击,从而产生回避反应,以后老鼠就不再去踏踏板了。斯金纳等人又对鸽子和儿童的学习过程进行了一系列的实验,在此基础上提出了操作条件反射理论。

斯金纳认为,人类的大部分行为都是条件反射,行为取决于行为的后果。人为达到某一目的而做出某一行为时,会得到一定的结果,此结果便强化了先前的行为,使这种行为得以巩固和保持。他认为,条件反射的建立不一定非要条件刺激与无条件刺激同时存在,而关键是得到强化。所以,强化是操作条件反射理论的重要概念。

(一) 强化的概念与类型

1. 强化的概念

所谓强化,就是使行为形成、保持和巩固下去的一种增强力量,它是通过某种刺激物来实现的。按照行为主义观点来看,凡是能有助于某种刺激与某种反应之间建立联系的东西,都可称为强化物。

2. 强化的类型

斯金纳把强化物分为两类:能增强某种行为出现频率的刺激物称为正强化物,如食物、金钱、奖品等;能减弱某种行为出现频率的刺激物称为负强化物,如对有机体有害的电击或惩罚等。由此有四种强化类型:

(1) 强化指通过积极的结果而使某种行为得到增强或增加。当个体做出了我们期望的行为之后,即给予物质奖励和精神奖励,对其行为加以肯定,使行为者获得一种满意感,从而使这种行为能继续保持下去,这是一种积极强化。在管理中,对工作好的员工使用表扬、赞赏、提职、加薪、颁发奖金等手段进行激励,都是一种积极强化,可以使得员工更加努力地工作。

(2) 回避是为了避免惩罚,预防不希望的刺激发生,从而促进所希望的行为。例如在合资公司,迟到不仅要扣发奖金,还有被解雇的可能,所以员工都不敢迟到。这种行为不是积极强化的结果,而是为了避免惩罚,同时也促进了企业所希望的行为。

(3) 惩罚指通过某种令人不愉快的结果而使某种行为得到终止。惩罚通常是用带有强制性或威胁性的措施来阻止不良行为的出现。例如,对不努力工作的人进行批评,对完不成任务的人或违反公司纪律、侵占公司财务的行为进行罚款等,用于阻止这种行为的再发生,迫使其遵守规则,努力完成任务。

(4) 消退是对一个行为不予以强化,以表示对此行为的否定,就会使其逐步减弱,最后消失,这就称为消退。人们在行为结果受到正强化后继续保持这种行为,在行为结果受到惩罚后会回避这种行为,减少行为产生的可能性;人们在行为既无奖励又无惩罚之后,最终也会终止这种行为。

强化理论认为,正强化会影响人们重复这种行为的倾向,在激励过程中起到重要的积极作用。正强化可以分为连续强化和间歇强化。许多学者对各种强化的效果进行了比较,结果发现:连续强化与间歇强化相比,连续强化具有快速效果,但缺点是一旦停止强化后,其行为将很快消失;间歇强化的效果虽然不如前者快速,但保持得较久。在管理中,我们主张,对于学习培训和技术革新等行为适宜用连续强化,而在奖励上用间歇强化更具有长远的效果，奖励不能过于频繁，否则一旦没有奖励，该行为就会很快消失。

（二）强化理论在管理中的应用

1. 经过强化的行为趋向于重复发生

所谓强化因素就是会使某种行为在将来重复发生的可能性增加的任何一种“后果”。例如，当某种行为的后果是受人称赞时，就增加了这种行为重复发生的可能性。

2. 要依照强化对象的不同采用不同的强化措施

人们的年龄、性别、职业、学历、经历不同，需要就不同，强化方式也应不一样。如有的人更重视物质奖励，有的人更重视精神奖励，应区分情况，采用不同的强化措施。

3. 小步子前进，分阶段设立目标，并对目标予以明确规定和表述

对于人的激励，首先要设立一个明确的、鼓舞人心而又切实可行的目标，只有目标明确而具体时，才能进行衡量并采取适当的强化措施。同时，还要将目标进行分解，分成许多小目标，完成每个小目标都及时给予强化，这样不仅有利于目标的实现，而且可以通过不断的激励增强信心。如果目标一次定得太高，会使人感到不易达到或者说能够达到的希望很小，很难充分调动人们为达到目标而做出努力的积极性。

4. 及时反馈

所谓及时反馈就是通过某种形式和途径，及时将工作结果告诉行动者。要取得最好的激励效果，就应该在行为发生以后尽快采取适当的强化方法。一个人在实施了某种行为以后，即使是领导者表示“已注意到这种行为”这样简单的反馈，也能起到正强化的作用。如果领导者对这种行为不予注意，这种行为重复发生的可能性就会减小以至消失。所以，必须利用及时反馈作为一种强化手段。

5. 正强化比负强化更有效

表扬、奖励等正强化措施会给人愉快的、积极的情绪感受，有利于调动人的积极性，而批评、惩罚等负强化手段对行为起抑制作用。所以，在强化手段的运用上，应以正强化为主，同时，必要时也要对坏的行为给以惩罚，做到奖惩结合。

小资料

“南风”法则

“南风”法则也称“温暖”法则，源于法国作家拉封丹写过的一则寓言：北风和南风比威力，看谁能把行人身上的大衣脱掉。北风威风凛凛，寒冷刺骨，结果行人为了抵御北风的侵袭，把大衣裹得紧紧的。南风则徐徐吹动，顿时风和日丽，行人因为觉得春暖上身，始而解开，继而脱掉大衣，南风获得了胜利。这则寓言形象地说明了一个道理：温暖胜于严寒。领导者在管理中运用“南风”法则，就是要尊重和关心下属，以下属为本，多点“人情味”，尽力解决下属日常生活中的实际困难，使下属真正感受到领导者给予的温暖，从而激发工作的积极性。

资料参考：http://baike.baidu.com/view

强化理论只讨论外部因素或环境刺激对行为的影响,忽略人的内在因素和主观能动性对环境的反作用,具有机械论的色彩。但是,许多行为科学家认为,强化理论有助于对人们行为的理解和引导。因而,强化理论已被广泛地应用在激励和改造人的行为方面。

第四节　激励员工的方法与策略

了解和掌握激励理论不太困难,但将其应用于管理实践就不简单了。在实际的管理工作中,激励理论可应用于管理的各个职能、各个环节、各种场合。激励既要重视物质激励,又要重视精神激励;既要考虑激励对象的多样化,又要考虑激励方法的多样化。有调查表明,美国企业的平均寿命为40年,日本13年,中国4—5年。相比之下,中国企业寿命较短。因此,有人形容中国企业具有"流星效应"。造成这种现象的一个重要原因是企业特别是国有企业的激励制度不完善。

在企业管理激励中,薪酬激励是其中很关键的一个环节。当前我国企业经营者薪酬的一个突出问题是薪酬水平偏低,这已在很大程度上影响了他们积极性的发挥。企业应建立起科学有效的经营者薪酬激励制度,使经营者的收入与贡献对等,报酬与责任、风险相一致,激励他们为企业的发展而努力工作。

一、激励的多样化

(一) 激励对象的多样化

激励并非是对少数人的激励。传统的激励方法多为奖励极少数有突出贡献者,旨在树立"典型"、"楷模"。然而,这种激励手段并不是最理想的,因为长期采用此法就会使大多数员工失去受奖励的机会,甚至觉得奖励是极少数人的事情而漠不关心。同时,长期以极少数人为对象的奖励还可能在员工中产生逆反心理,使"典型"、"楷模"在企业内部可能遭到孤立、嘲讽,甚至打击。因此,激励方法应充分考虑激励范围,不使其过于狭窄。激励理论告诉我们,每个人都有受到表扬和鼓励的心理需求,即使最落后的员工也一样。

激励必须考虑到不同员工各自的不同需要。在企业中,有的员工需要高薪;有的员工想成为技术专家;有的员工希望晋升;还有员工需要团体间的合作。可见,员工的需要呈现多样化状态。激励要从员工的个性心理特征出发,通过研究个体心理的不同需要,做到对症下药。例如,某公司给一位设计人员很高的薪水,但其工作积极性并不高,后来在一个偶然的机会,公司把一项与德国的合资项目交由此人负责设计,结果他加班加点,不计报酬,克服多项技术难题,按时完成了设计任务。显然,这位科技人员更需要的是马斯洛需要层次论中自我实现的高层需要。

(二) 激励方法的多样化

根据牛峰、段有志、刘福峡(1997)的调查,在中国各类企业中,以国有企业的激励方法最为多样,有晋升、加薪、发奖金、优先分房、业务进修、评优等方法,而私营企业激励方法很单一,基本上都是用加薪、发奖金的方法调动员工积极性,如表5-2所示。

表 5-2　企业所采用的激励方法

奖励方法	晋升	加薪	发奖金	优先分房	业务进修	评比	额外休假	疗养	旅游	其他
比例(%)	50	59.6	76.3	35.1	24.6	53.5	5.3	7.0	8.8	3.5

人并非只是“经济人”,人还具有精神需要。随着温饱问题的解决,以及人们受教育水平的提高,多层次的精神需要日益成为人们的主导需要,更多的员工成为“社会人”和“自我实现人”。遗憾的是,我们有些管理者并未认识到这一点,他们只把员工看做“经济人”,激励方法越来越单一,仅仅依赖于奖金的刺激作用。一些企业把某些必要的精神激励形式“表彰会”、“庆功会”等取消了,只剩下一件事——发红包,这是违背管理科学的。其实,激励不一定就是在金钱上给予满足,对许多人来说,精神激励也许比物质报酬更能满足他们的心理需要,驱动他们的工作热情。而且,金钱的边际效用是递减的,为了激发或保持同等程度的积极性,企业不得不支付越来越多的奖金。而对许多人来说,物质奖励只在一种情况下才是有用的:奖金的多少首先被视做衡量个人工作量和努力程度的标准。

要重视精神激励。精神激励的方式丰富多样,远远超过单一的金钱奖励方式,如给员工以表扬、光荣称号以及象征荣誉的奖品、奖章等。这些都是对员工贡献的公开承认,可以满足人的社交、自尊、自我实现等高层需求,从而达到激励的目的。

二、目标管理

目标管理(Management By Objectives,MBO)是一种综合的以工作为中心和以人为中心的管理方法,它首先由一个组织中的各级管理人员与员工一起制定组织目标,明确规定每个部门和个人的职责分配,最后又用组织目标管理、评价和决定对每一个部门和人员的奖惩。

(一)目标管理的特点

目标管理的特点可以从以下几方面来理解:

(1) 目标管理是参与管理的一种形式。目标的实现者同时也是目标的制定者,即由上级与下级在一起共同确定目标。首先确定出总目标,然后对总目标进行分解,逐级展开,通过上下协商,制定出企业各部门直至每个员工的目标,用总目标指导分目标,用分目标保证总目标的实现。

(2) 强调自我控制。德鲁克认为,员工是愿意负责的,是愿意在工作中发挥自己的聪明才智和创造性的。如果我们控制的对象是一个社会组织中的“人”,那么我们应“控制”的必须是行为的动机,而不应当是行为本身,也就是说必须以对动机的控制达到对行为的控制。目标管理的主旨在于,用“自我控制的管理”代替“压制性的管理”,它使管理人员能够控制他们自己的绩效。

(3) 促使下放权力。集权和分权的矛盾是组织的基本矛盾之一,唯恐失去控制是阻碍大胆授权的主要原因之一。推行目标管理有助于协调这一对矛盾,促使管理者下放权力。

(4) 注重成果导向。管理者采用传统的管理方法评价员工的表现时,往往容易依据印象和对某些人或问题的态度等定性因素。实行目标管理后,由于有了一套完善的目标考核体系,从而能够如实地评价员工的实际贡献大小。

(5) 目标管理还力求把组织目标与个人目标更密切地结合在一起,以增强员工在工作中的满足感。这对于调动员工的积极性,增强组织的凝聚力起到了很好的作用。

(二) 目标管理的基本过程

1. 建立一套完整的目标体系

实行目标管理,首先是要建立一套完整的目标体系。这项工作总是从企业的最高主管部门开始的,然后由上而下地逐级确定目标。上下级的目标之间通常是一种"目的—手段"的关系。某一级的目标,需要用一定的手段来实现,这些手段就成为下一级的次目标,按级顺推下去,直到作业层的作业目标,从而构成一种锁链式的目标体系。制定目标应当采取协商的方式,应当鼓励下级主管人员根据基本方针拟定自己的目标,然后由上级批准。

2. 组织实施

目标既定,主管人员就应放手把权力交给下级成员,而自己去抓重点的综合性管理。达到目标主要靠执行者的自我控制。如果在明确了目标之后,上级主管人员还像从前那样事必躬亲,便违背了目标管理的主旨,不能获得目标管理的效果。当然,这并不是说,上级在确定目标后就可以撒手不管了。上级的管理应主要表现在指导、协助、提供信息以及创造良好的工作环境等方面。

3. 检查和评价

对各级目标的完成情况,要事先规定出期限,定期进行检查,检查的方法可以灵活地采用自检、互检或责成专门的部门进行检查等方法。检查的依据就是事先确定的目标,并根据评价结果进行奖罚。然后,目标管理进入下一个循环过程。

(三) 目标管理的作用

(1) 目标管理是一个人把个人需要与企业组织需要结合起来的方法。在管理过程中,每个人都是管理工作的积极参与者,这激励着管理等级中各个层次的人对企业的成功做出贡献,而且目标管理注重企业发展的长期目标,追求企业的健康发展。所以,它不仅关心组织的目标,而且关心企业中每个人的成长目标。目标管理是一种总体的管理,企业确立的目标是分等级层次的目标体系,目标具有多样性,并可形成一个达到预期效果的网络。在目标管理中,通过自上而下、自下而上地制定目标,在企业内部建立起一个相互联系、错综复杂的目标体系,并用各种形式将目标固定下来。这和以往的管理方法相比,有着鲜明的科学性、系统性和完整性。目标体系把全体员工有机地组织起来,使人们产生整体观念和团结信念,有利于发挥集体的力量,所以目标管理能够发挥企业员工的积极性,是一种全方位的管理。

(2) 目标管理是一种民主的管理,实际上是一种全员参与的管理,使企业管理民主化。在制定目标时,尽量尊重目标制定者的愿望,使人们增强责任感和提高工作兴趣,而非自上而下地摊派工作任务。这种管理方法能在一定程度上缓和上、下级之间的某些矛盾,有利于调动员工的积极性和创造性。

(3) 目标管理是一种自觉的管理,实行自我控制,是一种"主动"的管理方式。它注重人性,以目标激励着人们,使之把隐藏的潜力尽量发挥出来,并以自我控制实现组织和个人的目标。这种主动自觉的管理法比以往的管理方法更能适应现代化工作的开展,更能使企业在激烈竞争中立于不败之地。

(4) 目标管理是一种成果管理,强调公司成果,重视目标的实现,该管理方法对目标的实现和成果的评定比较客观、公正。对于成果评定的结果,不仅应该给予相应的奖励和表彰,还应把个人成果反映到人事考核上,作为晋级、提升的依据。这种把企业业绩的提高和职工个人晋升等个人利益结合起来的做法必然会激励员工积极性。

三、员工参与管理

员工参与管理是提高员工积极性和管理效率的一种管理方式。主张实行员工参与管理的人认为,不能过分重视职权的等级制,必须使"权力平均化",使下属有更多的机会参与组织的决策和管理。这样,员工同组织的目标就有更多的关系,能使个人和团体的需要得到更大的满足。上面介绍的目标管理实际上是员工参与管理的一种重要形式。除此之外,这里还要介绍其他几种员工参与管理的方法。

(一) 质量小组

质量小组由一群员工(包括管理人员)组成,他们定期聚在一起发现并解决工作中的问题。质量小组通常由 8 到 10 个员工和管理人员组成,他们关注质量、生产率和成本等方面的问题,并且在他们可控制的范围内提出解决问题的方案。质量小组的功能可以是单一的,也可以是多方面的。小组成员从自愿者中挑选出来,并接受有关部门问题解决、群体决策技能方面的训练。他们通常利用系统的、以数据为基础的程序和统计工具来解决组织中的问题。质量小组中通常会有一个协调人来指导小组工作,尤其是引导小组成员完成最初的解决问题的程序的制定。一般说来,质量小组只有提出建议的权利,必须经过更高管理层的认可,这些建议才可以真正付诸实施。

质量小组的提倡者认为,这种形式可以给组织带来的好处包括更好的决策和更高效的激励,因为每个人都有机会参与和影响与他们的工作相关的决策。质量小组还可以为其参与者带来个人态度方面的改善。

质量小组通常是员工参与管理的初级形式,也是组织主体结构的一种补充。这种员工参与管理的方式较容易做到,因为它们不需要改变传统的等级制度。尽管如此,有研究结果表明,质量小组在提高组织生产率和员工满意度方面的作用并不明显。这种形式有时得不到组织的认可,因为质量小组的意见可能会与组织常规部门的看法相左,从而使质量小组的意见被否决,若这种情况经常发生,则会导致质量小组的消失。事实上,多数质量小组的生命周期都较短。另外,高层管理者对质量小组的关注不够,除了拨给一定的资金外,多数管理部门缺乏对质量小组的大力支持。还有人认为,小组成员参与的时间太少(如每周一小时),从而影响他们的满意度。

质量小组起源于美国,20 世纪 50 年代传到日本,并获得一定成功。20 世纪 80 年代质量小组在北美和欧洲风行一时,但后来大部分都停止了。为什么在日本较为成功的做法在欧美却不行呢?有学者认为,民族差异显示,日本员工通常具有更高的教育水平、更大的凝聚力和更强的团队协作精神。

(二) 员工持股计划

员工持股计划是一种福利制度,在这种制度下,员工可以获得公司的股权。近十多年来美国许多企业推行的职工持股具体做法主要有两种:一是由公司提出将部分股份或资金提交给员工信托基金会,该基金会购买本公司的股票,然后根据员工工资水平分配这些股票,这种分配相当于公司给员工劳动股的投资凭证,员工以自己的劳动获得这种投资凭证,并根据这种凭证获取公司利润;另一种方式是由公司担保从银行借款购买本公司股票以分到个人名下,这两种方式都不需要员工自掏腰包。员工持股计划的具体作用表现在以下几个方面:

1. 有利于以低成本激励在职员工

持股计划实施后,员工的收入不再是传统的工资加奖金,而是工资加股权收入,这就将公司对员工的激励由间接方式的奖金变成了直接方式的股权收入。如果公司经营状况好转,员工工资虽然不变,但是不仅由于股利增加可以使其收入增加,而且业绩的改善可使公司股票价格上涨,从而使员工受益,后者的变动往往比业绩和股利的改变大,而且比间接激励方式的奖金高。同时,运用员工持股计划并没有增加公司的支出,就可以使员工更具有工作积极性,从而实现了低成本激励。

2. 有利于降低管理费用,减少管理环节

由于实施员工持股计划后,员工的收入与公司经营业绩更紧密地联系起来了,他们将更加自觉地工作,使一些管理部门的作用逐渐减小,以致有些部门失去了存在的意义而可以被撤销。所以实施员工持股计划有利于精简机构,减少管理的中间环节,从而降低管理费用,提高经营业绩。

3. 监控员工参加公司日常管理,监督经理人员经营业绩

由于实施员工持股计划后,公司经营好坏与员工收入更加紧密相关,员工不仅将更有积极性参加公司的日常管理,为公司发展出谋划策,而且公司内部人员对公司情况更加熟悉,这种监督的力度与效率都比外部监督更高,从而有利于管理绩效的提高,使企业经营效率得到改善。

4. 提高员工的工作效率、创新精神,避免短期行为

与传统激励方法相比,实现员工持股计划可以使广大员工更富有创新精神,工作更有效率,能够有效克服其短期行为。因为员工的工作效率提高和创新行为如果产生效益,将使其股价提高更快,其自身获益更多;同时,损害企业长远利益而提高短期利益的行为,对持有股权的员工来说也是不经济的。所以实施员工持股计划不仅能解决企业普通员工的激励问题,使他们的利益与公司利益更紧密结合起来,提高其工作效率与积极性,而且还可以有效解决对公司经理人员的监督问题,有利于企业效率的提高,也有利于企业改革的顺利进行。

虽然员工持股计划可以解决普通员工激励与对经营人员的监督问题,但还不能有效解决对经营者的更高的激励问题,以及对吸引高级人才的激励问题,要有效解决这一问题,还有赖于实施股票期权计划。由于股票期权计划把公司经营者和高级人才的利益与公司经营业绩好坏直接联系起来,如果公司经营好,股价就会上涨,高级人才的收益就高,否则其收益就会大幅度减少。

(三) 年薪制

所谓年薪制,是把企业经理在一年中的总收入与当年企业业绩指标挂钩,激励经理关心企业资产的保值、增值,提高企业利润。我国企业经营者激励机制的试点从年薪制试点开始。1992 年,上海市轻工局选定所属的上海英雄金笔厂等 3 家企业在全国率先试行年薪制。我国实行年薪制是把经营者的收入分为基本收入和风险收入两部分,以年度为单位,根据企

业规模和经营难度确定经营者基本收入，根据企业实现利润和资产保值增值情况确定经营者风险收入的薪资制度。深圳、上海、北京、湖北等省市先后对年薪制进行了试点，1997年我国还进行了年薪制百家试点。在试点中各地做法各异，其中深圳市的试点最为系统。

我国年薪制试点具有几个特征：

（1）经理报酬多与一个指标体系相联系；

（2）经理报酬与企业职工平均收入挂钩；

（3）应用范围仅限于高级管理阶层；

（4）收入封顶。

经营者利益和员工利益适当分离，使经营者与员工之间相互制衡，有利于建立企业内部自我约束机制，经营者年薪收入公开化、规范化，有利于减少经营者过高的在职消费，控制国有企业资产流失。但是，年薪制改革在推行过程中遇到了很多问题。例如，企业经营者的范围难以确定；年薪制标准的确立不规范；经营者的任用未形成竞争机制；对经营业绩不好的经营者缺乏相应的处理办法；企业经营指标难以严格考核；等等。

虽说问题很多，但有关年薪制的理论探讨和试点工作令人满意。2003年国资委正式出台《中央企业负责人经营业绩考核暂行办法》，作为国有企业改革进程中的一个重要成果，年薪制终于成为一项薪酬制度。

（四）股票期权制

美国企业对高级管理人员一般采用激励合同约定报酬的方案和形式，报酬金额可达雇员平均收入的几十甚至几百倍，总经理的年收入常常是天文数字，其中固定年薪仅占较小的份额，而与公司经营效益挂钩的奖励年薪往往占了绝大部分。奖励形式一般是规定基本的利润额或资产盈利水平，业绩超过合同约定额时可按照一定比例提成公司利润。为防止经营者只追求短期利润或账面利润而忽视长期利益，只追求子公司局部经济效益而忽视集团整体经济效益，美国企业又在长期激励上创造了一套堪称典范的模式。主要思路是增大根据长期经营业绩而确定的年薪比重和绝对数额，形式有递延红利、股票期权和股票赠与等，其中最主要的是股票期权制度。近年来，这种长期报酬得到了越来越广泛的采用，平均占管理人员年收入的1/3左右。目前在美国500家大公司中，约89%在不同程度上采用各种长期激励模式，而在250家最富有成效的公司中，高级管理人员通过股票期权所获得的收益一般超过其通过固定薪金和奖金形式获得的现有收入的两倍以上，相当多的高级管理人员因此而成为新的富豪。不过，美国高级管理人员的天文数字年薪和风险亦是如影随形的，他们对公司的经营成果承担着直接责任，一旦公司经营不善，经营者就有被股东大会解聘的危险，董事会也要为其选择经营者的失误承担连带责任。20世纪90年代，美国一些大公司，如IBM、康柏等，纷纷解聘总经理，就说明了这一点。

目前，为了加强对企业经营者的激励，国内的一些企业开始增加经营者持有本企业股票的份额，以提高管理者利益与企业长期利益的一致性。从“股票期权”试点比较成熟的企业来看，我国高级管理人员“股票期权”激励分配主要有两种形式：一种形式是在国有独资企业中，借用期权的概念，对经营者获得年薪以外的特别奖励实行延期兑现；另一种形式是在国有资产控股的股份有限公司和有限责任公司中，经股东大会或董事会批准，国企经营者在一定期限内，以优惠价购得或通过获奖方式取得适当比例的企业股份，并在任期届满后逐步兑现。

股票期权激励与单纯的年薪制和简单的现金奖励相比，能够把经营者的利益和企业的长远利益紧密结合在一起，在一定程度上能够激发经营者的积极性，是一种较为有效的长期激励手段。但是，对股票期权的尝试同样面临许多现实的障碍。例如，股票来源问题，利益的兑现机制问题，二级市场的不规范和非理性问题，以及观念上的阻力，等等。

前面我们介绍了当前国内外企业常见的激励方法。对于一个企业来说，为了使激励多样化，必须结合自身实际情况，构建符合自身特点和历史文化的、行之有效的激励系统。

思考题

1. 简述马斯洛需要层次理论的主要内容。分析其对管理工作有何启示。
2. 如何适应中国特色社会主义市场经济的新形势，正确处理员工的需要问题？
3. 成就动机理论对管理有何启示？
4. 如何应用“双因素”理论搞好管理？
5. 学习公平理论对我们做好管理工作有何启示？
6. 期望理论的主要内容是什么？依据这一理论，你认为我们应当怎样实现人生目标？
7. 结合实际，如何实行强化管理？
8. 根据所学的激励理论，结合我国实际，组织讨论“如何调动企业职工的工作积极性”。

练习题

1. 提出需要层次论的是(　　)。

A. 梅奥　　B. 马斯洛　　C. 赫兹伯格　　D. 泰勒

2. 双因素理论的提出者是(　　)。

A. 马斯洛　　B. 赫兹伯格　　C. 麦克利兰　　D. 波特

3. 表扬、奖励员工，让他们参与管理，给他们提供培训机会，能满足员工的(　　)。

A. 尊重需要　　B. 交往需要　　C. 安全需要　　D. 生理需要

4. 以下各项表述正确的是(　　)。

A. 保健因素和激励因素通常都与工作条件和工作环境有关
B. 保健因素和激励因素通常都与工作内容和工作本身有关
C. 保健因素通常与工作条件和工作环境有关，而激励因素与工作内容和工作本身有关
D. 保健因素通常与工作内容和工作本身有关，而激励因素与工作条件和工作环境有关

5. 赫兹伯格认为，激励员工的关键在于(　　)。

A. 提供给员工更高的工作报酬
B. 加强对员工的监督和控制
C. 设计出一种能让员工感到工作本身就是激励的工作任务
D. 创造良好的工作条件

6. 不仅提出需要层次的“满足—上升”趋势，而且也指出“挫折—倒退”趋势的理论是哪一种？(　　)

A. 需要层次论　B. 成就需要论　　C. ERG 理论　　D. 双因素理论

7. 麦克利兰的研究表明，对主管人员而言，比较强烈的需要是(　　)。

A. 成就需要　　B. 权力需要　　C. 社交需要　　D. 安全需要

8. 如果职工 A 认为和职工 B 相比，自己报酬偏低，根据公平理论，A 会采取以下哪种行为(　　)?

A. 增加自己的投入　　B. 减少自己的投入

C. 努力增加 B 的报酬　　D. 使 B 减少投入

9. 内容型激励理论包括(　　)，过程型激励理论包括(　　)。

A. 期望理论、公平理论

B. 需要层次论、双因素理论、激励需要理论

C. X 理论、Y 理论

D. 挫折理论、归因理论、强化理论

案例5-1

星巴克公司如何激励员工

星巴克支持中心位于星巴克(Starbucks)咖啡公司在西雅图的总部。该中心的活力并非源于外部，而是来自于同事之间的团队协作、对工作的使命感以及挑战精神。作为《财富》杂志所评选出的“全美百佳企业”之一，星巴克公司虽然不是世界上员工福利增长最快的企业之一，但它早在 1971 年便开始给予其员工以正常的升迁途径。

星巴克公司“提供一个良好的工作环境以及员工相互尊重和礼遇”的目的是为了使广大员工全身心地投入到公司的使命之中，这花费了与其他企业相比更多的精力。作为一家新兴的、正在崛起中的企业是如何激励其麾下 27 000 多名员工进行团队协作的呢?

答案是，星巴克公司为形成“全体员工的利益共同体”，制定了一套工作—生活管理模式，以关心每个员工的身体、精神、情绪的健康以及创造力的发展，该公司通过实行这一创新的工作—生活模式，酝酿出咖啡文化与长期合伙制。事实上，星巴克公司的员工们都被称为合伙人。

星巴克公司的经理琼·墨菲(Joan Moffat)负责工作—生活管理模式的运作。这一管理模式的具体内容包括：为照顾儿童、看护老人提供定点的健康服务、治疗安排与教育补助，便捷的信息流与同事关系网——这是一个把具有共同的利益与爱好的员工联系在一起的方案。该模式的运行使得星巴克公司成为医疗开支相对较低、缺勤率较低以及留职率最高的企业之一。墨菲认为：“我们公司的员工流动率为 6%，这在餐饮、零售行业中是极为出色的。”而且公司员工们则从企业的持续发展中不断获益。

星巴克公司承诺要营造出这样一种氛围，即无论员工身居公司何职，他都会受到尊重，他每天为公司所做的贡献都会受到珍视。只要是每周干满 20 小时的员工都享有充分的医疗、休假以及公司股票期权。员工们能从两项医疗保健计划或者一项重症医疗计划中选择适合自己的医疗康复方案，他们还能从两项牙科和一项视力保健计划中进行方案挑选。由于员工普遍年轻健康，因而星巴克公司用于医疗保健的开支很低。据公司人力资源部经理

安奈特·金(Annette King)所言,公司的医疗保健开支要比全美平均水平低大约20%。

此外,公司还根据员工的具体贡献为其提供相应的残疾与人寿保险、股票优惠购买权以及退休储蓄计划。上述福利有力地激励了员工,特别是使短期雇员与企业同命运,因而有效地削减了企业的招聘与培训成本。墨菲认为:"我们有低员工流动率的历史,这大部分应当归功于企业文化与团队精神。"

三年前,星巴克公司人力资源部便开始考虑如何使激励机制更适应员工的需要。例如,作为工作—生活管理模式的组成部分,对于那些求学期间就已参与公司业务的,现正处于购买住房、抚养子女以及照顾老人的人生阶段的员工,公司为其提供了弹性工作时间表。墨菲认为:"社会环境正要求我们能够迎合多样化的生活需要。由于公司强劲的销售势头与迅速的发展,弹性工作制一点也不影响企业的工作效率,因为我们延长了工作时间并且员工组成已日趋多样化——从学生至成人——他们需要不同的工作时间,所以弹性工作制的实行可谓水到渠成。"

最近的研究显示,全美60%的上班族需要照顾小孩或老人。与其他公司一样,星巴克公司认识到员工的生活压力越小,那么他就越有创造性与高效率。星巴克公司实施几种激励方案,特别强调处于不同人生阶段的员工的不同需要。此外,为了有助于适应公司快节奏与高要求的工作环境,星巴克公司还为员工及其家属提供医疗服务并编入医疗计划之中。例如,最近当墨菲需要为其祖母提供看护服务时,她便及时无误地获得了合格的家政服务,而且半价收费。

星巴克公司董事长兼总裁霍华德·斯克尔兹(Howard Schultz)认为,公司所面临的最大挑战是如何吸引、提升与管理全球各地的员工。他深信公司只有建立起激励机制才能保证高绩效与低支出,允许员工参与上述激励模式将会有效地提升其工作效率。自从1992年正式上市以来,星巴克股票市值已超出其面值的800%,公司1998年度的零售额更是超过1亿美元。目前,公司的业务范围已涉及餐饮、旅馆、服务、航空等多个领域,并在英美各地开有1 700多家商铺。

案例思考

(1) 星巴克公司如何激励其员工的团队协作?

(2) 结合案例分析斯达巴克公司在工作、生活的各个方面是如何激励其员工的。

案例5-2

底薪的问题

现在很多企业,尤其外资企业,对个人的薪资都实行保密,这给人力资源管理带来了一定的方便,但有时也会带来问题。

小王去年进入一家小有名气的外企。小王对这份工作非常满意,一方面公司的上上下下都很和谐,气氛非常轻松,工作虽累却挺舒心;另一方面就是薪水也不错,底薪有3 000元,还会有一些奖金。

小王一门心思都扑在了工作上，经常加班加点，有时还把工作带回家做，而且也确实成效斐然。比如说，上次湖北的一个设备安装项目，在小王的努力下只用了1/3的时间就完成了，为公司节约了大量成本。项目负责人为此还专门写了一份报告表扬小王。同事们都很佩服他，主管也很赏识他。

年终考核，人力资源主管对小王的成绩予以了高度的表扬，并告诉小王公司将给他加薪15%。听到这个消息，小王高兴坏了。这不仅是钱的问题，也是公司对他的业绩的肯定。

同年进入公司的小李却开心不起来，因为他今年的业绩并不好。午饭时两人聊了起来，小李唉声叹气地说："小王你今年真不错，不像我这么倒霉，薪水都加不了，干来干去还是3 900元，什么时候才有希望啊。"猛然间小王才知道，原来小李的底薪比他高900元！他对小李并没意见，可他想不通，即使不管业绩，同样的职务，小李的学历、能力都不比他高，公司怎么会这样做呢？他想也没想就往人力资源部跑去……

案例思考

1. 试描述一下小王在与小李谈话前后的不同感受。
2. 你认为小王下一步会怎样做？对于本例的情况，你认为公司应该如何做？

案例5-3

瑞信电子设备公司的控制措施

瑞信是一家大型的电子设备制造企业，历史比较悠久。公司非常注重生产过程的优化和成本控制。公司设立了信息控制中心来搜集研究企业内部生产过程中的有用信息，以便使整个庞大的组织能协调运行。

但这一措施在执行中发生了问题，以下是制造部门两位基层主管暗中的对话：

女：信息中心整天在想什么，不停地发这个那个调查表，填一份就要几个小时，谁受得了！

男：你真的去填那些表？有空呵！还不是对付对付算了，你还真当真。你知道别人怎么填的？二车间的老李每下一张表，大家就抓一次阄，谁倒霉谁填。后面的小刘更高，人家计算机好，随便写串数字，每次自动颠颠倒倒，唰唰就打出来交上去了。

女：但是……

男：没事的，说真的，工厂总要生产，大家都忙着填表，谁还去搞生产？再说这种东西上面真会看吗？上头也不是不明白，搞搞就自生自灭了，心照不宣嘛。就算追究下来，法不责众，也不会怎么样的。

其实公司这样做，也并不简单是为了监控各个部门，而是想以此改进生产过程，更好地确保产品按时完工。分管生产的副总努力推行这一措施，正是因为公司下面有数项重要合同，对交货时间要求非常严格。刚才还有一个大客户来电询问生产进度。经过一段时间，周总也看出了调查上来的信息的问题，这使他不得不陷入了沉思……

案例思考

1. 如果你是周总，你会怎么办？
2. 运用期望理论，解释为何大家对调查漫不经心。
3. 运用归因理论，就确保产品按时完工及信息收集方式提出建议，并在班内交流。

案例5-4

有效的负激励

天津滨江商厦于1992年11月12日开业，隶属于天津滨江集团。滨江商厦本着“信誉第一、顾客至上、广泛联合、共同发展”的经营宗旨引名厂、名牌商品进店，经营五十多个大类、5万余种商品。滨江商厦一贯以严格的管理、优质的服务、良好的信誉赢得市场，倾心倡导“视顾客如亲人、与企业共命运”的企业精神，秉承“以人为本、以客为尊”的服务原则，走出了一条富有特色的发展之路。

滨江商厦面临激烈的市场竞争，意识到员工素质的提高是企业生存与发展的根本，为此，公司投入大量的精力和财力对员工进行培训。在实践中他们不断探索着，先后采取“请进来”、“走出去”等多种形式对员工进行培训，员工的业务技能有了较大提高，收到了较好的效果。但员工个人素质的提高并不意味着企业整体效益的增加，相反，员工个人从培训中尝到了甜头后，充分意识到学习对每个人的重要作用，导致只注重个人能力、素质的提高，忽视集体观念、全局观念的现象，公司整体受到冲击。这是因为能得到奖励的员工毕竟是少数，还有很大一部分的员工虽然也是向着评优争奖的方向努力的，但是他们的付出和回报之间的差距很大，所以这些人中的一些开始慢慢地向落后靠拢，开始得过且过地混日子了。因此，如何促使员工朝着企业既定目标努力，如何增强其工作的积极性和主动性，如何更有效地改进其工作质量、提高生产效率，成为公司需要解决的主要问题。而要解决这些问题，公司得在人才的选拔和使用上费工夫。

公司为了吸引人才，留住人才，不惜成本，采用了许多激励方法，如提供舒适的住房条件，优厚的医疗保险待遇，提高工资水平，给优秀员工丰厚的奖励，组织优秀员工旅游、学习等。这些激励措施吸引并留住了大批优秀人才，创造了一个保障充分、奖惩分明的工作环境，公司的经济效益与服务质量显著提高，顾客的满意度也进一步提升。但时间一长，公司领导发现，单纯的物质刺激还不能充分调动全体员工的积极性和主动性。在采用物质奖励的同时，精神激励也是不可缺少的，适当采取荣誉激励的方式往往会收到意想不到的效果。如对表现好的、热心于工作、坚持学习科技与业务知识的员工，给予表扬和奖励；对表现不好，不思进取，消极怠工的员工给予批评或惩罚。这样不仅增强了员工的竞争意识，同时也增加了企业的整体效益。

值得一提的是服装商场的王建新经理所采用的负激励手段，他坚持人与人之间的关系只能通过“职能”来联络、通过分工与合作来联络的观点，认为对员工的激励应严格按照事先制定的各项规章制度来认真执行，他的口头禅是“严是爱，松是害”。

对于王建新，同事们都知道他有一张“包公脸”，是个极不“通情达理”的人。他着手制定的《百分管理处罚条例》将管理干部和售货人员无情地“禁锢”在3章18款上，以严格的“百分制”管辖着一千八百多平方米的场地。从进货、销售、服务到服装的穿着、标志的佩戴，稍有“走板”，无论是负责人还是普通售货员都会当场当众受到处罚。这么严格的规定，王建新不仅对员工实行，对自己也不例外。

1994年夏天，有关部门进行一次例行检查，发现服装商场在管理上存在一些问题，王建新经理当众宣布，扣发自己奖金，所有部主任集体下岗学习半个月，年轻的部主任们感到十分委屈，心中愤愤不平：“因为这么一点小事要下岗，王经理也太不近人情了。”坐在食堂的饭桌前，西服部主任刘秀敏眼里含着泪，面对香喷喷的饭菜一口也吃不下，哽咽着嘟囔：“一点也不给人留面子，这以后怎么再管别人。”说着，趴在桌上哭了起来，旁边的人也都忍不住流下眼泪。

对此，王建新却无动于衷，仍坚持自己的决定。听说服装部主任都被责令下岗，就连检查工作的同志也坐不住了，找到王建新讲情：“我们发现的不算什么大问题，你抓一下就可以了。”王建新认真地说：“管理条例早就一条条地制定出来了，可问题仍然存在。”王建新认为自己的做法并没有错，组织要卓有成效，就必须注重激励问题。激励可以激发人的内在潜力，充分发挥人们的积极性和创造性。每位组织成员都需要激励，包括自我激励和来自同事、领导、群体、组织等方面的激励。在一般情况下，激励表现为外界所施加的推动力和吸引力，转化为自身动力，使得组织目标转化成个人目标，使个体由消极的“要我做”转化成积极的“我要做”。为此，王建新陪着各部主任们学条例、找差距、制定改进方法，一直坚持了十几天，等大家思想通了，才又集体恢复了工作。

俗话说，无规矩不成方圆。在商厦七十多项四万多字的规章制度之中，有几条尽人皆知：本商场任何人不得以任何借口，低价购买商品，更不能向联营厂家索要财物，不许同联营单位的业务人员吃吃喝喝；业务往来应酬，必须经当班经理批准后方可参加……在错综复杂的人际关系、重重难破的人情网中，这种洁身自好的“孤芳”行为能否坚持长久，便自然而然地成为人们关注的焦点，特别是那些认为领导“霸道”的人更是睁大了双眼紧紧盯着。有位干部自恃背后有靠山，对商厦的规定置若罔闻，经常与联营单位业务员吃吃喝喝，视领导多次批评如耳边风。最后，王建新顶住各种压力将其除名，狠狠地“霸道”了一把。这使人们吃惊之余对他也存有了几分敬畏与信任。开业两年多，有六名不称职的中层干部受到解聘或留职察看的处理，三十多名员工因违纪受到离岗待业1—3个月的处罚，五十多名严重违纪的员工被责令限期调离、辞退或除名。

在实际工作中，王建新采取了这种负激励手段，并结合其他激励手段，收到了较好的激励效果。具体的措施是：首先，基于公司的目标制定了《百分管理处罚条例》，以此作为检查、监督与惩罚的主要依据；其次，对激励的两种基本形式——奖励与惩罚做到了恰如其分的运用；再次，以身作则，在管理工作中创造一种公平、合理的氛围；最后，对于“典型”违纪事例，决不手软，坚决按规章制度办事。“霸道”的管理，无情的约束，规范了干部员工的言行，培育出了良好的职业道德，为消费者营造了一种温馨有情的氛围，其自身也得到了社会丰厚的回报：自 1993 年以来，在全市范围内，服装商场及滨江商厦消费者投诉一直保持最低，企业也获得了较好的经济效益与社会效益。

案例思考

1. 激励的方式有哪些，其作用在哪里？在管理过程中应如何应用？

2. 王建新所采用的激励手段与方法是否恰当？对于不同层次的员工所使用的方法与手段有何不同？

3. 在激励过程中如何转变员工的思想？如何让“要我做”转变成“我要做”？

4. 在实际工作中，激励系统的有效性如何体现？

心理测试 5-1：需要调查问卷

这是一种可供实用的波特量表。它包含了与职务有关的 13 个方面，可测出被测者在每一方面的需要强度及各个方面在其心目中的相对重要性。每一方面都用一个 7 级标尺，测定其对该方面的现状、期望及重要性的判断。此问卷在计算分数时，又把 13 个方面归纳为安全、社交、荣誉、自主与自我实现 5 个维度。

（一）调查问卷

1. 对于能担任此职，你有一种自尊感：

a. 现在实际有多少？	(最少)	1	2	3	4	5	6	7	(最多)
b. 应该有多少？		1	2	3	4	5	6	7	
c. 这对你有多重要？		1	2	3	4	5	6	7	

2. 你任此职有个人成长与提高的机会：

a. 现在实际有多少？	(最少)	1	2	3	4	5	6	7	(最多)
b. 应该有多少？		1	2	3	4	5	6	7	
c. 这对你有多重要？		1	2	3	4	5	6	7	

3. 此职务在本单位内的威望：

a. 现在实际有多高？	(最少)	1	2	3	4	5	6	7	(最多)
b. 应该有多高？		1	2	3	4	5	6	7	
c. 这对你有多重要？		1	2	3	4	5	6	7	

4. 在此岗位上独立思考与自主行动的机会：

a. 现在实际有多大？	(最少)	1	2	3	4	5	6	7	(最多)
b. 应该有多大？		1	2	3	4	5	6	7	
c. 这对你有多重要？		1	2	3	4	5	6	7	

5. 对现职的稳定感（“饭碗”的可靠性）

a. 现在实际有多大？	(最小)	1	2	3	4	5	6	7	(最多)
b. 应该有多大？		1	2	3	4	5	6	7	
c. 这对你有多重要？		1	2	3	4	5	6	7	

6. 你做这一工作，有能发挥自己才智的机会：

a. 现在实际有多少？ (最少)1 2 3 4 5 6 7(最多)
b. 应该有多少？ 1 2 3 4 5 6 7
c. 这对你有多重要？ 1 2 3 4 5 6 7
7. 你这职务在本单位之外受到的尊重：
a. 现在实际有多大？ (最少)1 2 3 4 5 6 7(最多)
b. 应该有多大？ 1 2 3 4 5 6 7
c. 这对你有多重要？ 1 2 3 4 5 6 7
8. 在本岗位上觉得取得了有意义的成就：
a. 现在实际有多大？ (最小)1 2 3 4 5 6 7(最多)
b. 应该有多大？ 1 2 3 4 5 6 7
c. 这对你有多重要？ 1 2 3 4 5 6 7

（二）分数计算

1. 需要强度计算：将代表被测者对所测方面的期望(b 项)及现状(a 项)判断所勾选的分数之差(b－a)算出，即是该方面的需要强度。但还请利用下表归纳到前述 5 个维度上去，这 5 个维度约与马斯洛的需要分类相当(考虑到员工已解决温饱问题，生存需要在此问题卷中被略去了)。

表 5-3 维度计算表

	安全	社交	荣誉	自主	自我实现
	5b－5a＝	9b－9a＝ 13b－13a＝	Lb－1a＝ 3b－3a＝ 7b－7a＝	4b－4a＝ 10b－10a＝ 11b－11a＝ 12b－12a＝	2b－2a＝ 6b－6a＝ 8b－8a＝
维度小计分					
所含项目数	1	2	3	4	3
维度强度分					

2. 需要的重要性分计算：请利用表 5-3，将在各方面所勾选的重要性分(c 项)归纳到 5 个大维度上去。

表 5-4 维度重要性分计算表

	安全	社交	荣誉	自主	自我实现
	5c＝	9c＝ 13c＝	lc＝ 3c＝ 7c＝	4c＝ 10c＝ 11c＝ 12c＝	2c＝ 6c＝ 8c＝
维度小计分					
所含项目数	1	2	3	4	3
维度重要性分					

心理测试5-2:目标承诺问卷

表5-5　目标承诺问卷

项目	反应类别				
	非常同意	同意	不确定	不同意	极不同意
1. 我对达到级目标的承诺最高。					
2. 我愿意付出达到这一目标所需要的努力。					
3. 我真的很担心能否达到这一级目标。					
4. 如果我达到这一级目标,就能满足许多个人的需要。					
5. 我不可能按照别人的目标模式来修改我的目标。					
6. 由于很多事情的发生使我放弃了原先确定的目标。					
7. 期望在这个班里达到我的年级目标对我来说是比较现实的。					

得分:选择非常同意得5分;选择同意得4分;选择不确定得3分;选择不同意得2分;选择极不同意得1分。得分越高,说明你对达到目标的承诺水平越高。

心理测试5-3:自我测试

说明:主管人员是下属工作动机的激励者,有效而适时的激励远比一味地责难或监督效果要好得多。假定你已经是一位主管,你是一位好的激励者吗?你善于激励下属吗?下面有一些问题,你可以自己回答,然后自己评定。根据你平时的做法与想法,符合你的情况就答"是",不符合你的情况就答"否",也可能有处于模棱两可的情况,那就答"说不准"。

1. 我会告诉下属他们的进步并尊重他们额外的工作、卓越的判断和创新的思想吗?
2. 对于下属的错误,我会提出建设性的批评吗?
3. 我会给下属发挥积极性的机会吗?
4. 我是否努力支持我的下属去赢得自信与尊严?
5. 我是否向下属明确表示出我对他们的信心?
6. 我是否重视诺言?
7. 我是否召开部门研讨会,使下属感觉到他们是组织的一部分?
8. 我是否向下属说明他们的工作在整个生产过程中的重要性?
9. 我是否向下属指出他们如何做可以克服或避免失败和缺点?
10. 我是否使下属确切地知道他所提出的建议受到了重视?
11. 我是否鼓励下属努力进取?
12. 如果我的下属的抱怨或牢骚公平合理,我是否支持我的下属?
13. 对于企业里发生的问题,我是否迅速考虑并认识清楚,及时给下属提出建议?
14. 我的下属是否能彼此合作,使工作和活动协调一致?

15. 我的下属是否专心工作,并独创性地想方设法解决他们工作中的问题?

16. 我的下属是否会为改进生产(或改善经营)提出建议?

17. 当有临时紧急的额外工作时,我的下属是否心甘情愿地打起精神去做?

实训 5-1:动机练习

(一) 目的

1. 加深对动机的认识。
2. 建立动机与需要之间的联系。
3. 使你和其他组员深入了解各种不同类型的动机与需要。

总计时间:25—30 分钟

(二) 步骤

1. 针对以下五种人,按照激发你学习热情的程度进行排序,并列出相应的动机。比如,“激发我学习热情的是白领管理人员,因为我想在毕业后成为那样的人。原因是……”

a. 你

b. 有技术专长的工人

c. 白领管理人员

d. 专业人士(如内科医生、律师、教师等)

e. IT 产业中的首席技术执行官(少年得志型人物)

2. 组成一个 5—7 人的小组,相互讨论各自的排序和动机分析。

3. 比较和对比每个人的动机,把重点放在不同点以及不同的理由上。

实训 5-2:报酬和好处的辩论

(一) 思考下面的判断

关于报酬:“最基本的要点就在于能少付就少付,或者比竞争对手所报的基本工资或薪金的价格略高些。”

关于好处:“当好处很诱人或是足够时,整个组织机构正处于雇用优秀人才的大好形势之下。”

(二) 讨论

按指导老师的分配组队。每个队将被指定一个正面或反面立场。

关于报酬:谈谈控制花费的重要性。一个组织机构可以通过尽量少付给雇员工资来获利。

关于好处:随着保健及其他好处费用的提高,加上许多机构在维持生意上的难度的增加,最好的办法是把支付的好处减低到最低限度,并控制住自己的开销。

每个小组都应为和对方就指定立场进行辩论而做准备。当准备就绪后,每个小组公开表达自己的立场。然后每个小组都可以在自由辩论阶段回答对方提出的问题。最后就报酬和好处在现代组织机构中所承担的角色进行课堂讨论与总结。

实训 5-3:工作团队动力学练习

(一) 准备工作

设想有一个工作小组,它可以是一个你所属的正在进行另一项课程的小组,或者是你的老师建议你去的其他小组。选出你在小组中经历下列各项叙述所指出的现象的频率。应用下面的评分标准:

1 = 总是　2 = 经常化　3 = 有时候　4 = 从不

1. 他们能够公平地听取我的提议。
2. 他们鼓励我革新和冒险。
3. 鼓励在小组中有不同的意见。
4. 我愿意承担责任。
5. 在小组中有许多徇私的现象。
6. 大家相互信任,完成指定工作。
7. 小组中对工作表现、道德品质的标准很高。

8,在小组中,大家经常分担并互相交换工作。

9. 在小组中,你可以犯错误,并且从中吸取教训。
10. 小组的管理有条不紊。

(二) 指导

由老师指派将学生分成小组。从理论上来说,这个小组就是你刚才评估的那个小组。在全体成员相互讨论了他们各自的答案以后,推出一个可以代表整个小组的意见的评定结果。在意见分歧最大的项目上打圈。讨论这些打圈的事项,并且找出存在这些分歧的原因。总的来说,小组的分数越高,它的创造潜力就越大。如果所有的人评估的都是同一个小组,在将来小组成员能在改善小组的操作上所做的所有事中选择最为重要的五项。选一个代表向全班同学总结你们组的讨论结果。

管理游戏:糖豆

这个游戏让学生通过给予和接受赞扬来熟悉别人,在较短的时间里,这一方法就会取得效果,团队的情绪也会变得高涨。

参与人数:集体参与,人多时应分组

时间:15 分钟

道具:纸、铅笔或钢笔,一些奖品

场地:教室

应用:员工激励和团队建设。

游戏规则和程序

1. 给每个人 5 分钟的时间,让他们如实地、尽可能多地写出对其他成员的赞扬(糖豆),这些赞扬可以是程度较浅的(你的领带真不错,你的衣服和你很相称),也可以是比较个人化的(任何赞扬者乐意听到的东西)。唯一的原则是,在相互交换写下赞扬时,必须进行目光的交流。写着这些赞扬的纸条可以是匿名或折起来的,但它们被交给接受者的时候,给予的人必须注视着接受者。

2. 直到所有的成员把自己写的赞扬(糖豆)都给了别人,收到"糖豆"的人才可以打开它们。每个人都坐下后,同时打开他们收到的礼物。

3. 评价一下现场的气氛。

4. 在向成员发出信号让他们看自己手中的"糖豆"前,向他们提问:"你们中有多少人从某个你们从未给过'糖豆'的人那儿收到了至少一个'糖豆'?""你们对此感觉如何?""为什么我们中有那么多人忽视了真诚赞扬——因为我们只是通过做出另外一个赞扬来对得到赞扬做出回应……"

5. 每个人打开自己收到的"糖豆"时,整个班级的情绪不断高涨,班级内相互支持的风气也会显露出来。有些成员可能会感到有些窘迫,但毫无疑问,这样的经历是令人愉快的。

相关讨论

1. 为什么我们总是抑制自己如实赞扬我们所关心的甚至是一直留心观察的同学呢?

2. 当你看到别人所写的关于你的一些优点,你的感受如何?

3. 你能对这个练习进行改编,使之成为你生活的一部分,让自己更加清醒、更善于接受他们吗?

4. "糖豆"是匿名的,这样做有什么目的? 为什么? 如果不是匿名的,会不会更好?

5. 如果你要将收到的"糖豆"与那些和你有过眼神接触的人对应起来,你会怎么做? 这对促进双方的关系有什么帮助?

6. 你是否还要再送一些"糖豆"给其他人? 当你想做的时候,为什么自己不去做呢?

参考文献

[1]〔美〕斯蒂芬· P.罗宾斯 著,李原、孙健敏 译,组织行为学(第10版)(精)[M]. 中国人民大学出版社,2010.03

[2] 沙莲香,社会心理学(第3版)[M]. 中国人民大学出版社,2011.07

[3] 赵志裕,文化社会心理学[M]. 中国人民大学出版社,2011.01

[4] 陈学军 林志红,管理心理学[M]. 浙江教育出版社,2009.06

[5] 石森,管理心理学[M]. 机械工业出版社,2005.08

[6] 徐子健,组织行为学[M]. 对外经济贸易出版社,2005.03

相关网站

1. http://www.chinahrd.net/ 中国人力资源开发网

2. http://www.psytopic.com/mag/post/category/psychology-game

第六章

态度与价值观

引导性案例

四川长虹的尴尬与无奈

以产业报国,振兴民族工业,是四川长虹(600839,SH)人的经营理念。为了实现这一经营理念,他们制定了严格的管理制度和规范。

在沿海某市的一家彩电生产企业,员工长期受计划经济体制影响,认为8小时工作制就是从上班出家门到下班进家门之间的8小时,对提前到岗很不理解,而且,工作时抽烟、聊天成了正常现象。当长虹人兼并这家企业,并采取严格的管理方式时,遭到了员工顽强的抵抗。员工认为:管理严,给的钱少,拿我们当奴隶使,剥削得太多。一时间,有的人要求辞职,有的人要求下岗,有的人要求增加工资,企业出现了暂时的混乱局面……

从这个案例中,我们看到,态度对人的行为有重要的影响,要改变人的行为,必须要改变人的态度。

资料来源:廉茵,管理心理学[M].北京:对外经济贸易大学出版社,2007

本章知识点

1. 态度的定义
2. 态度的形成与转变
3. 价值观的定义
4. 价值观在经营管理中的应用

第一节　态度的概述

一、什么是态度

态度是个人对待外界对象（包括人、事和物）较为稳固的，由知识、情感、行为倾向三种成分所构成的内在心理倾向。

态度决定我们选择什么对象，怎样加工有关对象的信息，以及对该信息做出何种的反应。态度的对象是极其广泛的：既有自然界的事物与现象，也有社会现象，如人、事件、团体、制度，以及相应的思想观念等。人们对这些对象往往持有赞成或反对、喜欢或厌恶、羡慕或妒忌、亲近或疏远、肯定或否定、接纳或排斥等不同的态度。这些不同的态度对其行为具有不同的指导性与动力性和影响。

态度的心理结构包括认知、情绪情感以及意向三种成分。

认知成分是指人对某种事物与对象的看法、评价及带评价意义的叙述。叙述的内容包括个人对某个对象的认识、理解，以及肯定与否定的评价。这些评价往往是由许多观点构成的认知体系，其中有些观点直接表达态度，有些观点间接表达态度。例如，“目标管理可以调动人的积极性”，“目标管理能提高生产效率”。这些观点是很鲜明地赞成目标管理的。又如，“强调数量容易使人忽视质量”，“片面追求数量使人行为不扎实”。这些观点是间接不赞成数量指标的。

情绪、情感成分是指人对于态度对象的一种情绪情感体验。例如尊敬或蔑视、喜爱或厌恶、热情或冷漠等都是在人际交往中经常感受到的态度体验。

意向成分是个人对态度对象的反应倾向，是行为的准备状态即个体对态度对象准备做出的某种反应。以员工对领导者的态度为例。若从态度的认知成分来看，员工对某领导者的思想、作风、能力、品德、个性的认知与评价是肯定的，从感情成分来看，员工对该领导者的感情是融洽、尊敬、亲近、热爱的，那么，意向成分是指员工在行动上愿意接近该领导，接受其指导和帮助。

当然，态度的三种成分之间的关系是比较复杂的。认知评价、情感体验和意向之间一般是相互协调的，但也可能不一致。例如，在现实生活中，有人曾有这样的感受：“某领导，从工作上看是称职的，但从感情上我不喜欢他”，“从理智上看，某一事物、某项制度、某项政策是正确的，但从感情上还扭不过弯儿来，因而在行动上也不愿真正接纳”。这说明从认识上改变人的态度有时较容易，但真正从思想感情上转变就较困难。可见感情成分在态度中起着极为重要的作用。人的态度的构成有时是单一情感成分，有时是情感和认知两种成分，多数情况是认知、情感和意向三种成分。

二、态度的特性

人的态度具有下列几个方面的特性：

（一）态度是后天学习获得的

态度与本能行为虽然都有倾向性特点，但本能行为是先天的，不学而能的。而人的各种态度（如对父母、师长、朋友；劳动、纪律、制度；自己、他人、集体、国家等）都是在社会生活、社会活动及学习过程中逐渐形成的。态度具有社会性和能动性特征，一经形成，对人的心理和行为有较大影响。

（二）态度必须指向特定的对象

对象可能是具体的，如具体的人、事件、事物、团体、组织等；也可能是一种现象、状态或者观念。态度总是针对一定对象而言的。虽然态度是由主体发出的，但态度不属于纯粹个人的主观范畴，也不属于纯粹客观范畴，而是属于主体与客体之间的关系范畴。例如"热爱和平，反对战争（非正义的战争）"，"赞成改革，反对守旧"，就是主体对于战争与和平、改革与守旧所持的态度。

（三）态度是一种内在的心理结构

它虽然包含着行为反应倾向成分，但毕竟不是行为本身，它是由某一对象引起的一种内部心理体验。个人的这种主观体验虽不能被他人直接观察，但是，某个人持有什么样的态度体验，是可以借助对其行为（包括言语、表情、动作等）的观察与分析加以推测而了解的。例如，从某员工一贯兢兢业业，踏踏实实工作的行为中推测出他对工作抱有热爱、积极、认真负责的态度。

（四）态度的协调性或不一致性

前面已论述，人的态度包括认知、情绪情感、行为倾向三种成分。这三种成分既相互区别又互相联系。一般来说，认知成分是态度的基础，情绪情感是态度的核心成分，意向则是态度的外部表现，三者是协调一致的。如梅兰芳在抗日战争期间，认识到日本帝国主义对中国的侵略本质，从而产生憎恨的情感和抵制为日本人演出的行为意向，蓄须明志，表现出高尚的民族气节和爱国主义精神。

西方社会心理学家曾对态度问题进行过许多实验，发现态度的三种成分也有不一致的情况。例如，白人开办的旅馆老板在填写问卷时表示反对接纳黄种人，但实际上对黄种人照样热情接待。

（五）态度的持续性、稳定性和可变性

人的态度是在社会生活实践中逐渐形成的并与人的理想、信念、世界观紧密相连。这种同人的个性倾向性相联系的态度形成后比较稳定而且持久，在行为反应上表现出一定的规律性，使个体易于适应社会生活。一般来说，态度形成初期不够稳定，这时如果加强正面宣传教育容易收到转变态度的效果。但是态度形成并巩固之后，想通过宣传教育对其进行改变就不那么容易了，往往需要花更大的气力和做更多的工作，方能转变人的态度。

（六）态度的核心成分是价值观

人们对于某对象的态度及其程度，往往取决于该事物所具有的价值（包括实用价值、理论价值、道德价值和社会价值等）的大小。同样一个事物，由于人们的价值观不同，会产生不同的态度。例如一幅世界名画在一般人眼中，没有多大价值，但对艺术家或有较强审美感的人来说，是非常有吸引力的。

三、态度与偏见

偏见是一种不正确的态度。是指某个人对人、对己、对事、对团体等所持有的缺乏事实根据的态度。比如，过去一提民营经济，就想到偷税漏税，化公为私，国有资产流失；一提到民营企业家，就想到狂吃滥赌，这是一种偏见。偏见可以通过肯定的态度表现出来，如对己妄自尊大，对别人竭力吹捧；也可以通过否定的态度表现出来，如对自己妄自菲薄，对别人片面歧视。偏见产生的原因及主要特征如下：

（1）偏见往往是以有限的或者不正确的信息来源为基础的，其主要渠道如下：① 道听途说，一知半解、偏听偏信，对事物缺乏全面或正确的认识；② 宣传报道失真；③ 挑拨离间、恶意中伤、制造谣言等。

（2）导致偏见的因素很多，像社会刻板印象、晕轮作用，先入为主，自傲或自卑等。以社会刻板印象为例加以说明。在生活实践中，人们容易对某些事物、社会现象形成过度类化的倾向，从而导致固定的认识，如工人、农民是大老粗，无商不奸，计划经济姓"社"，市场经济姓"资"，社会主义制度优越性的表现之一是吃大锅饭等。这些偏见在改革开放初期曾阻碍了一些人接受新观念、新事物、新制度，使他们对于诸如"企业破产"、人才流动、借债办企业、青年人挑大梁等现象持保留态度甚至产生抵触心理。

（3）持偏见者的思想方法是主观片面的，不能辩证地、发展地和实事求是地看问题，容易以点概面、以偏概全，一好就好得不得了，一坏就坏得一无是处。

（4）带偏见个体的特点是易走极端，或没有主见、易从众、随大溜、人云亦云，或固执己见，缺少灵活性。前者处理问题优柔寡断，易受别人的暗示，后者不撞南墙不回头。

四、态度的功能

态度对人的思想观念、心理活动以及人的外显行为有着十分重要的影响与作用。它不仅影响个体对外界的认知、情感和意向活动，人的学习与工作效率，对人的性格特点、生活方式与人际关系的协调也会产生较大的影响。

（一）态度与学习效率

若人们对学习抱有主动积极的态度，则倾向于具有强烈的求知欲、浓厚的学习兴趣和高涨的学习热情，因而感知敏锐，观察细致，思想活跃，思维灵活，记忆和学习效果会大大提高。而那些与个人信念、兴趣相违背的学习材料，往往令人对学习产生厌烦的情绪与态度，结果记忆力降低，思维呆滞，学习效果下降。有实验表明，学习态度与学习效率是正相关的。这是由于与个体的信念、价值观、态度相吻合的资料，容易被吸收、被同化、被记忆，而相违背的材料，易被阻断或歪曲，可见态度具有过滤器的作用。

（二）态度与工作效率

一般来讲员工如果喜欢自己所从事的工作，其生产积极性就容易被调动，生产效率也较高。但有实验证明，态度与生产效率之间并不一定存在必然联系。

西方学者布雷菲与克罗克特（A. H. Broyfeld & W. H. Crockett）曾进行长达 40 年的研究，以问卷法、量表法、谈话法等方法调查了许多员工的态度及其相应的生产效率，发现二者之间并无一定的关联。对工作感到满意的员工，工作效率很高；但对工作不满意的员工，其工作效率也可能高。原因何在？因为在雇佣劳动的条件下，生产性需要并非是一般工人的主要目标，这只是他们借以达到其目标（如工资、奖金、自我实现等）的手段。当个体在生活上的基本需要获得满足之后，其目标便转移到社会性需要上来，即希望获得朋友和同事的好感,希望自己能被群体接纳而不被孤立。如果某工人的生产效率大大超过同伴,他就可能被大家指责为破坏进度者而遭受排斥。因而,对自己工作特别满意的员工,也有降低生产效率以谋求与众人一致的可能性。相反,对目前工作不满意的员工,为了生活上的需要(如多挣工资)也有努力工作提高生产率的可能。可见,态度与生产效率之间的关系,远比一般管理人员设想的要复杂。

就国内情况看,多数情况还是:态度积极的职工比态度消极者的生产效率高,但也不排除态度与生产效率不一致的现象,应当具体问题具体分析。

(三) 态度与社会性认知及判断

态度一旦形成,容易使人产生一种较稳定的认识、情感体验和带倾向性的反应。以正确的价值观为基础而形成的科学的态度会对人的社会性认知、判断和行为产生积极的影响。若态度形成使人产生心理反应的惰性(如对人对事产生僵化、刻板的看法),就会干扰或妨碍社会性认知、判断的准确性,甚至造成失误。例如有人认为东北人憨,上海人精,这种看法妨碍人们正确认识群体中的个体差异。

成见也是一种不正确的态度,是一种从个体层面的认识出发而对他人(特别是对他人品质方面)所作的不恰当评价的现象。成见具有偏见、先入为主与固定化的特点。个体或团体都会产生成见。个人成见表现在思想认识、情绪情感、行为习惯等方面,而社会团体方面的成见主要有种族、宗教、阶级和习俗等。

(四) 态度与人的忍耐力

忍耐力是指人们对于挫折的耐受力,适应能力。挫折是一种情绪状态,即个体在从事有目的的活动中,常常会遇到障碍或干扰,致使活动失败,个人动机不能实现。人们对于挫折的适应能力和忍耐力与其对该事物(或活动)的态度有密切联系。例如,一个追求真理、热爱科学的人,对科学实验中的失败和挫折有很高的忍耐能力。又如,一个对团体有认同感、归属感,抱有非常忠诚态度的成员,对团体所遭遇的挫折耐受力较强,能吃苦耐劳,同舟共济,不会动辄发牢骚,抱怨不休。可见,一个人在困难挫折面前的忍耐力是同其对事物的认识与态度分不开的。

(五) 态度与团体的相容相凝聚力

在社会交往和社会活动中,一个人对自己、对集体、对他人的态度,往往影响他与群体的相容程度:团体成员之间的相互态度,也会影响团体内部的相容性和凝聚力。一般来说,对人持诚实、热情、友好、谦逊、宽容、互助的态度,则团体相容程度就高,人们能和睦相处,亲密无间,有较高的凝聚力。相反,对人持虚伪、冷漠、敌视、傲慢、尖刻、苛求的态度,则团体的相容程度就低,可能导致人际关系紧张,团体的凝聚力低。

(六) 态度的激励作用

激励是指激发工人的动机的心理过程.就是通常所说的调动人的积极性的问题。激发工人的劳动热情既可以从物质方面也可以从精神方面入手,那么哪种效果更显著?对此,西方心理学家有过实验研究。以哈佛大学心理学家梅奥为首的一批学者曾在美国西方电气公司所属的霍桑工厂进行过著名的霍桑实验,该实验结果表明:影响生产效率最主要的因素是人的社会心理方面的满足和工作中发展起来的人际关系,而不仅仅是工作的物理环境、工资待遇及福利。梅奥认为企业的领导者和管理者关心员工的要求,重视下级的意见,促进上下级或工人与管理者之间的感情交流；改善对工人的态度，邀请员工参与管理，激发他们发自内心对本职工作的热爱，能大大调动员工的积极性，明显提高劳动效率。重视人的因素所产生的效果，远远超出了工作条件或物质因素所产生的效果。

态度的激励作用，不仅可以通过管理者改善对工人的态度而增强，还可以通过工人自我态度的改善而获得。员工自我态度的改善，如自尊、自重、自爱、自强、自律、自慰等既可以起到自我保护的效应，也可起到调动员工的自觉性、积极性和创造性的作用。

上述态度的各种功能表明，态度对人的行为活动有明显的动力或阻力作用。

第二节　态度的形成与转变

一、态度形成与转变的概述

人的态度不是生来就有的。同其他心理现象一样，态度是人们在社会生活环境中逐渐形成的，是社会化进程的结果。新生儿降世时只是一个生物实体，一个自然人。后来，在社会环境和教育的影响下，才逐渐发育成长为社会人，具有一定的思想观念和对周围世界的态度。如学生热爱学习的态度，员工热爱集体和本职工作的态度，中国人民热爱共产党和社会主义祖国的态度等，都是在长期的生活环境、教育和社会实践中逐渐形成的。

态度形成的过程即指从没有某种态度到具有某种态度，从简单的态度到复杂的态度，从不稳定态度到稳定态度的过程。态度形成的过程与个人社会化的进程是同步的。开始，父母对孩子的需要采取一种固定的满足方式和教养方式，这就制约儿童早期态度的形成。后来，随着个人社会化的发展，特别是各种教育的影响，学生的态度对象和态度模式也逐渐复杂多样，随后，在社会实践活动中，人们的态度逐渐和世界观相联系，变得越来越巩固稳定。

态度的形成与态度的转变也是有关联的。人的态度形成过程也含有某些错误态度的转变和纠正。即使态度形成之后，也不是一成不变的。随着外界的环境、条件及刺激对象的变化，人们的态度也会改变。例如，在“文化大革命”期间，由于极“左”思潮的干扰，人们对奖金往往持否定态度，认为是搞“物质刺激”，是搞“修正主义”。今天，时代不同了，人们的思想发生了根本的变化，对奖金持肯定态度，认为这是一种较重要的激励方式。

态度转变即指人的态度由旧变新的过程。态度转变有以下几层含义：① 态度的方向性转变，体现出态度在质上的变化。例如对人由否定变肯定；对工作由消极变积极；对计划生育由反对变拥护；对改革由观望到赞成等；② 态度强度（或程度）上的变化，表现出态度在量上的转变。如某人对改革的态度由原来一般赞成转变为非常积极热心；③ 态度的中心趋势的变化，即指与个人的思想，信念体系相关的态度变化；④ 态度的明显程度的变化，即指人对某事物或对象的态度由暧昧到明朗或由明朗到暧昧的变化，态度的明显程度和中心趋势与态度的强度有关，通常态度的中心趋势明确，强度较大，态度就明朗，反之就含糊。⑤ 态度的自觉程度的变化，即指人的态度由不自觉向自觉转变的过程。在上述含义中，最基本的是方向和强度，这是态度转变的最主要的指标。

二、态度形成和转变的过程

凯尔曼（H. Kelman）提出态度形成和转变过程包括服从（顺从）、同化、内化三个阶段。

（一）服从（顺从）

服从是指个人为了获得奖酬或避免惩罚，按照社会的要求、群体的规范或别人的意志而采取的表面服从的行为。这一阶段人的态度和行为的特点是：① 态度受外部压力的影响，或外力的胁迫强制，或外力的诱惑；② 表面上顺从，但内心并不相信；③ 服从行为往往是一时性的，有人监督就规规矩矩，“绝对”服从，没有人监督就违反纪律；④ 从被迫服从，逐渐形成习惯，就转化为自觉服从。

态度的形成和转变除发端于强制服从（顺从）之外，也可能从不知不觉地模仿他人的态度开始。社会生活实践表明：许多人态度的形成和转变，并不一定是受外界强制力量的影响，而常常是从无意识地模仿父母、教师、成人及自己崇拜的对象的态度和行为开始的。这是形成和改变自己态度的一种最常见的形式。

（二）同化

同化不是个体对社会压力的被迫屈服，也不是不自觉地模仿，而是自觉自愿地接受他人的观点、信念、态度与行为影响，使自己的态度和行为逐渐与他人或某个团体的态度与行为相接近的过程。例如，一位初次到外资企业工作的人，刚开始对外方独特的、严格的管理制度和激烈的竞争环境不适应。但时间长了，逐渐习惯了，并能心甘情愿地接受之，可以说，此人已被外资企业的团体态度所同化。他人或者团体的观点、信息、态度和行为是否有吸引力，是同化的重要条件，而同化又是内化的前提，是形成与转变个体信念和态度的重要环节。

（三）内化

内化是指真正从内心深处相信并接受他人的观点，彻底转变自己的态度。这意味着他把外部的新思想、新观点归入自己的思想体系之中，成为自己态度体系的一个有机的组成部分。内化阶段是人们的态度真正形成或彻底转化的阶段，也是人的态度和行为最稳定、最持久、较为系统的阶段。例如，北京房山区窦店村仉振亮任村党支部书记近40年，坚决恪守不吃请的原则。其他干部认同他的高尚品德，并也将其原则内化为自己的行为准则，因而这个村所有的干部始终坚持不吃请不陪客，不收礼不受贿，不钻改革的空子赚钱，不多要一分额外报酬。

三、影响人们态度形成和转变的因素与方法

（一）影响人的态度形成的因素

态度形成过程就是个体社会化的过程，下列因素是影响人的态度形成及个体社会化的重要条件：

1. 需要和愿望的满足与态度形成

人人都有多种需要和满足需要的愿望。通常能满足个人需要或愿望的对象，以及有助于自己达到目标、满足需要的对象，容易使人产生喜爱的态度。相反，妨碍个人需要与愿望获得满足的对象，或者导致挫折的对象，多易使人产生否定的态度。可见，态度的形成是以人的需要或者愿望满足为中介的。由于人的需要层次和愿望水平的不同，以及需要和愿望满足程度的差异，人的态度在指向性、强度、中心特性与深刻性以及明朗度和外显性等方面均不相同。一般的需要与愿望引起的是一般性态度，社会性的高层次需要和高水平愿望，引起的是和人的理想、信念、世界观相联系的具有中心特性的态度。

2. 知识和信息对态度形成的影响

认知因素是态度形成的一个重要成分，知识与信息是形成态度的重要条件。管理和社会生活实践表明，个人掌握知识的范围、多少和深度，获得信息的广度和准确性，都会影响个人态度的形成。例如，因信息不通，或戴着有色眼镜宣传中国，致使不少西方人士缺乏对中国妇女的全面了解，甚至有人认为，电影《大红灯笼高高挂》中的妇女形象就是当今中国妇女的代表。但是，当他们来到中国，目睹了现代中国妇女的风采后，就改变了原有的偏见。

3. 个人所属团体对态度形成的影响

实验研究与社会生活实践表明：同一团体（如家庭、学校、工厂、社会团体等）当中的不同个体，可能有不同的态度，也可能有类似的态度。态度类似的原因可能是：团体信仰的一致性。团体意识（集体主义精神）、行为规范控制并调节着每个成员的态度与行为，使团体价值观内化为每个成员的自我价值体系的中心成分。假如一个人违背了团体的意志，他就会感到一种无形的压力。可见，团体的风气、意识、规范等对团体成员的态度形成有重要影响。

个人与团体之间的关系会影响个人对团体成员态度的形成过程。一般来说，依从团体使个人被迫遵循其行为规范；认同团体使个人自愿遵循团体的规范；内化团体使个人高度自觉自愿地遵循团体的行为规范。

4. 个性特点与态度形成

人们的态度与个性特点都是在社会实践中逐渐形成的，二者是相辅相成、相互促进、相互影响的。每个人的态度都会反映出他的个性特征。每个人对社会、对团体、对他人、对自己、对劳动、对事业的态度不同，反映了他们在个性方面的差异。反过来，人与人的个性特点不同，其在兴趣、爱好、理想、信念、世界观、气质、性格等方面的差异，也能导致其态度的差异。安尼斯费德（M. Anisfeld）等人的调查表明：种族偏见与个人的宽容态度有密切关系。如对犹太人持否定态度者，往往对其他人也不友善，反之，对犹太人友善者，对其他人也友善。事实证明，那些树立了辩证唯物主义世界观的人，一定也会持相信科学、破除迷信的态度。

5. 社会文化及其他因素的影响

人的态度形成也是社会化进程的结果。不同的家庭、学校及社会教育，不同的社会风气和习俗，不同的社会文化背景等，对人的态度形成会产生不同的影响。每个人的中心性态度往往会打上深刻的社会烙印。例如，法西斯的文化和教育，使某些人形成惨无人道的态度；而自由民主教育，使人产生友善的态度。封闭式的教育，有利于学生形成守纪律、听话、循规蹈矩的态度；而开放式的教育和文化，有利于学生形成有开拓精神、好思索、善创新的态度。

在社会文化与教育的影响下，交替学习（即条件反射式学习）与模仿式学习，一次性创伤或者戏剧性经验，经验的累积与分化等，都能影响态度的形成。

（二）影响人的态度转变的因素

影响态度转变的因素是多方面的，我们可以从信息接受者、信息发出者和信息交流过程以及情境因素这四个方面分析。

1. 从信息接受者来看有下列因素

(1) 自己原有的态度体系的特点

人的态度的改变有赖于原来自身态度体系的特征。影响态度改变的原来自身态度体系的主要特征有:① 个体从小形成的、后经社会生活实践反复强化的态度具有持久而稳定的特性,非经强有力的刺激,很难轻易改变;② 个体原有的态度越绝对、越极端,则其改变的可能性越小,即指原有的态度和新态度之间的差异越大越不易改变,差异越小越易转变;③ 自己原有态度所依赖的事实根据越简单、越少就越易改变,依赖的事实根据越多、越复杂就越不易改变;④ 个人原有的态度非常稳定、巩固、深刻,前后有一贯性,并和信念相联系,且具有中心趋势,则不易改变;⑤ 自己原有态度中的认知、情感、行为趋向三种成分协调一致,较少心理冲突,则态度不易改变;⑥ 态度满足欲望的数量越多,力量越强,价值越大,则越不易改变。

波奇纳(Bbchnr)做了如下实验:以适当的睡眠时数为转变态度研究的主题,研究被试者已有态度与新形成态度之间差距的大小对态度转变的影响。实验者先问被试者原来最适宜的睡眠时数是多少(即原来的态度),结果平均为7.89小时;然后把被试者分为9个组,向每组各发一篇文章,该文提倡每天最适宜的睡眠时数为 x 小时(0—8小时),并指出这些睡眠时数既不妨碍健康,也有利于提高工作效率。主试者向被试者强调该文作者是曾获诺贝尔奖金的生理学家。然后让大家评议文章的观点并说出自己认为的最适宜的睡眠时数。

研究结果表明:态度差异的大小与态度转变有关。当文章提倡少量睡眠并将其限制在一定范围内时,被试的态度稍有改变:由7.86小时降到6.64小时。但若超过了这个限度,则被试的态度倾向于不改变,因为他不相信那是适宜的。

(2) 个体的智力水平和个性特点

个体的智力水平和个性特点与态度转变之间的关系比较复杂,下面仅从几方面作简要叙述。

智力水平与态度转变。智力水平较高的人,分析与判断能力强,能较准确地分析与判断态度所依据的论点、论据和事实。因此,这种人对于转变自己的态度较为主动。而智力水平较低的人,认知判断水平较差,对于转变自己的态度较被动,不得不主要依靠外力的影响。

性格特征与态度转变。杰尼斯(L. L Janis)等人的研究发现,有些人非常容易接受他人的劝告,这种人的性格特征是缺乏判断的能力,依赖性强,独立性差,容易崇拜权威,较易改变自己的态度。相反,有的人对他人的劝告常充耳不闻,这种人思想僵化,否定权威,不愿接受新观念,态度不易改变。他们还发现,女性比男性容易接受劝告。有的研究还表明:老年人的性格较固执、保守,不轻易改变态度,青年人不保守,有创新意识,容易改变态度。

气质类型与态度转变。不同气质类型的人对态度转变的难易和速度有较大的影响。一般来讲,多血质类型的人,活泼外向,灵活多变,其态度稳定性较差,容易改变;粘液质类型的人,较内向,反应慢,惰性较强,态度稳定不易改变;胆汁质类型的人,不灵活,较固执,态度也不易改变。

自我防卫与态度转变。自我防卫动机强烈的人,总想尽力维护自己原有的态度,以达到增强自尊心的目的。因而,这种人的态度很难改变。他们通常采用以下防卫措施来维护自己的态度:① 驳斥别人的观点;② 贬低资料与信息的来源;③ 采用同化作用、反向作用、文饰作用等手段歪曲信息内容。

(3) 个人与团体之间的关系

个人对团体的认同感影响态度的转变。要想改变那些认同感强烈,对团体忠诚,信念坚定者的态度,使之与所属团体规范的态度相违背,是很困难的。反之,对团体认同感差的人,则很容易采取与团体规范不一致的态度。有人曾对几个儿童团体做过如下实验,请来给儿童团体演讲的人有意贬低该团体存在的价值,看儿童做何反应。结果发现:对那些认同感很强,重视团体存在价值的人,演讲者的宣传效果就很低;反之,认同感差的人就容易接受宣传影响,改变原有的态度。

此外,个人在团体中的地位如何,是否被团体重视,以及个人对团体行为规范的看法等也影响一个人对团体的态度及其态度的转变。

(4) 预防灌输

在医学中,用给机体提供产生抗体的方法,可以使人类增强对于疾病的抵抗力。把这种意义移植到人的态度改变的情境中,可以做这样的理解,即当目标靶对某种观点率先有思想准备时,不易改变态度;反之,面对突然袭击则容易改变态度。

2. 从信息发出者或宣传者的角度看有下列因素

(1) 宣传者的权威与态度转变

宣传者有无权力和威信,对被宣传者的态度转变有很大的影响。宣传者的权威性包括其地位、资历、专业知识、技能、经验等方面的因素。一般来说,宣传者的权威与地位越高,其宣传效果就越好,被宣传者改变态度的可能性就越大。社会心理学家哈夫兰特(Hovland)等人曾做过如下实验:他们以大学生作被试者,分两组进行,采用同样的宣传材料(或录音或录像或文章),对甲组说宣传者是个权威,而对乙组说宣传者是个普通人。结果甲组有23%的人改变了态度,而乙组转变态度的人不到7%。这个实验说明宣传者的威信对改变他人的态度起着重要作用。之所以如此,是因为,首先,人们普遍存在慕名心理,佩服那些地位高、有名望、有才华的人,愿意认同他们的观点,似乎这样才能提高自己的身价;其次,人们有一种常识,即地位较高的宣传者所传递的信息往往不仅是其个人的主张,有可能是某个党派、团体或某种社会势力的主张,于是人们更容易赞同他们的观点;再次,当人们面对纷繁复杂难以判断的信息时,常常乐于以权威性高的人的看法作为自己的参考意见。总之,人们对宣传者的评价越高,就越倾向于接受其意图,改变自己的态度。

(2) 宣传者的个性特征与态度转变

对于被宣传者(说服者)来说,宣传者的权威、地位是其外在的威慑力,而最令人动心的说服力来自宣传者个人品质方面的因素,如品德、性格、能力、风度等。在被说服者眼里,宣传者的动机是否公正无私,较之其权威性的高低更具有可信性。如德高望重者的演讲往往有分量、有感染力,相反,品德不端者大谈伦理道德,专搞歪门邪道者奢谈纠正不正之风,只会引起人们的鄙视和反感。

宣传者自身的性格特征也是促使人态度转变的一个因素。一般来说,宣传者诚实、公正、热情,充满信心,会对他人有较强的影响力。

宣传者的宣传能力、言语表达能力、组织活动能力及仪表和风度等也是影响宣传效果的重要因素。实践表明:一个衣着整洁、外貌端庄、举止文雅的人容易令人羡慕。这是促使人们态度转变的一个因素。

（3）宣传者与被宣传者之间的关系

宣传者与被宣传音之间互有好感、关系和谐，则有助于态度的转变。管理心理学实验和管理实践表明，如果想让别人相信你是对的，并且愿意按照你的意见行事，就必须首先让别人对你产生好感，喜欢你，否则你的尝试就容易失败。如恋人或知心朋友或你所信赖的长者的规劝往往比他人规劝的效果更佳。这主要是由情感因素在态度中的重要作用所决定的。不过，在说服陌生人时，很难做到短时间内让对方喜欢你，在这种情况下，宣传者不妨在阐述自己的观点之前，先表明自己与被说服者在认知上的某些（或某个）共同点，利用“自己人效应”拉近双方心理距离，使对方感到亲切并产生愿意与你交流的欲望，然后再因势利导引出自己的见解，这样也可以收到很好的说服效果。

3. 从信息交流过程来看有下列影响因素

首先，从宣传内容来看，信息交流的目的是让被宣传者接受信息内容。心理学家的实验研究发现：信息传达者自身的形象（如可信性，权威性等）与其所传递的信息内容相比，从即时（当时）效果看，前者影响大，而从继时（以后）效果看，似乎后者更有后劲儿。换句话说，宣传内容较之宣传者本身更能在被宣传者心中经受住时间的考验，信息内容可能比信息源给被说服者留下的印象更深刻，也更容易改变人们的态度。举一例说明，每逢4月1日（愚人节），就有一些报纸故意刊登假新闻（如博士生可生二胎）。对此，人们当时只会一笑了之，因为他们知道这是在胡说，在愚弄人。但时过境迁，当人们忘记了沟通者时，那个信息却深深地留在脑子里（因为获取信息是人们进入沟通领域的目的），并会信以为真，若再广为传播则会造成不良后果。

其次，从宣传形式来看，不同的宣传形式有不同的宣传效果。各种宣传形式有其各自的特点。① 口头宣传有演说、谈话等。它们有灵活、快速的特点，而且由于语调、表情、手势等辅助信息的强化，有较强的说服力和感染力。② 文字宣传有报刊、传单等。它们具有长期保存、反复阅读、供人慢慢消化理解的特点。③ 形象化宣传有电影、电视、展览会、舞台表演等。它们图、文、声并茂，为大众喜闻乐见，可起到潜移默化的作用。上述各种形式若通过大众传播媒介进行宣传，还具有快速、广泛的宣传效果。

再次，从宣传方式来看单面宣传（只讲有利的一面）与双面宣传（从有利和不利两方面论证）对态度转变有不同的影响。哈夫兰特等在第二次世界大战中，曾在军队中对士兵做过有关态度转变的实验，主题为“美国人与日本人打仗要延长”，并采取两种不同的宣传方式。对一部分士兵进行单面宣传；只讲日军优势与美军不利的一面；对另一部分士兵进行双面宣传，既讲日军优势，也讲其劣势，然后得出结论“和日军打仗至少还要两年”。研究结果表明：教育程度低的士兵容易接受并赞同单面宣传的观点；但对文化水平高的士兵来说，双面宣传效果更好。另外，士兵最初的态度若与宣传观点一致，单面宣传有效；反之则双面效果更佳。在日常生活中也有类似的现象。有的青年人赞成从简办婚事，但又怕别人说自己小气，在这种情况下，单面宣传效果好，倘若他们认为“婚姻大事乃终身大事，应当大操大办”，那么双面宣传效果会更好。单面和双面宣传都应实事求是，以理服人，否则哪种效果也不会好。

另外，诉诸情绪的宣传方式容易引起恐惧心理，也有助于人的态度转变。因为，引起信息接受者恐惧情绪，能使其意识到若不改变立场观点和态度，就不会有安全感，甚至可能会陷入危险境地。那么,究竟引起多大程度的恐惧感有利于人们改变态度呢?说法不一。有人认为恐惧感越大,越有利于态度改变;而有人却认为转变态度的恐惧情绪不宜太大,只需施加一定的压力,使其产生焦虑感即可。杰尼斯曾和他人合作,以安全行车为主题进行实验研究,发现被试者恐惧感越强烈,则态度转变的可能性越大。杰尼斯还曾探讨引起多大程度的恐惧情绪最易转变人们对抽烟的态度。他设置了两个实验组:一是高恐惧组(即通过电影介绍一个抽烟厉害的人患了肺癌,从手术过程看到患者胸腔的肺已糜烂);另一是中恐惧组(即未看上述电影,只看患者肺部的 X 光照片或听旁人口头介绍)。实验结果:高恐惧组改变原来态度,否定抽烟者为 36.4%,中恐惧组中这一比例为 68.8%。实验者认为,之所以产生这样的结果,原因在于:高恐惧易使人产生抗拒心理,防卫机制发挥了作用。对以上两方面的实验还可以这样理解:若宣传者要求人们立即转变态度,则高恐惧会成为一种动机力量,激励人们迅速改变态度;若宣传者允许被试者延迟一段时间改变态度,则情绪因素的作用下降,理智因素上升,过强的恐惧情绪反而不利于态度的转变。

还有,从宣传要求来看,逐步提出要求与一次集中提出要求对转变态度有不同的影响。弗里德曼(J. L. Friedman)曾做如下实验:向一组被试者(家庭主妇)先后两次提两项要求;向另一组一次提两项要求,结果是逐步提出要求易被人接受。有人做过类似实验,结果逐渐要求组(先请求供应凉开水,再请求提供汽水)中 78.5% 的被试接受了要求;集中要求组只有 45.5% 的人接受了要求,两组差异显著。这说明宣传不要急于求成,欲速则不达。循序渐进,逐步加码提高要求,容易奏效。

4. 情境因素

宣传者和被说服者总是在某种特定的情境当中沟通信息的。虽然情境因素与所沟通的信息本身并无必然联系,但对沟通的效果有时还是会起积极作用。

(1) 在分心状态下易被说服

当情境中出现某种干扰因素,使被说服者处于适度的分心(或精神涣散)的状态中时,容易接受宣传者的影响。这是因被说服者不能集中精力思考宣传者的观点所致。

(2) 造成压抑气氛有助于态度的改变

有心理学家认为,“压抑是态度改变的入门”,并举一例说明:有一演讲者,有意贴出不许某些人听其演讲的布告,结果发现被限制者对其演讲的兴趣较之其他人更浓。在日常生活中,电影院门口竖立的“儿童不宜”的牌子,其客观效果无异于:“孩子,你来看吧!”当父母对子女恋爱横加干涉,并施以重压时,其后果是相恋者贴得更紧。宣传者为了达到说服对方的目的,有时可以采用有意造成压抑气氛的方法,利用人们的好奇心或逆反心理达到使其改变态度的目的。

(3) 强化因素

把说服性信息与一些强化刺激联系起来,可以提高说服力。广告中常出现的可爱的胖娃娃、俊男靓女、鲜花、蓝天等,虽然并非是要推销的商品,但这些令人喜爱的形象的强化作用,可以增强人们对产品的积极肯定性情感并使其产生购买的欲望。

(三) 态度转变的几种方法

1. 参与活动

理论联系实际是马列主义的基本原理。只有把学习的理论同参加社会实践活动紧密结合起来,才能起到转变人的立场、态度的作用。经常组织大学生参加军训、劳动,搞社会调查等活动,有助于学生了解社会、认识工农,对改变他们轻视劳动,缺乏工农感情的态度起积极作用。

2. 增多接触

人与人或团体与团体之间有时对问题持不同态度主要在于互相不了解,只要创造条件让双方多接触,在共同的活动中增进了解,消除成见,对问题的看法就容易趋于一致。史密斯(F. T. Smith)曾做过下面的实验:安排白人学生到黑人居住区,连续两周与著名的黑人见面,听演说,参加茶会、午餐会等,结果46人中有40人对黑人的态度变得友善。这种友善态度相当稳定,一年后仍不改变。

3. 扮演某个角色

一个人所扮演的社会角色对其态度转变有很大的影响。如某护士开始对病人的态度不好,让其扮演病人的角色,设身处地体验病人的痛苦,从而使其较快地转变了态度,能够真心实意地关心体贴病人。又如商店售货员、旅店服务员、交通部门的司售人员,扮演顾客、旅客、乘客的角色,了解服务对象的处境,体验他们的生活,有助于改善服务态度,提高服务质量。

4. 利用团体规范的方法

团体规范和行政手段具有一定的强制力、约束力,可以有效地改变人们的态度。第二次世界大战期间,美国家庭主妇一般不喜欢用动物内脏做菜。由于当时食品短缺,政府当局希望能说服主妇改变态度。勒温做过如下实验:他把家庭主妇编成6个组,前三组听讲解人劝说,得知这种菜味美、营养价值高,还能到一份食谱;后三组被告知,团体规定今后要改用动物内脏做菜。一周后检查,讲解组中仅3%的人改变了态度,而团体规定组有32%的人改变了态度。现实生活中也有这种情形,有时仅靠说服教育不一定起作用,而用纪律、公约和规范等强制方式,能迫使人改变态度,不过往往不是心甘情愿的。只有把团体规范与说服教育相结合才能产生显著的作用。

第三节 价值观的概述

1. 价值观概述

价值观是指一个人对周围客观事物(包括人、事、物)的意义、重要性的总评价和总看法,是一个人的基本信念和判断。

人的价值观决定于世界观,是从出生起,在家庭和社会中积累形成的。特定的社会生产方式和所处的经济地位,对个人价值观的形成起着决定性影响作用。

人的价值观一旦形成,就具有相对的稳定性和持久性。

2. 价值观的分类

(1) 奥尔波特对价值观的分类:

经济型:强调有效和实用

理论型:重视以批判和理性的方法寻求真理

审美型:重视外形与和谐匀称的价值

社会型:强调对社会的热爱

政治型:重视拥有权力和影响力

宗教型:关心对宇宙整体的理解和体验的融合

(2) 罗克奇的价值观分类:终极价值观、工具价值观

罗克奇的价值系统理论认为,各种价值观是按一定的逻辑意义联结在一起的,它们按一定的结构层次或价值系统而存在,价值系统是沿着价值观的重要性程度的连续体而形成的层次序列。其中终极性价值观(terminal values)指的是个人价值和社会价值,用以表示存在的理想化终极状态和结果,它是一个人希望通过一生而实现的目标。而工具性价值观(instrumental values),则指的是道德或能力,是达到理想化终极状态所采用的行为方式或手段。

米尔顿·罗克奇(Milton Rokeach)于1973年编制了价值观调查表,其中包含18项终极性价值和工具性价值,每种价值后都有一段简短的描述。施测时,让被试者按每项价值对自身的重要性对两类价值系统分别排序,将最重要的排在第1位,次要的排在第2位,以此类推,最不重要的排在第18位。该量表可测得不同价值在不同的人心目中所处的相对位置,或相对重要性程度。这种研究是把各种价值观放在整个系统中进行的,因而更体现了价值观的系统性和整体性的作用。

(3) 格雷夫斯7个等级的价值观

第一,反应型:这种类型的人并不意识自己和周围的人类是作为人类而存在的。他们照着自己基本的生理需要做出反应,而不顾其他任何条件。这种人非常少见,实际等于婴儿。

第二,部落型:这种类型的人依赖成性,服从于传统习惯和权势。

第三,自我中心型:这种类型的人信仰冷酷的个人主义,自私、爱挑衅,主要服从于权力。

第四,坚持己见型:这种类型的人对模棱两可的意见不能容忍,难以接受不同的价值观,希望别人接受他们的价值观。

第五,玩弄权术型:这种类型的人通过摆弄别人,篡改事实,以达到个人目的,非常现实,积极争取地位和社会影响。

第六,社交中心型:这种类型的人把被人喜爱和与人善处看得重于自己的发展,受现实主义、权力主义和坚持己见者的排斥。

第七,存在主义型:这种类型的人能高度容忍模糊不清的意见和不同的观点,对制度和方针的僵化、空挂的职位、权力的强制使用,敢于直言。

3. 价值观的作用

价值观不仅影响个人行为,还影响群体和整个组织行为,进而影响企业的经济效益和社会效益。

(1) 价值观影响个体、团体和组织的行为

价值观是与人的理想、信念、世界观、人生观紧密联系在一起的,也是价值观的重要组成部分。此外,价值观还与人的兴趣、爱好有关,它强调生活方式和生活目标,涉及个体更广泛和长期的行为。每个人的人生价值观不同,表现出来的行为也不同,人生的奋斗目标也必然有所差异。即使在同一客观条件下,对于同一个事物,由于个体的价值观的不同,产生的行为也不尽相同。在同样的工作环境下,有的人注重工作成效,有的人注重物质报酬,也有的人注重身份地位,这也是他们不同价值观的体现。

团体和组织是由若干个体组成的,因此个体的价值观不仅影响个人的行为,也同时影响

团体行为和整个组织的行为，因此在组织管理中，我们要重视对个体价值观的教育与引导。

（2）价值观影响企业的经济效益

价值观还影响企业的经济效益。不同价值观将导致个体和团体采取截然相反的行为，将对组织目标的实现起到完全不同的作用。因此，为了获得更好的经济效益，企业领导人在选择企业的目标时，就必须考虑到企业各种人员和团体的价值观。只有在平衡各方面价值观的基础上才能选择出合理的组织目标。在管理实践中，我们常常会遇到这样的情况，消费者要求物美价廉，生产者要求增加盈利、降低成本，员工要求增加工资、提高福利待遇，政府部门则要求企业创造出更多的财政收入，这些都制约着企业目标的选择。要做到各方兼顾，就必须充分理解价值观的意义。美国 IBM 公司的董事长兼总经理托马斯·沃森在他所著的《一个企业和它的信念》一书中说道：我坚定地认为，任何组织要生存和取得成功，必须有一套健全的信念，这是企业一切决策和行动的出发点，公司成功的唯一秘诀就是验收这一信念。同时，一个企业在其生命的过程中，为了适应不断改变的世界，必须准备改变自己的一切，但是不能改变自己的信念。对自我价值观的坚持，也是 IBM 公司在行业竞争中保持自己优势的法宝，那 IBM 坚持的信念到底是什么？就是为顾客提供世界上任何公司都比不上的最佳服务，以及对每一位员工的尊重。

第四节　经营管理价值观

一、西方主要的经营管理价值观

经营管理价值观是指对企业经营管理好坏的总看法和总评价，也是企业经营管理工作的出发点。西方资本主义企业在漫长的发展过程中，在不同发展时期形成了许多有代表性的、主要的经营管理价值观。其中，最著名的经营管理价值观是：最大利润价值观、委托管理价值观（即企业价值最大化价值观）、"生活—质量"价值观（即"企业价值—社会效益"最优化价值观）。

（一）最大利润价值观

这是一种最古老的、最简单的、局限性最大的价值观念，18 世纪末至 20 世纪初普遍盛行于工业发达国家。这种价值观将是否取得最大利润作为评价企业经营管理好坏的唯一标准，并认为企业的全部管理决策和行为都必须服从这一标准。这种观念认为利润代表了企业新创造的财富，利润的增加就是企业财富的增加。因此，企业的经营管理决策和行为都必须服从最大利润，以追求利润作为评价企业经营管理好坏的唯一标准。这种观念的局限性表现为：

第一，忽视货币的时间价值对利润的影响，即没有考虑利润的获取时间。

第二，忽视利润和投入资本额之间的关系，影响企业经营管理决策时优先选择高投入的项目，不利于企业提高经济效率。

第三，忽视所获利润与所承担风险之间的关系，使企业在制定经营管理决策时优先选择高风险的项目，一旦出现不确定性因素导致不利后果，企业将陷入困境，有可能被市场竞争所淘汰，甚至破产倒闭。在今天的美国和其他国家，仍有不少企业信仰和恪守这个观念，不择手段追求最大的利润。

（二）委托管理价值观（亦称“企业价值最大化”的价值观）

从20世纪20至30年代开始，资本主义处于从自由竞争向垄断的过渡阶段。它是在企业规模不断扩大，组织日益复杂，投资金额巨大而投资者分散的条件下，管理者受投资者的委托从事经营管理而形成的一种价值观，所以称之为委托管理价值观，有人也称之为企业价值最大化的价值观。所谓企业价值最大化，主要是指股东财富的最大化。这种价值观进一步修正和补充了最大利润价值观的不足之处。在投资者投资项目众多、人力分散的条件下，企业财产的所有权和经营管理权逐渐分离，财产所有者与经营管理者之间形成了一种新型的委托代理关系。这种经营管理价值观有以下特点：

第一，企业管理要考虑各方面的利益。投资者不能只考虑自身的利益，而要使各方面人员感到满意。例如，既要考虑投资者自己获取满意的利润回报，还要兼顾职工福利待遇、满意的工资水平、社会政府的各种税收收入、顾客的利益（获得物美价廉的商品）等社会各方面的利益因素。

第二，确定企业成功管理所获取利润的范围。一般而言，这种经营管理价值观并不是无限制地追求最大剩余价值（利润），众多分散的投资者一般只考虑取得满意的利润，比如，把能否取得相当于投资20%的利润作为经营决策好坏的标准，而不会真正考虑企业未来的发展。投资者所委托的经营管理者是直接从事生产经营管理工作的，他们必须综合考虑到各方面的利益关系，并进行协调，以企业资产的保值增值作为企业发展的基础，以企业价值最大化作为企业发展的最终目的。

（三）“生活—质量价值观”（亦称“企业价值—社会效益”最优价值观）

这是在20世纪70年代后兴起的一种新的价值观。这种价值观倾向于在确定企业的利润水平时，不仅要考虑企业所得者的利益，还要考虑社会各方面的利益。企业生产经营的目标与社会利益在许多方面是共同的，要保持一致。在市场经济中，一方面企业为了生存，必须面向市场，生产符合消费者需要的产品，满足社会需求；企业在进行简单再生产和扩大再生产过程中，增加员工人数，对其员工进行教育和培训，从而缓解社会就业问题并提高了人口素质；企业为了在市场竞争中处于不败地位，必须改进产品质量和售后服务，提高生产技术，开发新产品，提高企业的利润水平；另一方面，企业必须促进社会生产效率和公众生活质量的提高，要维护社会的整体利益，要重视和保障企业员工的健康水平和物质利益，要改善工人劳动场所的安全设施和卫生条件，防止在生产开发过程中造成的水源污染、大气污染及土地污染等威胁人类生存发展的环境污染，要坚持可持续发展战略，合理开发能源，维持整个社会的生态平衡，提高社会公众的整体生活质量和水平。

总之，这种经营价值观就是要在保证人民生活质量的前提下，获得生产的利润回报，是坚持在国家法律和商业道德的约束下，在政府有关部门的行政监督及社会公众的舆论监督下，充分兼顾企业价值和社会效益两方面的利益，从而实现两者价值的最优化。

以上三种经营管理价值观的模型，可概括如下（见表6-1）：

表 6-1 三种经营管理价值观的比较

比较方面	最大利润价值观	委托管理价值观（企业价值最大化）	生活—质量价值观（企业价值—社会效益最优）
一般目标	最大利润	令人满意的利润水平加上其他集团的满意	利润只是一种手段，只有第二位的重要性
指导思想	个人主义、竞争、雄心勃勃	混合的，既有个人主义，又有合作	合作
政府的作用	越少越好	虽然不好，但不可避免，有时是必要的	企业的合作者
对职工的看法	只是一种手段，只有经济的需要	既是手段，也是目的	本身就是目的
领导方式	专权方式	开明、专制和民主混合	民主、高度的参与式
股东的作用	头等重要	主要的，但其他集团也要考虑	并不比其他集团更重要

二、我国近年来形成的经营管理价值观

我国改革开放三十多年来，建立并逐步完善了社会主义市场体系。经济体制改革的实践逐步形成并确立了许多新的经营管理价值观念。早在 20 世纪 80 年代初，在我国经济改革开放前哨——深圳经济特区，深圳人率先提出了“时间就是金钱，效率就是生命”的口号，引发了全国的轰动与讨论。人们开始重视效率和时间问题。深圳人建立特区、开发经济的速度被世人誉为“深圳速度”，此后，我国人民逐渐确立了效率和时间的观念。三十多年的市场经济体制实践，使我们牢固树立并应用了诸如战略观念、经济效益观念、市场观念、时间和信息观念、效率观念、变革创新观念、服务观念、流通观念、人才开发观念、素质观念，质量第一和市场竞争观念等新的价值观，这些都是对传统计划经济社会中生产型的企业管理观念的突破。

经过三十多年的改革开放，我国管理者逐步确立了以下现代经营管理观念：

1. 战略观念

企业经营管理有自己的战略思想、战略方针、战略管理、战略组织、战略计划。其主要内涵为：

(1) 战略思想主要表现为：① 调动人的积极性，企业上下要沟通思想，让所有员工的想法与企业目标、任务以及最终目的一致起来；② 要让所有员工都能接受新思想、新事物，要把新观念运用到管理和生产工作上，跟上时代发展步伐。

(2) 战略方针：国外大公司认为要把重点放在技术转让上。

(3) 战略管理有五点：① 选好经理（这比投资还重要）；② 专家治厂；③ 科学管理；④ 应用新技术；⑤ 利润均衡发展。

(4) 战略组织：管理机构应当是可变的，要根据企业总体发展而随时增加或减少。

(5) 战略计划：应当有以下特性：① 全面性；② 完善性（每年要修改一次）；③ 统一性；

④ 可靠性（生产最优质的产品）；⑤ 长远性（制订五年计划要考虑到以后10年的发展，10年计划要考虑到以后20年的情况）；⑥ 现实性。

2. 市场观念

中国的企业管理正在由生产型向生产经营型转化，作为管理者必须从多方面预测和观察市场发展趋势，了解社会需求情况，提高经营管理质量。① 要考虑与预测明显的潜在市场的发展变化；② 要研究经济发展趋势；③ 考虑能源与其他物资供应情况及价格变化影响；④ 在有关领域里采用新技术的快慢；⑤ 世界经济发展的影响。

3. 变革观念

从国外大企业实行分权，即扩大下层权力的经验看，主要有十点：① 要将稳定但不称职的领导马上换掉，选拔干部要注意事前的考察；② 保护和合理使用具有各种才干的人；③ 增加管理方面的投资；④ 组织机构和生产发展相适应；⑤ 研究企业增长与人的素质增长的关系，大增长时要谨慎，防止犯错误；⑥ 不断研发新产品，运用新技术提高劳动生产率；⑦ 以财务管理为中心，利润就是目标，眼前利益和长远利益相结合；⑧ 要有长远估计，领导层要把握发展方向；⑨ 要注意应变，不断修正设想；⑩ 要接受政府的行政指导。

4. 竞争观念

市场经济的基本法则之一就是由市场决定资源的调配，在竞争中求得生存发展。竞争可以推动生产力发展，激活市场，锻炼人才，可以“八仙过海，各显神通”。但竞争要在国家政策范围内，在政府指导下进行。

5. 服务观念

“客户就是上帝”，搞好销售后服务，对用户热情周到，有求必应，完善售后服务网络，是现代产品经营的重要观点，也是扩大销售的一个重要环节。

6. 专业观念

按专业化原则组织生产是现代社会大生产的客观要求。从国外现状看，产品专业化和零部件专业化这两种形式仍占很大比重，就产品专业化，目前多注意发展横向专业化生产，即在多品种基础上发展专业化生产。

7. 素质观念

提高企业素质是提高企业经济效益的关键。企业素质是指构成企业生产经营能力的各种因素的总和。主要有五个方面：① 领导班子的素质；② 职工队伍的素质；③ 设备工艺的素质；④ 产品开发素质；⑤ 管理素质。衡量企业素质的主要标准是：① 满足社会需要的能力；② 有效利用人、财、物资源的能力；⑧ 扩大再生产的能力；④ 技术进步能力；⑤ 竞争与协作能力。

8. 开发创新理念

主要指两方面：一是人才开发，二是产品开发。人才开发包括：① 选拔人才；② 培养人才。产品开发就是要重视企业的科学研究，不断改革老产品，开发新产品，加速产品的更新换代，以满足社会多方面的需要。

9. 质量观念

国内外经济管理成功的企业总是把研发工作，以及保证和提高质量的工作放在首要地位。日本人提出“质量是企业的生命，关系到国家和企业的存亡”，美国的经理们认为“质量是成功的伙伴”,“公司的盛衰全赖于此”。国内很多企业管理人员也深知要“以质量求生存,以品种求发展”,认为“名牌”是企业的无形资产。要在质量上取得成就,就要有效利用物(指物质与能源)和人(指人的创造性与技能)这两种因素或力量。

10. 信息观念

信息和时间是两类重要资源。21世纪已进入了信息化、全球经济一体化的知识经济时代。信息已成为生产力的重要组成要素。信息作为一种能创造价值并可用于交换的知识,已成为一种生产力,它将可以被迅速转换开发成劳动产品。现代科学技术的发展、企业竞争的结果很大程度上依赖于各种信息的获得与应用,现代企业的生产与经营所需的信息量增长很快。例如,1935年美国生产1美元产品处理信息费为1.5美分,1975年已上升到3.6美分以上。现代企业管理必须加强信息观念。要加强企业管理中的信息观念,应该正确处理三件事:① 提高企业人员对信息的认识;② 建立管理信息系统;③ 企业领导者善于运用信息,把信息迅速转变为生产力。我们只有重视信息观念,才能为企业组织管理带来巨大的生产效益。

三、我国关于企业员工价值观问题的研究

近年来,我国管理心理学研究者对企业员工工作的价值观及其特征作了许多研究,如马剑虹、倪成明(1998)得出研究结论,企业管理者可以借助三种不同的力量来激励和影响员工的工作行为,一种是外在的经济力量,一种是与工作相关的内在激励,还有一种是以人的信念和价值观念为基础的影响力。前两种行为激励是组织行为学研究的传统领域,而工作价值观则是近来随着组织文化的兴起而提出的新课题,工作价值观的研究以企业现场调查为基础分析了企业员工的工作价值观的特点,指出工作价值观由工作行为评价因素、组织集体观念因素和个人要求因素三个方面构成,它们与员工的工作动机有着显著的相关关系。员工的工作价值观还表现出年龄的差异,年轻员工(30岁以下)的工作价值观并不是与年长的员工(30岁及以上)完全不同,而是在工作行为评价因素、组织集体观念因素方面有着共同之处,但是年轻员工在考虑问题和判断问题时思想更复杂,更多地考虑个人要求因素。不同所有制企业中的员工,其工作价值观也存在着一定的差异,其中,国有/集体企业员工的组织集体观念显著地高于外资、合资企业职工。

思考题

1. 简述工作态度与工作绩效的关系。
2. 态度对人的行为有什么影响?
3. 影响态度改变的因素主要有哪些?
4. 态度变化的分为哪三个阶段,各阶段有何特点?
5. 说明价值观的分类及意义。
6. 委托管理价值观有何基本特点?

练习题

1. 对价值观的测量,通常采用哪种方法?( )

A. 观察法　　B. 案例法　　C. 量表　　D. 仪器测量

2. 美国心理学家勒温在研究中发现,主动参与群体活动的人的态度( )。

A. 转变显著而快速　　B. 转变缓慢但显著

C. 转变快速但不显著　　D. 难以转变

3. 态度是指个体对待一类人和社会事物所持的评价和行为倾向,它不具有的成分是( )。

A. 认知　　B. 情感　　C. 意向　　D. 性格

4. 影响态度形成的影响因素有哪些?( )

A. 遗传　　B. 体格与体型　　C. 性别　　D. 家庭　　E. 职业

5. ( )是人对客观事物是否符合自己需要而产生的态度的体验。

A. 知觉　　B. 动机　　C. 情绪情感　　D. 价值观

6. ( )是个人对现实的稳定的态度和习惯化的行为方式,是个性心理特征的核心部分。

A. 气质　　B. 能力　　C. 性格　　D. 态度

操作题

用明尼苏达工作态度调查表(MSQ)实际调查你周围的20位员工对自己工作的满意度。

管理游戏:你的态度是什么?

小组讨论:对下面情景中的人物及其行为进行分析,对他们的行为你持什么样的态度?

情景1:一位未婚男青年刚受聘于你所在的工作部门,据闻他是一位喜欢对女士献殷勤的人,也爱在各种社交场合出现。今天,他比平时迟到了一个多小时,而且头发凌乱,衬衣起皱,仔细看好像仍是昨天来上班时穿的,根据他的黑眼圈,你差不多能猜出他昨晚通宵达旦地玩乐而没有睡觉。

讨论:你有何感想?对这位男同事,你会有怎样的看法?

情景2:W先生是个成功的销售主管,他带着自信和接受挑战的心情来到一家公司任职。正所谓"新官上任三把火",W先生决定在新公司的第一个星期就表现出自己的影响力,当他与下属会面时,感觉到他们个个彬彬有礼,举止优雅,他推测下属们还有很大的潜力,认为他们应当展现出更高的工作能力。于是,他给这些下属制定了高标准,他训练他们,鼓励他们,批评他们。在第一个季度结束时,W先生难以置信地发现,他的手下和同事都讨厌他。他很困惑,他唯一的结论就是:这些人显然是觉得我的能力和积极性对他们造成了威胁,他们急于把我打倒。

讨论:你认为W先生的看法是否正确?他和其他人是否存在认知上的差异?你如何理

解其他人的态度？

资料来源：张一纯、王蕴，《组织行为学》[M]. 北京：清华大学出版社，2006 年版，第 78—79 页。

相关网站

http://baike.baidu.com

http://www.tianyabolg.com

http://www.myst.cn/article/5604.html

http://wiki.mbalib.com

第七章

群体行为分析

引导性案例

节约后的致歉

某大型医院门前的停车场在高峰期间常拥挤不堪，给病人及其家属带来了诸多不便，导致许多患者别处就医，给医院造成巨大损失，院长助理查尔斯开始着手解决此事。他吩咐刚从大学获得MBA学位的莫里负责调查情况并提出改进意见，并指出若问题尚不严重，医院可能会设法将楼前的一块地方腾做停车用，若问题非常严重，应考虑建一个需得投资1 000万美元的新停车场，随后查尔斯便去外地休假三个星期。

经过周密调查，莫里得出结论，停车场拥挤是因为员工们违反医院规定，将车停放在这里，而不是停在靠近高速公路的一处不方便的宽敞的停车场，占用了患者的停车位而造成医院门前停车场在高峰期的拥挤。医院并不需要进行1 000万美元的投资，它需要的只是强化已颁布的员工停车规定。因为院长助理仍在休假中，这位年轻人便把他的发现直接在一次大型的会议上报告给了院高层经理人员。听到这条令人振奋的消息后，这些高层经理人员对莫里说了一番鼓励和感谢的话，然后要求他的部门做进一步的研究。

休假回来听说自己提议的1 000万美元的投资项目被取消，查尔斯感觉像一个低能儿，而莫里在上司责备下，不得不向院长助理道歉，并且又承担了寻找落实医院停车条例最有效方式的任务！在思量了各种方案后，莫里最后向一位副总裁和几位部门负责人提议，下午5点在门前停车场会合，当面逮住违规停车的员工，并要求其缴纳相应停车费。如此进行了连续两天后，院门前的这块停车场在高峰期间也有一半是空的。

不久，莫里就离开了医院，他对朋友们说，自己得到了一次深刻的教训，明白了过度的坦诚与精明为人之间有何等的区别。

案例中莫里重视决策前的调查工作，提出了成本最低的解决方案，但处理问题过于机械和呆板，没有根据组织环境进行必要的变通。一方面是越级请示，越级沟通容易打破组织正常的决策程序，造成信息传递路线的混乱和沟通误解，同时打击中层管理者的积极性，不利于团队团结。另一方面是决策方案只单纯强调成本的节约，而完全不关注本院员工便利停车的需求，院内有车的员工其实是一个非正式群体，组织的决策应重视非正式群体的意愿，当非正式群体意愿和组织目标严重冲突时，应当充分沟通，并视情况对组织目标做适当调整。莫里提出的方案，没有征询雇员的意见，之后又通过强迫手段实施，自然造成了紧张的局面。在组织中处理人际关系需要相当的行为技巧和沟通技术，坦诚相处和精明为人是不矛盾的，在工作中同样重要。但是，两者都不能过度，过度坦诚和过度精明都是不适宜的。本章将从群体行为的相关理论入手对上述内容展开分析。

资料来源：http://zhidao.baidu.com/question/59482943.html

本章知识点

1. 群体的概念、特征和作用。
2. 非正式群体的作用和形成原因。
3. 群体的规范、压力对群体成员及组织发展的影响。
4. 群体中从众行为的产生及其对群体成员的影响。
5. 群体的士气、凝聚性与组织生产效率的关系。

第一节　群体的概念和分类

一、群体的概念

群体是介于组织与个体之间，由若干个体组成的为实现组织目标和利益而相互信赖、相互作用、相互依存，并以一定的行为规范约束其成员的人群结合体。个体参与群体活动，能够巩固群体关系，增强群体凝聚力，鼓舞群体士气，激发群体成员的积极性，促进其能力的发挥和发展。群体与个体的关系是相互联系、相互依存、相互促进的，个体、群体、组织三者是相互联系、不可分割的整体。

二、群体的特征

（一）群体的特征

作为人群结合体，群体具有如下特征：第一，各个成员为实现共同的目标和利益，在共同的活动中相互作用，彼此影响。第二，成员在心理上彼此意识到对方及其他成员的存在，并为共同的目标和利益而相互信赖、相互依存。第三，各个成员具有群体意识、归属感，意识到“我们同属于一个群体”、“我是这个群体中的一员”。

马路上一起围观车祸的一群人虽然彼此感觉到对方的存在，却没有行为的相互作用，更没有“我们是同一群人”的感受。所以，只有依靠有目的的各项活动的组织、成员间的相互作用及情感沟通，才能保持群体的持续与发展。因为，群体目标的达成需要通过成员间的相互协作、相互影响，并在此过程中产生情感。图 7-1 表示，群体成员的活动、成员间的相互作用、感情（人与群体间的态度）三者是相互关联的。

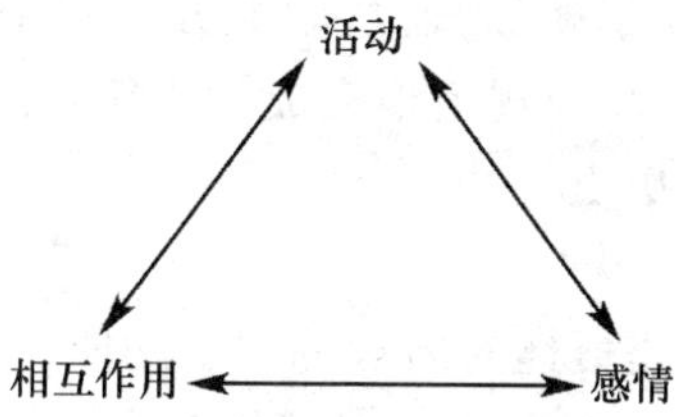

图 7-1　群体成员的相互影响

（二）构成群体的必备条件

（1）成员间具有共同目标与利益。

（2）成员彼此间密切协作和配合。

（3）群体应使成员具有归属感。

（4）群体成员间有密切的工作、信息、思想交流。

（5）群体成员间情感互动等。

三、群体的种类

群体的种类很多，按不同标准可划分为以下种类。

（一）假设群体与实际群体

根据群体是否实际存在而划分。假设群体又称统计群体，可按照职业、年龄、性别、民族等不同特征来进行划分，指实际上并不存在，为了研究和分析问题的需要，人为划分而成的群体。实际群体指实际存在的群体，其成员间有着现实的直接或间接联系。

（二）正式群体与非正式群体

根据群体的构成原则和构成方式划分的群体。正式群体指根据正式文件明文规定而建立的群体。非正式群体指在其成员的社会心理因素一致的基础上自然形成的群体。

（三）大型群体与小型群体

根据群体规模的大小，群体可分为大型群体与小型群体。从社会心理学的交往角度，大型群体指成员间以间接方式，通过群体共同目标、各层组织机构等而联结在一起的群体。小型群体指成员间直接的、面对面接触和联系的群体。

（四）松散群体、联合群体与集体

松散群体指在空间或时间上结成的群体，但其成员间无共同活动的内容、目的和意义，如同坐一辆车的乘客。联合群体是松散群体的进一步发展，其成员间有共同活动，但这种共同活动对群体成员来说，只具有个人的意义，如同坐一辆车的乘客在遇到歹徒抢劫的突发事件时，共同联手将歹徒制服。

集体是群体发展的高级阶段，集体成员不仅认识共同活动关系到个人与集体利益，而且还清楚其对整个社会的意义，如学校的班级、前往参加比赛的演讲团等。

四、群体的作用

群体的作用主要是承上启下和桥梁性质。通过群体贯彻执行组织的任务，组织群体生产或职能活动，协调个体关系，满足成员的合理需求等。

（一）将个体力量汇合成新质力量

群体力量并非若干个体的简单相加，通过职能分工将个体有机地结合成为一种新质的力量，使多类型成员间密切配合，高效规范地完成工作任务。结束了一项工作或工程仅依靠单一类型的人，难以有效完成的历史。

（二）完成组织任务

完成组织赋予的基本任务，是群体对组织的主要功能。一个组织有效地达成目标，必须通过部门间分工协作，把任务逐级分配给基层职能部门，通过各职能部门目标的达成，促进组织目标的实现。

（三）满足群体成员的心理需求

群体成员需要是多层次、多维度的，群体可满足成员的下列心理需求：

(1) 获得安全感和归属感。在群体中，成员间互相帮助、互相依存，消除了孤独、恐惧，减少了不安、焦虑，使群体内部成员获得心理上的安全感，这种安全感带来了成员对群体的认同和依恋的心理感觉，满足了归属的需要。

(2) 满足社交的需要。群体为个体交往提供了广泛的空间，在群体交往中，成员间互相关怀、支持，获得关爱与友谊。

(3) 体验角色差异，正确认知自我。在群体交往中，通过与其他成员的社会比较来评价自己，体验角色差异，确认自己在群体中的地位。在与他人的比较和评价中，确认自己的能力、职责、地位差异，正确认知自我。

(4) 获得尊重满足成就感。当个体在群体中因绩效显著，或在其他成员帮助下，完成了挑战自身能力极限的工作时，必然会赢得别人的尊重，收获成就感和自我实现的满足感，这种体验在群体中可获得充分满足。

（四）协调人际关系

群体成员长期在一起工作，既可能形成亲密友好的关系，也不可避免地会产生一些隔阂和矛盾。根据这些隔阂与矛盾，管理者有针对性地工作，增进成员间信息沟通，协调彼此关系，促进其情感交流。

第二节　非正式群体

组织中非正式群体是客观存在的，不以人的意志为转移。非正式群体与正式群体一起构成了群体中的人际关系，共同决定了群体心理氛围，影响着群体成员的态度和行为。所以，管理者必须正视非正式群体的存在，正确引导，促使其为正式群体目标的实现服务。

一、非正式群体的形成原因

个体有多种需要期望获得满足，而正式群体以任务目标为导向的运行方式无法满足个体工作之外的其他需求。因此，通过各种非正式群体的途径寻求这些未满足需要，使得非正式群体成员间密切联系。非正式群体是一种未经官方规定的自然形成的群体，成员间遵循一定相互关联的结构和准则，其行为受群体内部自然形成的规范的调解。非正式群体的形成原因有以下几个方面：

（一）价值观

在工作交往中个体可能会对人、对事、对物持有共同看法、态度，在价值观一致的基础上形成的非正式群体，相对稳定，不易因偶然因素而解体。

（二）物质利益

群体目标的实现过程，可能导致群体成员利益追求的分歧，其中既有与群体利益一致的共同利益，又有独立于群体利益之外的个人利益。当个人利益与群体利益不协调时，部分利益相关者密切联系，互相协作与帮助，逐步形成了以个人利益为基础的非正式群体。

（二）兴趣爱好

在群体工作过程中，有共同或相似兴趣爱好的群体成员，共同语言多、交往沟通频繁密切，容易产生近似、相同的情感，进而逐步形成以某种兴趣爱好为基础的非正式群体。

（三）个性特征

个性相似的群体成员，一般愿意在一起交往，以个人的气质、性格、能力、志向、习惯等心理特征的一致性为纽带，自然而然地结合在一起。但个性不同的个体也会由于心理上的"互补作用"聚集在一起，形成非正式群体。

（四）亲缘血统、历史、地理等因素的影响

群体成员中，有些属同一家族或有各种亲缘关系，有些同出一师门或是世交，有些互有恩德，有些属同乡、同学或战友，有些工种相同或住处相近，往往接触较多，感情融洽，从而形成非正式群体。

非正式群体的存在是一种客观现象，是群体中人际关系的重要补充，非正式群体的存在不以人的意志为转移。作为管理者应正确理解其存在的合理性，有效引导和管理。

二、非正式群体的特征

（一）非正式群体的特点

（1）非正式群体是自发形成的。

（2）非正式群体主要依靠情感、共同需要等情感因素来维系。

（3）非正式群体具有很强的凝聚力。

（4）非正式群体内部压力大，成员的信念和行为有高度的一致性。

（5）非正式群体内部信息传递畅通、迅速。

（6）非正式群体核心人物威信高、影响力大。

（7）非正式群体具有自卫性与排他性。

（二）非正式群体的类型

非正式群体可根据不同的标准分成不同的类型。

1. 根据形成原因不同划分

（1）利益型。以各种利益为基础建立起来的非正式群体，成员关系因利益上的一致而联系。

（2）信仰型。以实现同一重大目标为基础建立起来的非正式群体，由成员的理想、信仰、志向的一致性维系着彼此的相互关系。

(3) 情感型。以互相了解、互相信任、互相支持、有共同语言为基础建立起来的非正式群体,由日常建立起来的感情维系其关系。

(4) 爱好型。以各种心理特征相近为基础建立起来的非正式群体,由成员的兴趣与爱好的一致性维系其关系。

(5) 亲缘型。以同一家族或亲缘关系,以及同乡、同学等关系为基础建立起来的非正式群体,由成员在亲缘上的一致性维系其关系。

2. 根据成员的构成情况划分为:

(1) 平行型。同一组织中地位相近,工种相同、工作场所相同的人员的组合。这种类型最为常见。多为情感型、爱好型的非正式群体。

(2) 垂直型。同一组织中的不同地位的人员,或在正式群体中属于上下级关系的人员的组合。多为利益型、亲缘型,也有的为信仰型、情感型的非正式群体。

(3) 混合型。同一组织中的不同地位、不同工种、不同工作场所的人员的组合。多为爱好型、信仰型、情感型的非正式群体。

3. 根据作用不同划分

(1) 积极型。基于某一正当的目标或正当的原因组成的。其目标与组织的目标大体一致或完全一致。其作用是积极的。

(2) 消极型。其目标及活动准则与组织相对立(但一般未超出法律所许可的范围),对组织目标的实现有消极的影响。

(3) 中间型。其活动有时与组织目标一致,有时不一致。它既有积极作用,又有消极影响。

(4) 破坏型。其目标与组织目标根本对立,其活动触犯法律,具有严重的危害性。

三、非正式群体的作用

非正式群体的作用有积极与消极之分,当非正式群体目标与正式群体目标一致时,它起积极作用;当非正式群体目标与正式群体目标相矛盾时,则起消极作用。

(一) 非正式群体的积极作用

(1) 弥补正式群体成员需要满足的不足

(2) 满足成员对信息沟通的需要

(3) 反映正式群体凝聚力强弱

(二) 非正式群体的消极作用

(1) 消极抵触情绪影响正式群体工作氛围

(2) 目标不一致时干扰正式群体正常工作效率

(3) 容易传播流言蜚语

(4) 影响群体成员间有效合作

四、加强对非正式群体的引导与管理

非正式群体是客观存在的,能否正确发挥非正式群体的积极作用,规避其消极影响,加强对非正式群体的引导与管理,是任何管理者不容忽视的问题。

（一）合理利用非正式群体为实现群体目标服务

（1）利用非正式群体成员间情感沟通密切的特点，引导他们取长补短，互帮互学，提高生产技能。

（2）利用非正式群体成员间互相信任、共同语言多的特点，引导他们开展批评与自我批评，发扬优点，克服缺点，不断提高思想水平和工作能力。

（3）利用非正式群体信息沟通迅速的特点，及时收集员工对群体的意见和要求，使领导进行工作决策时心中有数。

（4）利用非正式群体凝聚性强，能较好地满足成员的社交、归属等心理需求的特点，有意识地把部分群体无暇顾及的员工琐碎事务交由他们去做，这对于调动非正式群体积极性，促进群体内部安定团结，具有积极作用。

（5）利用非正式群体内成员压力大，从众行为、标准化倾向强的特点，在确定定额和任务指标、分配生产任务时，适当提高工作标准和难度，以提高劳动效率，这对于克服工作困难、促进群体发展意义重大。

（6）利用非正式群体核心人物威信高、影响力大的特点，在情况允许的条件下，信任他，依靠他，授予其相应的权力，从而把整个群体纳入群体正式组织目标的轨道。

（二）非正式群体的管理

针对各类非正式群体，采取不同的解决办法：

1．支持、保护积极型非正式群体

管理者应在精神、物质上支持正当的“娱乐和文化”团体，予以必要的投资。事实证明，对“娱乐和文化”的投资，给群体管理带来的收益并不少于对工艺设备投资的收益。

2．积极引导、有效改造消极型的非正式群体

非正式群体的目标各种各样，管理者应针对不同情况，持慎重态度，采取积极引导、及时疏导，强化一致目标，拉近无关目标，消除对立目标，改变有害目标，有效改造消极型非正式群体行为。协调好正式群体与非正式群体的目标体系，使各种目标都围绕正式群体目标，互相配合。

3．采取果断措施应对破坏型非正式群体

如果群体中存在破坏型非正式群体，经教育不改时，视其情节轻重，态度好坏，予以取缔或交由司法部门处理。

（三）不同类型非正式群体的改造方法

针对不同群体的特点和情况，可以采取不同的改造非正式群体的方法。

1．目标导向

要使非正式群体的目标与群体目标互相配合，必须使群体目标对非正式群体的成员具有较强的吸引力。对群体员工进行政治思想教育，把群体目标同群体职工的切身利益、心理需求紧密相连，使他们认识到，实现群体的目标是满足个人需求的主要途径，从而自觉地使非正式群体目标向群体目标靠拢。

2．兴趣转移

从非正式群体需要出发，对某些爱好型群体需要加以引导和改造，使之服务于群体目标的需要。

3．联络感情

感情是非正式群体得以形成和维系的基础，群体管理人员要密切地同他们联系，加强相互间了解，消除隔膜，增进感情，然后施加影响力，增加非正式群体同正式群体在目标和行动上的配合。

4．角色强化

非正式群体成员同时又是正式群体的成员，扮演着双重角色，他们中的绝大多数把正式组织中的角色作为第一角色，如果第一角色对其具有足够的吸引力，其对第二角色的认识就可能减弱，这意味着对该成员来说，正式群体目标的引力增大，非正式群体目标的引力减小，从而促进非正式群体的目标向正式群体目标靠近。

5．环境设置

在工作环境中，人为地设置某种有利于改造非正式群体的环境，如在生产组织、工作调动方面，尽量考虑员工结构的组合，增加群体成员间有效沟通与联系的机会，促进非正式群体成员的思想意识和行为朝着正式群体目标实现的方向努力。

（四）注重非正式群体中的核心人物

非正式群体核心人物在其小群体中具有较高的威信，他们对非正式群体成员的心理和行为的影响是自觉自愿、心悦诚服的。他们的意志和行为，对非正式群体成员的影响深远。因此在管理工作中注意做好这些核心人物的工作，以平等的态度关怀、信任他们，充分调动其积极性，从而带动其他成员的积极行为，防止和克服消极行为。如在组建正式群体的组织结构和选拔诸如组长、工段长、车间主任等领导人员时，应充分考虑非正式群体的因素，尽可能注意委派在非正式群体中有威信而又作风正派的核心人物，从而使正式组织结构尽可能地接近非正式组织结构，保证最大限度地调动其成员的积极性。

第三节　群体行为的基本规律

群体行为受到多种因素的影响。其中主要有群体结构、群体规范与压力、群体凝聚性、群体决策、群体沟通与冲突等。

一、群体结构

群体结构是指群体成员组成成分的有机结合。从群体成员不同组成成分分析，群体结构可以分为年龄结构、知识结构、能力结构、性格结构。

年龄结构是指群体成员的年龄特点。知识结构指群体成员的知识掌握情况，包括各自所学专业、习得水平、接受教育状况等。能力结构指群体成员的能力状况差异。性格结构指群体成员的性格特点。以外，还有籍贯结构、性别结构、党派结构、宗教信仰结构等。

群体结构的一个重要问题就是结构的同质性和异质性问题。所谓同质是指群体成员在知识、能力、年龄、性格等方面都比较接近。所谓异质则指群体成员上述各方面迥然不同。有研究表明，异质群体在解决问题的有效性、创造能力、成员对解决问题结果的满意度上，均优于同质群体。同质或异质群体完成任务的效率高低与任务的复杂程度有关，相比较而言，同质群体在完成简单的任务时效率较高，而异质群体在完成复杂的任务时效率较高。

群体中，基层生产班组由于所承担的任务比较简单，同质群体工作效率高；而高层管理者由于所承担的任务比较复杂，需要不同年龄、能力、性格、知识结构的成员在工作中的取长补短、相互协作才能顺利完成管理职能。因此，管理层最好具有异质结构。现实中，群体能够顺利完成任务，与任务难易、群体结构、群体成员对重大问题的看法和信念等方面密切相关。

群体结构对于群体工作效率有很大影响，群体成员搭配得当，会促进成员密切联系，有效合作，出色完成工作任务；反之，群体会像一盘散沙，矛盾横生，冲突凸显，成员间相互妨碍，互相干扰，群体功能难以体现，群体目标实现受阻。

二、群体的规范

（一）群体规范的概念

群体规范指群体成员认同与共同遵守的行为标准与准则，是一种公认的社会力量，直接引导和限制着群体成员的态度和行为，使其明白该做什么，不该做什么。通过群体规范内化成员的心理尺度，使个体在社会化的过程中发挥作用。为保持群体的一致性，每个群体都确立自己的行为标准，且群体成员都要遵守这些行为标准。群体规范有正式的，即成文的正式规范，如规章制度、公约规定，也有非正式的、不成文的或约定俗成的，如习惯风俗、舆论、传统等。

（二）群体规范的形成

群体规范的形成受模仿、暗示、从众等社会心理因素的影响。群体成员在彼此相互作用的前提下，由于受到暗示，相互模仿，出现从众现象，从而发生了一种彼此接近、彼此趋同的类化过程，在此基础上，逐渐形成了群体规范。

（三）群体规范的作用

群体规范形成后对群体的作用是深入、持久和广泛的，从每位成员的一言一行到许多人的一致行动，促使群体成员在工作中遵守共同的行为模式，沟通思想，交流感情。群体的规范越标准化，成员的活动就越协调，关系就越密切，群体的整合性越高。反之，群体就会很松散。可见，群体规范是群体目标实现的保证。

群体规范的作用主要有：

1．群体支柱作用

群体规范是一切群体维系、巩固和发展的支柱，任何有机群体，其内部必然有严格的行为规范，依据群体规范，成员间彼此认同，行为趋向一致、标准化，从而使群体关系更紧密。

2．评价标准作用

群体规范一旦被其成员认同，就会成为群体成员的参照标准，并用这一标准衡量是非善恶，从而制约个体交往中的认知、态度和行为。

3．群体动力作用

群体规范一旦被群体成员掌握，就会成为评价群体成员行为的准绳。当成员个体的行为与规范相抵触，群体规范会变成一种群体舆论，对个体行为有制约作用。当然，符合组织发展方向、组织利益的群体规范会造成一种积极的舆论压力，促使成员齐心协力去实现群体目标，而错误的规范则会造成消极的舆论压力，对个体、人际关系起消极作用。

4. 行为导向和矫正作用

群体规范为成员规定了群体活动的范围，群体成员的行为方式，即什么该做、什么不该做、如何去做。当成员的行为偏离或破坏群体规范时，群体会采用各种力量加以纠正，促使成员回到规范的标准上来。

三、群体压力

由群体规范的作用可以看出，群体成员共同遵守的行为准则，往往也是群体内大多数成员的意向或愿望。群体大多数成员的意见会产生一种无形的力量，它使群体内每一个成员自觉不自觉地保持着与大多数人的一致性，这种力量就是群体压力。

群体压力与权威命令不同，它既不由群体明文规定，也不强制个体改变自己的行为，而是通过多数人的意见，形成压力去影响个人的行为。对个体来说，这是一种难以违抗的力量，当群体压力急剧增加时，会迫使其成员违背自己意志做出完全相反的行为。当个人的意见与群体内大多数成员的意见和行为不一致时，会感到紧张、焦虑，这是对偏离群体的恐惧，而偏离大多数人的意见，则意味着对群体归属感的威胁。所以，个人会因不愿处于孤立境地而在群体压力面前顺应大多数人的意见。

群体规范通过群体压力影响成员使之采取共同的行动，有助于组织目标的达成和群体的发展，并可以增强个人的安全感，体现自身价值。对于管理者而言，要充分利用群体压力对个体所产生的影响来发展群体的亲善性，当群体采取某种特定的行动时，个别成员就会受群体所迫，努力满足群体的需要，贯彻决策，达成群体目标。

四、从众

（一）从众的含义

1. 从众的定义

从众指在社会团体的压力下，个人放弃己见而采取与多数人一致的行为。从众行为是在群体意志压力下，个体寻求的一种试图解除自身与群体间冲突、增强安全感的手段。当一个成员发现自己的意见和行为与群体不一致的时候，他会感到一种心理紧张，促使他趋向一致。因此，群体也会创造一种环境，使其成员受到很大的压力而顺从群体的规范，使人产生一种“从众行为”。

2. 反从众与独立

生活中既有从众行为，也有非从众行为，即持不同意见或态度，称为反从众或独立。具有这种非从众行为的人既不随波逐流，也不随便受人安排。反从众行为，是故意与团体的准则和团体行为相对抗，对团体怀有对立情绪，团体的认同感、归属感很低。独立是指个体在团体压力之下保持自己一定的独立性，行为不受团体影响。

（二）影响从众的因素

1. 群体规模

从众行为与群体规模密切相关。群体规模越大，认同某一观点或采取某一行为的人数越多，则群体对个人的压力就越大，个体更容易采取从众行为；反之，群体规模越小，个人感受到的心理压力较小，则容易产生抵制行为。

2．群体凝聚力

群体凝聚力与群体成员认同和群体规范、标准及期望的程度正相关。相关研究证实:群体凝聚力越强,群体成员间的依恋性、意见的一致性及对群体规范的从众倾向就越强烈。相反,如果群体是一个松散的团体,群体成员意见分歧大,则群体中个人的从众行为会大大减少。

3．个人的心理特征

有些群体成员特别重视社会对自己的评价,有人则无所谓,这是由于人们对受表扬的需要程度不等之故。研究证明,前者容易发生从众行为,后者不易发生从众行为。同时,一个人的情绪特征、智力水平的高低、自尊心的强弱都会对从众行为产生不同影响。

4．个人在群体中的地位

在群体中地位低的成员容易放弃主见,产生从众行为,是因为工作中个体比较愿意听从权威者的意见,常常感到来自地位较高者施加给他们的从众压力。当然,群体中地位高的成员因被赋予权力,能够获得较多信息,而显得自信能干、经验丰富,在权力影响力作用下,迫使他人屈服,导致他人的追随与从众。

（三）从众行为的作用

从众行为的作用具有两重性,具体表现为:

1．从众行为的积极作用

从众行为的实质是通过群体来影响、改变个人的观念和行为。一个先进群体的良好行为会促进个体行为朝着积极性的方面发展,如刚参加工作的员工被管理者有意识地安排在一个先进群体中,会逐渐褪去不符合群体规范的许多观念、意识和行为,真正成为群体一员。

2．从众行为的消极作用

（1）容易窒息独创性。如果一个人不敢脱出舆论的束缚,便会人云亦云,难以发挥创造力。

（2）容易在表面一致的情况下做出不正确的决策。在决策过程中,要细心观察,善于听取和分析反面意见,对正反两方面的意见进行比较,才有可能做出比较正确的判断和决策。

从众行为有一定的消极作用,因此管理者特别是高级领导者,在听取群众意见时,要注意到这种从众心理的影响,防止消极作用的产生。

五、群体的凝聚性

（一）群体凝聚性的概念

群体凝聚性也称群体内聚力,是指群体对其成员的吸引力以及群体成员相互之间的吸引力。群体成员间相互吸引越强,个体目标与群体目标越一致,那么群体凝聚性也越大。

（二）群体凝聚性的表现

群体凝聚性表现为群体成员的心理感受方面,即认同感、归属感、力量感。

1．认同感

认同感指个人拥有关于其所属群体,以及随这个群体身份伴随而来在情感上与价值观上重要性的知识,即对个人在群体中身份的确认。认同感强的群体在行动中能保持与群体成员在认识与评价上的一致性。

2．归属感

归属感表现为群体成员在情绪上加入某一群体,作为群体一员,当群体取得成功或遭受失败时，表现出来的在感情维护自己所属群体的现象。归属感强的成员在举止言谈中常使用“我们”和“我们的”这些词汇，对自己从属于某一群体怀有最强烈的情感。

3. 力量感

力量感指群体成员在工作中对来自群体给予的赞许和鼓励，表现出信心更足、决心更大、热情更高等符合群体规范行为的更强烈的心理感受。

总之，认同感是群体对个人的认知给予指示和信息；归属感是个人对群体情感上的依靠；力量感则给个人以力量，使个人能坚持不懈地完成工作目标。

（三）影响群体凝聚性的因素

1. 群体领导者及领导方式

领导者是群体的核心，领导者的影响力特别是非权力性影响力会直接影响群体凝聚力。不同的领导方式对群体凝聚性也有不同的影响，民主型领导方式促使群体成员充分表达自己的意见，成员有较强的参与意识，成员间团结协作、互助友爱，凝聚力较高；而专制型和放任型领导方式则降低群体凝聚力。

2. 群体成员同质性

同质性群体成员间具有较强的相似性，如共同的奋斗目标、理想、信念；相同的需要、动机、兴趣与爱好；相同的民族文化背景；相似的个性心理特征等。一般来说，同质性群体相互吸引大，凝聚性强。

3. 群体规模

从规模来看，群体人数过多、规模过大，容易造成意见分歧，信息、情感交流受阻，从而降低群体凝聚力；反之，群体规模太小，又会失去平衡力量，矛盾难以调节与解决，也会降低凝聚力，影响工作任务的完成。所以，适度的群体规模有助于增强群体凝聚力。

4. 群体目标的实现程度

在群体目标与个体目标一致的情况下，群体目标的实现程度越高，群体的凝聚性就越强。因为随群体目标的实现，群体成员可获得心理及物质需要方面的满足，这不但是对群体成员努力付出给予的汇报，也体现了对成员工作投入的肯定与认可。这种对成员工作投入的积极强化，必然导致群体凝聚力的增强。

5. 群体奖励方式

研究实践表明：个体奖励与集体奖励方式有不同的作用，个体奖励促进了群体成员间的竞争，群体奖励会增强群体的凝聚力。而二者的有机结合，不但促进成员竞争，也会增强群体凝聚性。

6. 群体外部压力

当群体受来自群体外的侵犯、竞争等威胁，而群体内部每一个成员都处于生死存亡紧要关头又没有单独逃避的机会时，群体成员会更紧密地团结在一起，抵御外来压力。一个国家、民族、企业面临外来的强大的竞争与威胁时，为了在竞争中求得生存与发展，必然团结一致、齐心协力，增强凝聚力。

（三）群体凝聚力的作用

1. 群体控制力增强

在凝聚力强的群体中，成员都怕被排斥于群体之外，愿意留在自己所属的群体中，因此容易接受群体的监督与控制，遵守群体的规范，积极参与群体活动，承担群体规定的任务，努力实现共同目标。

2. 群体成员的自信心与安全感增强

群体凝聚力强，各成员观点、观念更趋于一致，相互支持，关系更为和谐，从而在心理上增强了自信心与安全感。同时，成员对自己所属群体及对自己的评价也会随之提高，会更加热爱自己的群体。

（四）群体凝聚性与工作效率

群体凝聚力在企业管理中的意义主要体现在与工作效率的关系上。管理者应正确认识群体凝聚力的作用，加强对群体成员的教育和引导，克服群体可能出现的消极因素，促使群体凝聚力成为促进工作效率的动力，有效完成群体目标。

美国心理学家沙赫特的研究发现，群体凝聚力与工作效率不存在正相关关系。凝聚力高，工作效率可能提高，也可能降低（见图 7-2）。

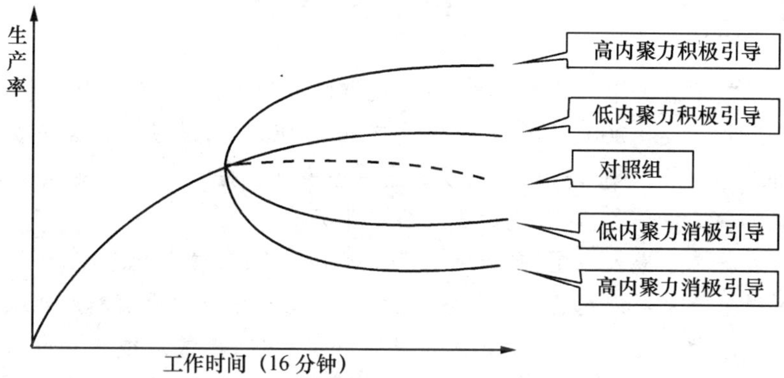

图 7-2　凝聚性与工作效率的关系

实验结果表明：

（1）无论群体凝聚力高低，积极诱导都会提高工作效率，且凝聚力高的群体，工作效率更高；消极的诱导会明显降低生产效率，且凝聚力高的群体，工作效率更低。这表明：高凝聚力群体比低凝聚力群体更易受诱导因素影响。

（2）群体凝聚力越高，其成员越遵循群体的规范和目标。因此，若群体成员倾向于努力工作，争取高效率，则高凝聚力群体工作效率会更高；倘若群体凝聚力很高，却倾向于阻碍工作目标实现甚至与其他群体产生摩擦，就会大大降低工作效率，可见群体规范是决定群体凝聚力与工作效率的重要因素之一。

（3）加强群体教育与引导。在工作中，群体管理者在提高群体凝聚力的同时应加强群体工作规范水平，加强对群体成员的教育和引导，克服群体中的消极因素，使群体凝聚力真正成为促进工作效率提高的动力。

思考题

1. 理解个体、群体、组织三者之间的关系。
2. 对于群体成员来说，群体主要起着什么样的作用？

3. 作为群体管理者,如何辩证地对待非正式群体?

4. 试举例说明群体的凝聚性与群体工作效率的关系。

练习题

1. 非正式群体形成的首要因素是(　　)

A. 自然因素　　B. 社会因素　　C. 心理因素　　D. 技术因素

2. 对成员而言,非正式群体的功能主要有(　　)

A. 满足心理和感情需求　　B. 控制作用

C. 促进作用　　D. 改造作用　　E. 激励作用

案例题

办公室里来的年轻人

小张毕业于某重点大学行政管理专业,在校期间品学兼优,多次获得奖学金,以及"三好学生"、"优秀团员"称号,2001年加入中国共产党。2002年,通过某市公务员考试,被市政府法制办录用。工作后,小张暗下决心,要做出一番事业。每天早早来到办公室,扫地打水,积极主动承担各种工作任务,回家还钻研办公室业务。

法制办公室是一个五人科室,包括主任甲,副主任乙,三位年纪较长的办事员A、B、C。几位老同志听说办公室要来这么一个年轻人,顾虑重重。令他们没有想到的是,小张热情开朗,待人谦虚,很容易相处,加上专业背景和聪明好学勤快,很快熟悉了业务,承担了办公室大量工作,成为法制办工作的一块好手,让几位老同志一下子减轻了许多压力,他们渐渐喜欢上了这个年轻人,主任、副主任也经常在办公室会议上表扬小张。

可小张发现,随着科长表扬次数的增多,几位老同志对自己越来越冷淡。有一次,他正在忙着赶材料,B居然冷冷地对他说:"就你积极!"小张一时间丈二和尚摸不着头脑。一年过去了,小张顺利转正。

市政府办公室年终考核,法制办被评为"优秀科室",在制订下一年度计划时,增加了法制办的工作量。法制办的几位老同志本来因为小张的到来轻松了许多,这下子又忙起来,他们发现,虽然繁忙依旧,但是"名"却给夺走了,每次得到表扬的总是小张。

2004年小张被评为法制办先进个人,A、B、C对小张的反感达到了顶点。从此,他们再也不邀请小张参加任何集体活动,还在背后称他是"工作狂"、"神经病"。传到小张耳朵里,小张很伤心,"我这样也是为办公室啊?没有我,办公室能评上先进科室?怎么招来这么多怨恨?"有一次,小张把自己的遭遇同另外一个部门的老王讲了。老王叹了口气,"你还年轻,要学的还很多!"小张恍然大悟,正是自己的积极破坏了办公室原有的某些东西,让他们倍感压力,才招来如今的境遇。

从此,小张学"乖"了,主任不布置的任务,再也不过问了;一天能干完的事情至少要拖上几天。办公室又恢复了平静与和谐,先进个人大家开始轮流坐庄,几位老同志见到小张的时候又客气起来,集体活动也乐意邀请他。小张觉得,这样很轻松,与大家的关系也好多了,心里压力骤减，生活也重新有了快乐。

分析：

1. 请分析非正式群体规范对组织绩效的影响？
2. 若你是这个部门的主管，将会采取何种措施来提高部门效能？

实训题7-1：非正式群体成因分析

实训目的：

培养学生分析非正式群体成因、特征及其对个体影响的能力；

培养学生分析非正式群体规范影响及其对正式群体目标影响的能力；

培养学生运用非正式群体有效管理等知识，提出改进其与正式群体关系的有效措施的能力。

实训内容与要求：

由学生自愿组成几个非正式群体，模拟开展群体目标实现的运行活动；

有效识别非正式群体核心人物，完善非正式群体规范；

讨论个人所在非正式群体与其他非正式群体的关系；

运用非正式群体管理理论，提出改进群体关系、完成群体目标的有效措施。

实训成果与检验：

以3—5人为学习小组讨论交流实践感受；

每位学生完成一份小组讨论总结性报告；

根据实训完成过程、学生参与程度及实训报告质量评级。

实训题7-2：群体压力与从众成因分析

实训目的：

培养学生探讨群体压力与从众影响的能力；

培养学生分析、归纳群体压力与从众原因、类型的能力；

培养学生运用群体压力管理知识，学习群体规范，提出提高群体绩效的措施。

实训内容与要求：

由学生自愿组成两个正式群体，模拟群体压力与从众活动；

运用群体压力与从众基本知识，讨论群体压力与从众的影响；

讨论分析、归纳群体压力与从众的原因与类型；

运用群体压力与从众管理理论，学习群体规范，以及完成群体目标的有效措施。

实训成果与检验：

以3—5人为学习小组讨论交流实践感受；

每位学生提出一项关于群体压力与从众的影响因素；

两组分别汇总形成群体压力与从众的因素，并提出有效完成群体目标的措施；

教师根据实训完成过程、学生参与程度及实训报告质量评定分数。

心理测试:群体压力

群体成员工作中经常会被一些来自于工作中的事情困扰并产生压力,在你的实际工作中,以下情形是否使你感受到不同程度的压力。请根据自己的情况选择在多大程度上同意或不同意以下所述,在题后选择符合自己的等级。

其中:

1 表示“非常不同意”; 2 表示“不同意”; 3 表示“稍微不同意”;

4 表示“不确定”; 5 表示“稍微同意”; 6 表示“同意”;

7 表示“非常同意”。同意程度依次增强。

项目	等级
1. 我在工作中承担的责任比较大	1 2 3 4 5 6 7
2. 我不理解自己的工作职责范围	1 2 3 4 5 6 7
3. 工作团队内人际关系状况不太好	1 2 3 4 5 6 7
3. 公司提供的培训和学习的机会不多	1 2 3 4 5 6 7
4. 感觉自己跟不上知识更新、技术升级的步伐	1 2 3 4 5 6 7
5. 与同事有过冲突或不愉快	1 2 3 4 5 6 7
6. 如果公司裁员,我感觉到压力	1 2 3 4 5 6 7
7. 我的工作复杂,难度比较大	1 2 3 4 5 6 7
8. 主管不关心我们的职业生涯规划	1 2 3 4 5 6 7
9. 工作量比较大,需要经常加班	1 2 3 4 5 6 7
10. 工作中遇到困难时,不能获得同情和帮助	1 2 3 4 5 6 7
11. 组织结构僵化,不能顺应发展	1 2 3 4 5 6 7
12. 工作时常被上司要求做一些不必要的事情	1 2 3 4 5 6 7
13. 我不清楚上司对我的工作有怎样的期望	1 2 3 4 5 6 7
14. 感觉公司缺乏有效措施协助我完成工作	1 2 3 4 5 6 7
15. 升职缓慢或没有升职希望	1 2 3 4 5 6 7
16. 工作计划调整对我有影响时,未被通知	1 2 3 4 5 6 7
17. 工作有时间上的限制或速度上的要求	1 2 3 4 5 6 7
18. 公司的薪酬制度不合理	1 2 3 4 5 6 7
19. 需要不断学习新知识才能适应工作	1 2 3 4 5 6 7
20. 感觉公司有不合理的政策、规定和程序	1 2 3 4 5 6 7
21. 主管不太欣赏或认同我	1 2 3 4 5 6 7
22. 在公司没有足够的个人发展空间	1 2 3 4 5 6 7

管理游戏:同心协力

这是一个很有意思的游戏,它可以调动参与者的兴趣,并且能让他们从游戏中体会友谊和协作的乐趣。另外,这个游戏还可以在培训中场或结束时使用,既可以活跃课堂气氛,还能帮助学员放松神经,增强学习效果。

游戏规则和程序:

1. 将学员分成几个小组,每组在5人以上为佳。
2. 每组先派出两名学员,背靠背坐在地上。
3. 两人双臂相互交叉,合力使双方一同站起。

4. 以此类推,每组每次增加一人,如果尝试失败需再来一次,直到成功才可再加一人。

5. 培训者在旁观看,选出人数最多且用时最少的一组为优胜。

相关讨论

1. 你能仅靠一个人的力量就完成起立的动作吗?

2. 如果参加游戏的队员能够保持动作协调一致,这个任务是不是更容易完成? 为什么?

3. 你们是否想过一些办法来保证队员之间动作协调一致?

总结

1. 别看这个游戏简单,但是依靠一个人或几个人的力量是不可能完成的。因为在这个游戏中,大家组成了一个整体,需要全力配合才可能达到目标。它可以帮助学员体会团队相互激励的含义,帮助他们培养团队精神。

2. 另外,这个游戏还考验每个小组的领导者,看他怎么指挥和调动队员。因为这个游戏不但需要大家通力合作,还需要每个参与者的密切配合。如果步调不一致,大家的力气再大也不可能顺利完成。这种情况下,作为小组的领导者,应该想一些办法来解决这个问题。比如可以让大家跟随他的动作;更有效的就是想出一个口号,既可以鼓舞士气又能统一大家的节奏。

3. 无论队员还是领导者都应该明白,任何一个人的不配合都会对小组的行动产生负面效果。因此,培训者应注意,在游戏结束后,要帮助完成效果不好的小组找出原因。帮助他们树立团队意识,引导他们总结自己的失误。这对学员的素质提高有很大帮助。

参与人数:5 人以上一组为佳

时间:5—10 分钟

场地:空地

应用:

(1) 了解团队协作的重要性

(2) 增强团队成员的归属感

(3) 激发学员的奋斗精神

参考文献

[1]〔美〕斯蒂芬 · P. 罗宾斯 著,李原、孙健敏 译,组织行为学(第 10 版)(精) [M]. 北京:中国人民大学出版社,2010.03

[2] 沙莲香,社会心理学(第 3 版) [M]. 北京:中国人民大学出版社,2011.07

[3] 赵志裕,文化社会心理学[M]. 北京:中国人民大学出版社,2011.01

[4] 陈学军 林志红,管理心理学[M]. 杭州:浙江教育出版社,2009.6

[5] 石森,管理心理学[M]. 北京:机械工业出版社,2005.08

相关网站

http://www.belbin.com 贝尔宾团队角色

http://www.outward-dev.com 人众人教育拓展训练

第八章

沟通与人际关系

引导性案例

不会沟通，从同事到冤家

小贾是公司销售部一名员工，为人比较随和，不喜争执，和同事的关系相处得比较好。但是，前一段时间，不知道为什么，同一部门的小李总是处处和他过不去，有时候还故意在别人面前指桑骂槐，对一起合作的工作任务也都有意让小贾做得多，甚至还抢了小贾的好几个老客户。

起初，小贾觉得都是同事，没什么大不了的，忍一忍就算了。但是，看到小李如此嚣张，小贾一赌气，告到了经理那儿。经理把小李批评了一通，从此，小贾和小李成了绝对的冤家了。

案例点评：

小贾所遇到的事情是在工作中常常出现的一个问题。在一段时间里，同事小李对他的态度大有改变，这应该是让小贾有所警觉的，应该留心是不是哪里出问题了。但是，小贾只是一味地忍让，这种忍让不是一个好办法，更重要的应该是多沟通。

小贾应该考虑是不是小李有了一些什么想法，有了一些误会，才让他对自己的态度变得这么恶劣，他应该主动及时和小李进行真诚的沟通，比如问问小李是不是自己什么地方做得不对，让他难堪了之类的。任何一个人都不喜欢与人结怨，可能人与人之间的误会和矛盾在比较浅的时候就能通过及时的沟通而消失。

但是结果是，小贾到了忍不下去的时候，他选择了告状。其实，找主管来说明一些事情，不能说方法不对。关键是怎么处理。在这里，小贾、部门主管、小李三人犯了一个共同的错误，那就是没有坚持"对事不对人"，主管做事过于草率，没有起到应有的调节作用，他的一番批评反而加剧了二人之间的矛盾。正确的做法是应该把双方产生误会、矛盾的疙瘩解开，通过加强员工的沟通来处理这件事，这样做的结果肯定会好得多。

我们每一个人都应该学会主动地沟通，真诚地沟通，有策略地沟通，如此一来就可以化解很多工作与生活中完全可以避免发生的误会和矛盾。

资料来源：http://wenku.baidu.com/view/4d4435eeaeaad1f346933f92.html

本章知识点

1. 沟通的内涵、特征
2. 沟通的基本类型
3. 如何解决沟通的障碍
4. 人际关系的含义、要素
5. 处理人际关系的技巧

第一节　沟　　通

一、沟通概述

（一）沟通的含义及特征

1. 沟通的含义

沟通之于组织，就好比血液循环之于生命有机体。血液向有机体细胞提供氧气，没有氧气细胞就会机能失常乃至死亡；沟通则确保组织内的各部门、各人获得工作所需的各种信息，并增加相互间的了解和合作。缺乏必要的沟通，组织内各部门、各人的工作将会发生紊乱，进而导致整个组织运转发生故障。沟通在管理活动中占有非常重要的地位，尤其对于领导工作具有特别重要的意义。所有的领导者，无论身处何时何地，都要与他人沟通。美国管理学家阿法尔指出：领导者应该将70%的时间用于与他人沟通，这其中1/3的时间用于单个会谈。领导者不仅要充分地表达他们的观点，还要善于应付各种局面以将他们的观点付诸实施。领导，如同其他职业一样，不仅需要专业的知识和技能，而且越来越需要与他人沟通的能力，不能进行有效沟通的人，是不可能成为有效的领导者和管理者的。

那么，什么是沟通呢？对于什么是沟通，各家有各家的说法，定义有一两百种之多。每种定义都从某个角度揭示了沟通的部分真理。以下是几种较有代表性的关于沟通的定义。

大英百科全书：沟通就是用任何方法，彼此交换信息。即指一个人与另一个人之间以视觉、符号、电话、电报、收音机、电视或其他工具为媒体，所从事的交换信息的方法。

巴纳德：沟通是把一个组织中的成员联系在一起，以实现共同目标的手段。

西蒙：信息沟通指一位组织成员向另一位成员传递前提信息的过程，沟通对管理人员来说非常重要。

魏江、严进：沟通分为机—机（通信卫星、电视、电话）沟通、人—机沟通（用微机解题）和人—人沟通三种类型，其中，人—人沟通通常称为管理沟通。

从上述定义可知，沟通是借助一定手段把可理解的信息、思想和感情在两个或两个以上的个人或群体中传递或交换的过程。

2. 沟通的基本特征

（1）沟通具有广泛性。在组织内部存在着部门之间或个人之间的广泛沟通，在组织外部存在着企业与客户及相关企业之间或利益相关者之间的广泛沟通。

（2）沟通的重要性。我们都知道组织管理需要五大资源：人、财、物、信息、时间。信息资源已经日益显示出它的巨大作用,可以说离开了信息要素的支持,组织经营管理就无法正常进行下去,而信息传递的一个重要渠道就是通过沟通。有效的沟通一方面能够增加信息量,另一方面还会降低信息的搜寻成本从而为组织的管理提供强大的支撑。

(3) 沟通必须是沟通双方可理解的。比如用一门美洲土著语言来讲话,没有人知道你在讲什么,这个就不能称为沟通。

(二) 沟通的过程

沟通过程是指信息的发送者(信息源)与接受者之间传递信息的过程。如图8-1所示,沟通过程主要涉及下列八种要素:发送者、信息、编码、渠道、译码、接受者、反馈、干扰。

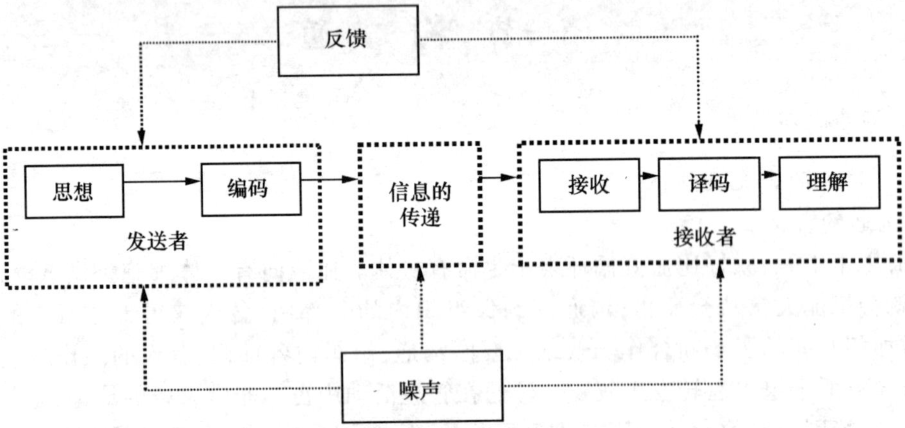

图8-1 沟通过程

(1) 发送信息者。沟通的主体,是信息的来源,将思想或意图加以编码而成。

(2) 信息。是指经过编码,进入沟通渠道的有用信息,信息往往受到编码的选择与处理程序的影响,因此也可能受到扭曲。

(3) 编码。将思想、观念、想法、情感等信息内容编制成语言或非语言符号。被编码的信息受到以下四个条件的影响:技巧、态度、知识和社会文化系统。

(4) 渠道。它是信息的载体、传送信息的中介,发送者有权选择它。一般常用的信息渠道有口头与书面两种。

(5) 译码。接受者在接受信息前,必须将编码的信息解译到使接受者能够了解的程度,此过程即为密码的译解。

(6) 接受者。信息到达的客体,是指接受信息的人。

(7) 干扰。在沟通的整个过程中,都会受到噪声的影响,这里的噪声指的是信息传递过程中的干扰因素。沟通中的每一要素出现干扰现象都会影响信息的传送效果。

(8) 反馈。反馈是检验信息传送的程度,由反馈可以决定信息是否已经完全为接受者所了解。简言之,反馈就是接受信息者将收到的信息处理后,又传送给信息发送者。

沟通过程的每一要素都很重要,只要有一个要素出现问题,沟通信息的效果就达不到。现实中常常会因沟通要素的质量不高、沟通工具的运用不当、沟通方式的选择不当、沟通渠道和网络的状况不良而影响沟通的效果。

（三）沟通的类型

1. 按沟通的组织系统分类

在一个组织内，成员间所进行的沟通，可由其途径的不同分为正式沟通与非正式沟通。正式沟通是通过组织正式结构或层次系统进行的，非正式沟通则是通过正式系统以外的途径来进行的。

（1）正式沟通

正式沟通一般指在组织系统内，依据组织明文规定的原则和渠道进行信息传递与交流。这种沟通要通过正式的组织程序，沟通的媒介物和线路都经过了事先安排，因而被认为是正式的。例如，组织内部的文件传达，定期或不定期的会议制度，上级指示按系统逐级下达或下级的情况逐级上报等。

（2）非正式沟通

非正式沟通是指在正式渠道之外进行信息的传递与交流。这种沟通的媒介物和线路无需事先安排，具有很强的随意性和自发性，沟通途径繁多且无定型。例如同事之间任意交谈，家人之间任意聊天等。

正式沟通和非正式沟通在组织中都存在，且各有其优缺点，二者的比较如表 8-1 所示。

表 8-1　正式沟通和非正式沟通比较

沟通方式	优点	缺点
正式沟通	沟通效果好，比较严肃、慎重，约束力强，易于保密，可以使信息沟通保持权威性。	依靠组织层层传递，较刻板，沟通速度慢，存在信息失真和扭曲的可能。
非正式沟通	沟通形式灵活多样，直接明了，沟通速度快，效率较高，容易及时了解到正式沟通难以提供的“内幕消息”，可以满足组织成员的心理需要。	难控制，传递的信息不确切，容易失真，可能导致小集团、小圈子，影响组织的凝聚力和稳定性。

2. 按沟通的流动方向分类

沟通流动方向也就是沟通方向，按沟通信息流向的不同，可以把沟通分为纵向沟通、横向沟通和斜向沟通三种。

（1）纵向信息沟通

纵向沟通即垂直沟通，是指沿着组织的指挥链在上下级之间进行的信息沟通。它可以区分为自上而下的沟通和自下而上的沟通两种形式。自上而下的沟通也称为下行沟通，指组织内部同一系统内的较高层次人员向较低层次人员的沟通，一般以命令方式传达上级组织或其上级所决定的政策、计划、规定之类的信息，有时颁发某些资料供下层使用等，它是传统组织中最主要的沟通流向。自下而上的沟通也称为上行沟通，指组织内部同一系统内较低层次人员向较高层次人员的沟通，如请示、书面或口头汇报等。有的领导者认为沟通就等于“发布信息”或是自上而下的“信息传达”，这是不对的，自下而上的沟通应受到领导者的特别重视。

（2）横向信息沟通

横向沟通是指组织内部同一层次人员之间的沟通，所以也称平行或水平沟通。这种沟通主要是为了促成不同系统(部门、单位)之间的协调配合和相互了解。例如,高层管理者之间、中层管理者之间、生产工人与设备修理工人之间、任务小组与专案小组内部所发生的沟通,都属于横向沟通。

(3) 斜向信息沟通

斜向沟通是指组织内部既不同系统又不同层次的人员之间的沟通。它对组织中的其他沟通渠道会起到一定的补充作用。其优点是增加相互理解,缩短沟通线路和信息传递时间,但也容易在部门之间造成矛盾。

3. 按沟通的方法分类

按沟通的方法可以把沟通分为口头沟通、书面沟通、非语言沟通和电子媒介沟通等。口头沟通是借助于口头语言进行的沟通。书面沟通是指利用语言文字进行的沟通。非语言沟通则是通过诸如面部表情、语气声调及身体姿态等来加强或否认语言沟通的效果。电子媒介沟通是借助现代电子通信技术手段,如传真机、电子邮件、手提电脑等,进行沟通。上述各种沟通方式的比较如表 8-2 所示。

表 8-2 各种沟通方式比较

沟通方式	举例	优点	缺点
口头	交谈、讲座、讨论会、电话	传递反馈快、信息量大、弹性大、亲切、双向、效果好	不易保存,事后难查证,传递层次愈多则信息失真愈严重
书面	报告、备忘录、信函、文件、内部期刊、布告等	正规、准确、权威、持久有形可核实,易于远距离传递,易于储存	效率低,费用较高,缺乏反馈,保密性差
非语言	声、光信号、体态、语调	内涵丰富、隐含含义灵活、信息意义十分明确	传递距离有限,界限含糊,只可意会,不可言传
电子媒介	传真、电子邮件、电子会议	快速传递、容量大、距离远,可同时传递到多人	单向传递,电子邮件可交流但看不到表情,不能满足人们归属的需要

4. 按沟通是否反馈分类

沟通按是否进行反馈,可以分为单向沟通和双向沟通。

(1) 单向沟通

单向沟通是指没有反馈的信息传递,沟通中信息的发送者与接收者的地位不变。单向沟通比较适合下列几种情况:① 问题较简单,但时间较紧;② 下属易于接受的方案;③ 下属没有了解问题的足够信息,在此情况下,反馈不仅无助于澄清事实反而易混淆视听;④ 发送者缺乏处理负反馈的能力,容易感情用事。

(2) 双向沟通

双向沟通是指有反馈的信息传递,沟通中信息的发送者与接收者的地位不断变化。双向沟通比较适合下列几种情况:① 时间比较充裕,但问题比较棘手;② 下属对解决方案的接受程度至关重要;③ 下属对解决问题能提供有价值的信息和建议;④ 发送者习惯于双向沟通,且具有建设性的处理负反馈的能力。表 8-3 比较了单向和双向沟通的优缺点。

表 8-3　单向和双向沟通比较

沟通形式	优点	缺点
单向沟通	需要的时间少,速度快,秩序好,对于需要迅速传递的信息来说效果好,沟通中不易受干扰	无反馈,准确性较差,对接收者的理解能力要求较高,接受者易产生挫折、埋怨和抗拒
双向沟通	对于需要准确传递的信息来说效果好,接受者理解发送者意图的准确程度高,气氛活跃,有反馈,人际关系较好	需要的时间较多,速度慢,沟通中噪音较多,发送者心理压力较大

5. 按沟通渠道所形成的网络分类

沟通网络指的是信息流动的通道,莱维特最早通过实验提出了五种不同的沟通网络,如图 8-2 所示。

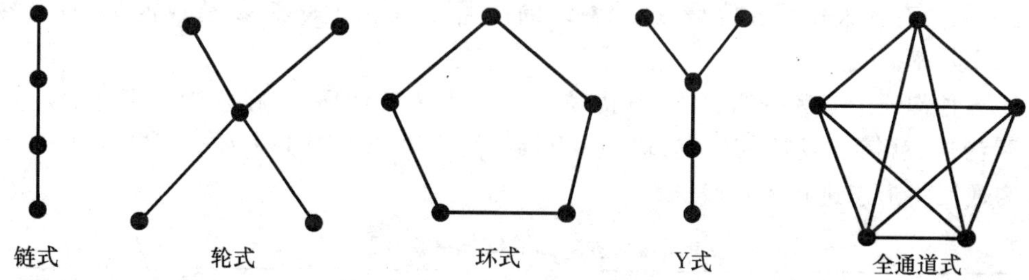

图 8-2　五种沟通网络形态

(1) 链式沟通

链式沟通是一个平行网络,其中处于两端的人只能与内侧的一个成员联系,居中的人则可分别与两人沟通信息。在一个组织系统中,它相当于一个纵向沟通网络,代表组织的各级层次自上而下传递信息,在这个网络中,信息层层传递、筛选,容易失真,每个人接收的信息差异很大,平均满意程度也有较大差距。此外,这种网络还表示组织中主管人员与下级部属之间存在若干管理者,属于控制型结构。

(2) 轮式沟通

轮式沟通也属于控制型沟通网络形态,其中只有一个成员是各种信息的汇集点与传递中心。在组织中,这种网络大致相当于一个主管领导直接管理几个部门的权威控制系统。此网络集中化程度高,解决问题的速度快,领导人员的预测程度也很高,但沟通的渠道少,组织成员的满意程度低,士气可能低落。轮式网络是加强组织控制、争时间抢速度的一个有效方式。如果组织接受紧急攻关任务,又要求进行严密控制,则可采用这种网络。

(3) 环式沟通

环式沟通形态可以看成是链式形态的一个封闭式控制结构,表示组织各部门或成员之间依次联络和沟通,其中每一个都可同时与两侧的部门或个人沟通信息。在此网络中,组织的集中化程度和领导者的预测程度都较低,信息流动的通道不多,组织成员具有比较一致的满意度,组织的士气高昂。如果在组织中需要创造出一种高昂的士气来实现组织目标,环式沟通形态不失为一种行之有效的方式。

(4) Y 式沟通

Y 式沟通是一个纵向沟通网络,其中只有一个部门或成员居于沟通的中心,成为沟通媒介。在组织中,这一网络形态相当于从参谋、咨询机构到组织领导,再到下级管理人员或一般成员之间的纵向关系。这种网络集中化程度高,解决问题速度快,组织中领导人员预测程度较高。除中心人员外,组织成员的平均满意程度较低。此网络形态适用于管理人员工作任务十分繁重,需要有人选择信息、提供决策依据、节省时间而不要对组织实行有效控制的情况,但易导致信息曲解或失真,影响组织成员的士气,阻碍组织提高工作效率。

(5) 全通道式沟通

也称星式沟通,是开放式的网络形态,其中每个成员之间都有一定联系,彼此了解。此网络中组织的集中化程度及主管领导的预测程度均很低。由于沟通渠道很多,组织成员的平均满意程度高且差异小,所以士气高昂,合作气氛浓厚,这对于解决问题、增强组织合作精神、提高士气均有很大作用。但是,这种网络的沟通形态渠道太多,易造成混乱,且又费时,会影响工作效率。

上述五种沟通形态和网络,各有其优缺点。作为一名管理者,在管理实践中,要进行有效的人际沟通,就需要发挥其优点,避免其不足,使组织的管理工作水平不断提高。表 8-4 对五种沟通网络形态进行了比较。

表 8-4 五种沟通网络形态比较

沟通形态 评价标准	链式	轮式	环式	Y 式	全通道式
集中性	适中	高	低	较高	很低
速度	适中	快(简单任务) 慢(复杂任务)	慢	快	快
正确性	高	高(简单任务) 低(复杂任务)	低	较高	适中
领导能力	适中	很高	低	高	很低
全体成员 满足	适中	低	高	较低	很高
示例	命令链锁	主管对 四个部属	工作任务 小组	领导任务 繁重	非正式沟通 (秘密消息)

二、沟通的障碍及其影响因素

(一) 沟通的障碍

在一个沟通过程中,常会出现一些障碍,这些障碍往往会降低沟通效果,使之达不到预期,严重时甚至可能使沟通过程中断。因此,认识、防避、排除沟通障碍,就十分重要了。沟通障碍在沟通的信息发送者、信息通道和信息接受者三要素方面都可能存在。

1. 信息传递者的障碍

(1) 表达障碍。指信息传递者表达能力不足产生的障碍。语言是信息的载体,准确地选择语言是实现沟通目标的必要前提。准确的语言选择不仅包括选用最恰当的词句,使用正确的语法,而且还包括采用书面沟通形式时清晰的字迹,简明的图表。由此可见,影响信息传递者表达能力的因素，除了自身的语言文字水平之外，还有工作责任心等非文字方面的因素。所以信息传递者若要消除表达障碍，必须努力提高自己的语言表达能力。同时，在发送信息时，应具有高度的责任心。

（2）语义障碍。主要指因对语义的不同理解引起的障碍。对于信息发送者来说，不能仅从自己的角度来选择用语，来理解事情；更重要的是要从信息接受者的立场来考虑用语，这样才能保证发送的信息能够被完全正确地理解。

（3）传递形式障碍，指传递形式不协调产生的障碍。信息发送者在发送信息时，形式要适当，如语言符号和体语应保持一致。例如，领导在批评下级的错误时，态度不严肃，就可能使下级难以认识到错误的严重性。正式、重大的事件信息用很平常的方式传递，就可能使人怀疑信息的真实性，所以，在沟通中，信息沟通的形式应同沟通的信息内容相一致，消除因内容和形式不一致带来的障碍。

（4）社会环境与知识局限产生的障碍。如果信息发送者与信息接受者之间有共同的经验区，就比较容易实现沟通信息的目标。如果双方缺乏共同的经验区，沟通就会遇到障碍。譬如，同一领域的科学家们大量地运用专业术语、数学公式、各种符号进行沟通，既简便又实用。但如果用这种方式同缺乏相应知识和经验的外行沟通，肯定会失败。

2. 信息传递渠道中的障碍

（1）信息传递手段的障碍。现代信息沟通中越来越多新兴信息传递手段的应用大大提高了沟通效率。同时，一旦这些手段发生故障就会影响沟通。如开大会时，广播的物理噪声过大，就会影响报告的效果。在信息沟通中，要尽可能地选择保证高效率的沟通工具。

（2）传递层次的障碍。信息在传递过程中，同其他的物体运动一样，会发生损耗。在信息传递中，信息损耗现象被称为信息过滤。一个信息自发送者发出，达到接受者时经过的环节越多，过滤现象就会越严重，使到达最终接受者那里的信息大打折扣，或者被歪曲、曲解、篡改。所以，在沟通过程中，沟通的层次应当尽可能地减少，以防止信息被过多地过滤。

3. 信息接受者的障碍

（1）对信息“过滤”。信息接受者在接收到信息之后，有时会按照自己的要求，对信息进行过滤，取其感兴趣的信息，滤掉不感兴趣的信息。

（2）理解能力的障碍。这同发送者发送能力的障碍是一样的。如果是一个发送者面对一个信息接受者，这种障碍可以通过发送者与接受者的共同努力来消除。但如果是一个发送者面对多个接受者，其中一些接受者对信息不能理解，存在障碍，就主要靠接受者自己提高理解能力来消除障碍了。

（3）信息过量障碍。前面已经指出，接受者在收到过多的信息时，必然有一部分信息会被忽略，信息发送者要对这一点给予重视。同样，对信息接受者来说，也要重视这一点。一个人在信息化的社会中，所接收到的信息必然是十分多的，信息接受者不能整天埋在信息堆里，而应有重点地接受重要的信息。

（二）影响有效沟通的因素

1. 个人因素

个人因素主要包括两大类。一是接受的选择性，二是沟通技巧的差异。

（1）所谓接受的选择性，是指人们拒绝或片面地接受与他们的期望不相一致的信息。

研究表明,人们往往听或看他们感情上有所准备的东西,或他们想听到或想看到的东西,甚至只愿意接受中听的,拒绝不中听的。有人曾做过这样一个实验,请一家公司的23位主管回答"假如你是公司总裁,你认为哪个问题最重要",结果每个主管都认为从全公司角度出发,自己所负责的部门最重要。销售经理说营销是个大问题,生产经理认为产品是生命,人事经理则回答说在现代管理中,人是中心。这个实验进一步表明:

人们只看到他们擅长的或经常看到的东西;由于复杂的事物可以从各种角度去观察,人们所选择的角度强烈地影响了他们认识问题的能力和方法。

(2) 沟通技巧上的差异也影响着沟通的有效性。例如,有的人不能在口头上进行完美的表达,但却能够用文字清晰而简洁地将自己的想法写出来;另一些人口头表达能力很强,但不善于听取意见;还有一些人阅读较慢,而且理解起来比较困难。

2. 人际因素

人际因素主要包括沟通双方的相互信任、信息来源的可靠程度和发送者与接受者之间的相似程度三个方面。

沟通是发送者与接受者之间"给"与"受"的过程。信息传递不是单方的而是双方的事情。因此,沟通双方的诚意和相互信任至关重要。上下级间的猜疑只会增加抵触情绪,减少坦率交谈的机会,不可能促成有效的沟通。

信息来源的可靠性由下列四个因素决定:(1) 诚实;(2) 能力;(3) 热情;(4) 客观。有时,信息来源可能并不同时具有这四个因素,但只要信息接受者认为发送信息具有这四个要素即可。可以说,信息来源的可靠性实际上是由接受者主观决定的。

沟通的准确性与沟通双方间的相似性有着直接的关系。沟通双方特征(如性别、年龄、智力、种族、社会地位、兴趣、价值观、能力等)的相似性影响了沟通的难易程度和坦率性。沟通一方如果认为对方与自己相近,那么他将比较容易接受对方的意见,并且容易较快达成共识。相反,如果沟通一方视对方为异己,那么信息的传递将很难进行下去。例如,年龄差距或"代沟"在沟通中就是一个常见的问题。

3. 结构因素

结构因素主要包括地位差别、信息传递链、团体规模和空间约束四个方面。

一个人在组织中的地位很大程度上取决于他的职位。许多研究表明,地位的高低对沟通的方向和频率有很大的影响。

一般说来,信息通过的等级越多,它到达目的地的时间也越长,信息失真率则越大。这种信息连续地从一个等级到另一个等级所发生的变化,称为信息链现象。一项研究表明,企业董事会的决定通过五个等级后,信息损失平均达80%。其中,副总裁这一级的保真率为63%,部门主管为56%,工厂经理为40%,第一线工长为30%,职工为20%,如图8-3所示。

当工作团体规模较大时,人与人之间的沟通也相应地变得较为困难。这一方面可能是由于沟通渠道的增长大大超过人数的增长。例如,5个人的团体,有$n(n-1)/2$即10条渠道;10人需45条渠道;20人需要190条渠道。另一方面是由于随着团体规模的扩大,沟通的形式将非常复杂。据测算,如果将沟通的各种形式考虑在内,那么5人的团体将存在$(3^n-2^{n+1})/2$即90条左右的渠道。

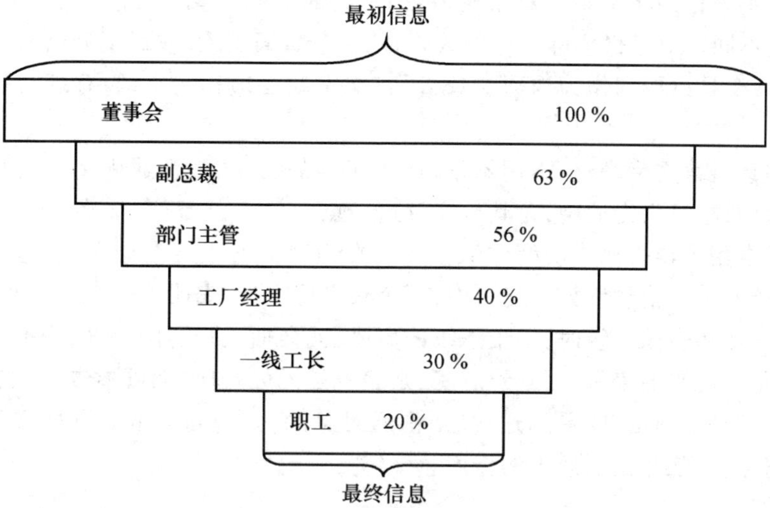

图 8-3　信息传递链现象实例

4. 技术因素

技术因素主要包括语言、非语言暗示、媒介的有效性和信息过量。

三、沟通艺术

（一）掌握沟通艺术的重要性

管理以人为中心，以人为对象，但它不是简单的管理者管理被管理者的活动，而是管理者与被管理者相互作用的过程。在这个过程中，自始至终都伴随着相互沟通的活动，因此掌握沟通的艺术十分重要。

首先，掌握沟通的艺术，有利于管理者与被管理者相互理解，做到上下一致，共同努力去完成组织任务。

其次，掌握沟通艺术，有利于管理者增强自己的权威。权力是组织赋予的，但威望却是要得到承认才可能建立起来的，而沟通则是使领导者的威望得到承认的基本途径。

沟通是人与人之间的信息交流，由于世上没有两个完全相同的人，因此，一种情况下的有效沟通并不一定适用于另一情况下的沟通。所以说，有效的沟通主要靠管理者自己去探索，去总结，从大量的沟通实践中总结出一般规律和方法，并学习掌握它，尽快形成自己的沟通艺术。

（二）语言表达艺术

掌握语言表达艺术的前提是要通过学习和训练，提高自己的语言表达能力，使自己运用语言的水平达到一个较高的水准，这样，使用文字才能熟练自如，得心应手。一般规律是，语言文字水平越高的人，其语言表达艺术水平越高，除此之外，在沟通中，还要与沟通对象、沟通环境、沟通内容结合起来，考虑怎样使用语言。

（1）沟通中语言的运用首先要与沟通的内容相一致，如科学性强、严肃性强的沟通内容，应少用形容词，少用比喻、夸张等修辞手法；鼓动性的宣传、演讲、倡议、大会报告则要选择使用有感染力的字句；同事之间交流谈心时要注意语言的真挚动人，以表达诚恳真诚的情感。

(2) 沟通中语言的运用要与对象相一致，不同的沟通对象，其理解能力不一样，对于沟通的要求也就不同。对于做实际工作的人来说，由于普通工人、农民不爱听深奥的大道理和纯理论的东西，要是以他们作为沟通对象，语言文字就必须朴实生动，有理有据，简明扼要，通俗易懂。

(3) 要注意语言文字净化，不用不规范、不正确的文字，在沟通中，为了使人容易记住，应尽量使用短句，在口头沟通中，尤其要注意这一点。

(4) 要学会用体语表达。所谓体语指的是在面对面的直接沟通中，信息传递者的身体动作、姿态等传递出的信息。如在交谈中，两个人坐得很近，表明之间没有距离感，容易推心置腹地沟通；又如在表扬下级时，拍拍下级的肩膀，就会加强赞扬的口气；沟通中如果一方皱起眉头，自然是不高兴的表示；而耸耸肩膀，则表示是无可奈何，无可奉告的意思。在什么样的场合使用什么样的体语，既受沟通内容、沟通对象的约束，同时也受风俗文化的约束。如果体语使用得当，有强化沟通效果的作用。

(三) 聆听艺术

信息发送者发出信息之后，信息接受者主要通过两条途径来接收传递的信息，一是眼读；二是耳听。在更多的场合，信息接受者是通过耳听来接收信息的。在双向沟通，当面沟通中，聆听艺术不仅是影响信息接收效果的重要因素，也是影响发送效果的重要因素。因为有些不良的聆听习惯反馈到信息发送者之后，会影响信息发送者正常地发出信息，如下级在向上级汇报情况时，领导心不在焉，时不时地与他人闲谈，下级就可能会立即结束汇报，那么，一些信息就被截留下来，不会传递给领导了。因此，掌握聆听艺术，一方面是要学会有效的聆听方式，二是要克服不良的聆听习惯。

1. 有效聆听方式及其要点

从信息接受者的态度来看，聆听方式可分为三种：第一种是漫不经心式的，这种方式最容易伤害信息发送者的自尊心，阻碍信息的正常发送，沟通效果最差。一般来说，在沟通中应注意防止这种聆听方式出现。第二种是争论式，即信息接受者一边听，一边反馈信息，同信息发送者进行争论。这种方式的沟通效果好坏取决于参与沟通的双方的身份、地位和沟通内容。一般来说，上下级之间的沟通，争论式的聆听的沟通效果不会太好，因为，当下级向上级传递信息时，上级若进行反驳、争论，会使下级不敢再发出信息。同样，下级在上级传递信息时与上级争论，在大多数情况下，会使上级感到有损威信与尊严而闹成僵局。所以，下级如果对上级的决策、指示等有意见的话，也不应当场顶撞争论，应在事后恰当的时间和场合再提出来，此外，如果是在个人对群体、群体对群体的沟通中，发生争论式聆听现象，效果会更糟。但如果沟通的双方是同级人员，并且关系比较密切的话，争论式的沟通就可以取得比较好的效果了。第三种方式是全神贯注式，如聆听时不时记笔记，点头表示注意，这种方式一般沟通效果较好。

美国心理学家戴维斯提出了有效聆听的十项因素，它们是：

(1) 少讲多听，多保持沉默，不要打断对方讲话。

(2) 设法使交谈轻松，使讲话人感到舒适，消除拘谨不良情绪。

(3) 表示对谈话有兴趣，不要漫不经心、冷漠。

(4) 尽可能排除干扰。

(5) 站在对方立场上考虑问题,表现出对对方的同情心。

(6) 要有绝对耐性,不要随便插话。

(7) 控制情绪,保持冷静。

(8) 不要与对方争论或妄加批评。

(9) 提出问题以显示自己在充分注意和求得了解。

(10) 仍是少讲多听。

戴维斯所说的有效聆听的几个要点,对于管理者在沟通过程中有效地聆听下级意见,提高沟通效果,是很有价值的。

2. 克服不良聆听习惯

不良的聆听习惯既会影响信息接受者对重要信息的注意,还会影响信息发送者发送信息,在沟通中是要加以防止和克服的。

有人对不良的聆听习惯进行了总结,认为主要有如下几种表现:

(1) 对谈话的主题无兴趣,不能安下心来听对方讲话,表现出漠不关心的态度;

(2) 被对方说话的姿势所吸引,忽略了说话的内容;

(3) 听不到合意的内容便激动,影响了对其余信息的接受和理解;

(4) 只重视事实而忽视原则或推论;

(5) 过分重视条理,对于条理较差的谈话内容不愿多加思索;

(6) 假装注意,实际上心不在焉;

(7) 注意力不集中,分心于他事;

(8) 对较难懂的内容不提问,不反馈,不求甚解;

(9) 被对方的感情语言所分心,抓不住实质性的内容;

(10) 不爱动笔,内容太多时,听了后面忘了前面。

克服不良聆听习惯,有助于提高沟通效果,这需要管理者从时时处处做起,养成一个良好的聆听习惯。

(四) 管理者的面谈艺术和沟通十戒

在管理过程中,管理者与被管理者的沟通,经常要采取面谈的方式。掌握面谈艺术对沟通效果、管理效果的影响十分重要。掌握好面谈艺术应做好如下几点:

1. 选择好谈话的地点

不同的谈话地点在沟通中所起的作用是不一样的。在办公室谈话,表明管理者对谈话的重视,以及管理者认真、严肃、慎重的态度;到对方家中谈话,表示关心和爱护;约到管理者自己家中谈话表示的是亲近;在下级的工作地点谈话,表示沟通信息的迫切性;边走边谈则表示需要一个轻松的气氛。因此,管理者同下级面谈时,要根据谈话的内容选择好地点。

2. 创造一个合适的交谈气氛,允许下级发表意见

交谈气氛对信息沟通的效果影响十分显著。如过于紧张,沟通就比较困难。因此,管理者应尽可能地创造一个活泼、友好,有时也不失严肃的谈话气氛。在与下级面谈中,能否创造出良好的谈话气氛,其主动权在于上级。

3. 准备要充分

面谈中随时可能出现许多意想不到的情况和信息,因此,在交谈之前,一定要做好充分

的准备，将各种可能出现的情况、处理方法及其后果都应仔细考虑，制订计划。

4. 时间安排应尽可能充裕

面谈的时间安排不宜过于紧迫、短促，应根据内容留有一点余地。如果时间太紧迫，就难以充分交换意见。当然，为了充分利用时间，面谈时应尽量地集中主题，尽量避免不必要的闲谈。

5. 讲话应有礼貌，控制情绪

管理者与下级面谈时，不可避免地会碰到下级的顶撞、争论，甚至对抗现象。在这种情况下，管理者应胸怀坦荡，控制自己的情绪，不为下级的激动情绪所影响，讲话应有礼貌、有节制，这样不仅有助于沟通进行下去，还有助于维护自己的权威，那些一见到下级顶撞就大发雷霆，拍桌子的领导威信并不一定高。在对立情绪严重的面谈中，管理者应学会“小声音说大话”的方法。

6. 管理者沟通十戒

美国管理学会在美国的企业管理实践中，为了提高管理过程中沟通的效果，总结出了管理者在沟通中应注意的十个问题，这对我们的管理沟通也有参考价值，兹列述如下：

(1) 沟通前先将概念澄清；
(2) 检讨沟通的真正目的；
(3) 考虑好沟通时的一切环境；
(4) 计划沟通内容时，应尽可能听取他人意见；
(5) 做好必要的记录；
(6) 可能时，尽量传递有效资料；
(7) 应有必要的反馈；
(8) 沟通时不仅要着眼于当前，更要着眼于未来；
(9) 言行一致；
(10) 应成为一位“好听众”。

第二节 人际关系

一、人际关系的含义及要素

(一) 人际关系的含义

从广义看，人际关系是指人与人之间的关系，包括社会中所有的人与人之间的关系，以及人与人之间关系的一切方面；从狭义看，人际关系是人与人之间通过交往与相互作用而形成的直接的心理关系。它反映了个人或群体满足其社会需要的心理状态，它的发展变化决定于双方社会需要满足的程度。

人际关系是同人类起源同步发生的一种极其古老的社会现象，其外延很广，包括朋友关系、夫妻关系、亲子关系、同伴关系、师生关系、同事关系等人际关系，受生产关系和政治关系的制约，是社会关系中较低层次的关系；同时，它又渗透在社会关系的各个方面，是社会关系的“横断面”，因而又对社会关系具有反作用力。它直接影响着人们的心理环境和社会环境。

每个个体都生活在各种各样现实的、具体的人际关系之中。

(二) 人际关系的要素

人际关系(交往)的实质是一种特定的社会现象,一般具备以下几方面要素。

1. 交往的主动性

人们在交流沟通的过程中,不是一方领导另一方,而是双方都是活动的主体。在日常生活中,我们常会碰到这样的情况,如你上街购物,虽然你可主动地选择某品牌的商品,但营业员也可主动向你介绍其他相关品牌的商品信息,供你选择。这就是说在人际交往过程中,每一方都是积极活动着的主体,所不同的是所处地位有主次而已。但即使处于次要地位的一方,也不是被动地接受信息,机械地做出反应,而是根据自己的要求、兴趣去理解和分析对方的信息并做出反馈,调整自己的言行,达到信息交流之目的。如在就医过程中医生与病人之间的关系来说,在诊治方面医生虽然是主动地下诊断开处方,但病人也并非是被动的,他也可向医生反映自己的病情,以及发表用何药甚至何剂量适合自己的观点,医生根据病人的反馈来调节自己的诊治。

2. 交往的互益性

单个个体的各种活动,虽然可能与外界有密切的关系,但不能称之为人际交往。人际交往必须是在两个或两个以上的个体之间进行的相互作用的活动。一方发出信息会引起另一方在心理和行为上的反应,这种反应反过来成为新的信息作用于前者。如一位护士对一位慢性病人讲:"这个病你比我有经验,所以还得多听听您的意见。"病人听后会自然做出积极的反应。所以,人们在影响他人的同时,也接受着他人的影响。

3. 交往的条件性

在人际交往中,首要的条件是双方所使用的符号必须相同或相通,这是交往发生的必备条件。所使用的符号可以是语言符号,也可以是非语言符号。如符号不同可闹出许多笑话。例:一个外国人与本国人交往时,必须使用同一种或彼此都能理解的语言或符号,否则易产生歪曲、误解。

二、人际关系的作用

(一) 人际关系的绝对性

人际关系在人们的社会生活中具有十分重要的作用。人际关系归根结底是一种社会关系,先进的社会关系要求产生新型的政治、经济关系,反作用于生产力,促进社会发展。而腐朽落后的人际关系是落后社会关系的反映,阻碍社会发展。对个体而言,在社会生活中,每一个人的人际关系状况都对其人生产生重要的影响。因而,人际关系具有绝对性。

(二) 人际关系是个人成长的基础和条件

人需要有思想感情上的交流。和谐健康的人际关系形成的是一个和谐、信任、友爱、团结、互相关心的群体环境的必要条件。这种环境能使人们从中汲取力量和勇气,使人在碰到挫折、困难时得到别人及时的帮助;这种环境能使人处在一种舒畅、快慰、奔放的精神状态中,容易形成乐观、自信、积极的人生态度,人们的情操、心理环境得到净化,思想境界得到升华;相反,不良人际关系使人产生猜疑、冷漠、嫉妒的心理,造成困惑、苦闷、孤寂和痛苦的精神状态,这样的情绪反应对个人成长是极为不利的。

（三）人际关系是个人健康的保障

一个人如果身处在相互关心爱护，关系密切融洽的人际关系群体中，一定心情舒畅，有益于身心健康。不良的人际关系，则会干扰人的情绪，使人产生焦虑、不安和抑郁的负面情绪。严重不良的人际关系，还会使人惊恐、痛苦或愤怒。现代医学研究表明，恶劣的情绪实际上是对身心健康的最大摧残，若处于恶劣的情绪之中，即使用再好的营养补品，再佳的健康锻炼，也无法达到强身健体的功效。俗话说“健康之道在于‘和’”，即人际关系的和谐、状况良好有利于人的身心健康。

（四）人际关系是事业成功的重要保证

人际关系对人生业绩的影响很大，是人们取得成功的重要条件之一。据悉，美国卡内基工业大学曾对 1 万多案例记录进行分析，结果发现“智慧”、“专门技术”和“经验”只占成功因素的 15%，其余的 85% 决定于人际关系。

爱因斯坦曾强调过人际关系的重要性：只要我们全面考察一下我们的生活和工作，我们就会马上看到，几乎我们全部的行动和愿望都同别人的存在密切联系在一起。

三、人际关系的基本原则

卡耐基说过：“和谐的人际关系是一笔宝贵的财富。”那么，我们怎样才能拥有这笔财富呢？换言之，我们应该如何来奏响人际关系的和谐乐章呢？下面是人际交往中应当遵守的 10 条基本原则，也是和谐的交际不可或缺的 10 个基本“音符”。

（一）平等

生活在现实中的每一个人，虽然性别、职务高低、知识多寡不同，在人格上都是平等的。因此，在人际交往中我们绝不能把自己高抬一寸，把别人低放一尺，有意与对方“横着一条沟，隔着一堵墙”，给别人一种“拒人于千里之外”的感觉。如果在交际中出现以权压人、以势压人、以强凌弱，把自己看得高人一等，把别人看得一钱不值的现象，那就根本不可能实现人人平等，不可能构建和谐相处的人际关系。

（二）尊重

渴望受到尊重是每个人的基本心理需求。在人际交往中，我们对所有的人，不管其地位高低贵贱，都应该给予应有的尊重。我们不仅要尊重他人的人格、个性习惯、权力地位、情感兴趣和隐私，还要尊重彼此存在的外显或内在的心理距离，不要轻易地去突破它、破坏它，否则就是对别人的冒犯，势必造成对方的戒备、反感和疏远。

自尊心是人的心灵里最敏感的角落，一旦挫伤一个人的自尊心，对方就会以十倍的疯狂、百倍的力量来与你对抗。其实做到尊重别人并不难，有时只需一个微笑、一句问候、一声敬称、一双善于倾听的耳朵、一张不刨根问底散布流言蜚语的嘴巴，就会给别人的心情带来阳光和温暖，当然也会为自己带来真挚的友谊与和谐的交际。

（三）沟通

央视著名节目主持人白岩松曾说：“每个生命都需要表白。”那么，与表白如影随形的便是人际关系中的沟通。只有沟通，才能让别人了解自己，同时自己也才能了解别人；只有沟通，才能不断增进彼此的理解，从而减少或避免一些不必要的误会和摩擦。越是不沟通，越是有意设防，就会越难使人心达到交融。沟通需要主动，一味地等着别人与自己沟通，等不来“好人缘”。能沟通不等于会沟通，善于沟通者知道根据不同的对象、场合采取不同的交际方式，懂得“到什么山，唱什么歌”。沟通总是与口才紧密相连，口才能为你的沟通铺就顺畅的道路，能帮你的交际书写和谐的华章。

（四）宽容

天下没有两片相同的树叶，也没有两个完全相同的人。俗话说“尺有所短，寸有所长”，人的性格、特长各有差异，在处理人际关系中不能强求一致。人与人要和谐相处，就要有求同存异、相互谅解、不求全责备的宽广胸怀。既然我们自身都不完美，我们又怎能苛求他人完美无缺呢？在人际交往中，我们对他人的要求不要过分，不要强求于人，而要能让人时且让人，能容人处且容人。人非圣贤，孰能无过？一旦对方犯了错误，我们也不要嫌弃，应给他提供改过的宽松条件，原谅别人的过失，帮助别人改正错误。“海纳百川，有容乃大”，“水至清则无鱼，人至清则无友”，在工作和生活中，人们总是喜欢和那些宽容厚道的人交朋友，正所谓“宽则得众”。

（五）欣赏

希望得到别人的注意和肯定，这是人们共有的心理需求，而欣赏正是满足这种需求的一种交际方式。人际关系大师卡耐基说：“避免嫌弃人的方法，那就是发现对方的好处。”因此，在交际中我们应抱着欣赏的心态来对待每一个人，时时留心身边的人和事，多发现别人的优点和长处。赞美是欣赏的直接表达。有道是“良言一句三冬暖”，一句真诚的赞美往往可以给别人也给自己带来好心情。学会发现别人的长处并由衷地赞美，这是促进人际关系和谐的“润滑剂”。

（六）换位

在现实生活中，我们总是习惯从自己的主观判断出发为人处世，因而常导致一些误解的发生。所以，为达到彼此的认同和理解，避免误会和偏见，我们要学会“换位思考”。所谓“换位”，即俗话说的“板凳调头坐”，就是要善于从对方的角度和处境认知对方的观念、体会对方的情感、发现对方处理问题的个性方式。只有设身处地地多为别人着想，才能够最大限度地理解别人，从而找到相处的最佳途径和解决问题的恰当方法。孔子有言，“己所不欲，勿施于人”，意思是自己所不想要的，不要施加到别人身上，说的就是这个道理。也正如一位哲人所说：“你希望别人怎样对待你，你就先怎样对待别人。”因此，交际中只要少一点自以为是，多一点换位思考，就会少一些误解和摩擦，多一些理解与和谐。

（七）弹性

一个人的人际关系不和谐，原因可能是多方面的，其中往往与其交际方式太死板，不留余地有关。因此，我们需要在交际中建立一个“弹性隔离带”，使自己、对方乃至双方都能获得更大的回旋空间，以减少或避免一些不必要的摩擦或伤害。比如说，在答应别人时，不要总是那么言之凿凿，一旦自己因客观原因无法兑现，岂不给对方以“言而无信”的印象；在拒绝别人时，不要总是那么生硬地一口回绝，不妨先答应考虑一下，给自己留点回旋的空间，以便到时候“进退有据”；在批评别人时，不要一味地高声大喊，如果是在公众场合，最好点到为止，照顾一下对方的自尊；与人争论或争吵时，不要口不择言地说些“过头话”、“绝情话”，这不仅会严重伤害对方的感情，而且也往往使双方难以“下台”；在请人帮忙时，不要直接让对方按你的要求去做，遇到不该办的事情或对方无能为力的事情，难免会造成尴尬的僵局；等等。大量实践表明:为自己的交往增加些弹性,给自己和他人都留些余地,有助于你的人际关系更加和谐。

（八）诚信

孔子说:“人而无信,不知其可。”诚信是无形的“名片”,关乎一个人的形象和品质。在现实生活中不少人“一切向钱看”,不讲诚信,连自己的亲朋好友都敢蒙骗,由此使得人与人之间信誉度降低,严重损害了人与人之间关系的和谐。面对诚信的缺失,光呼唤是不够的,我们每个人都是建设诚信大厦的砖瓦,需从自身做起,从身边的一件件小事做起,如:不要失信于人,对别人有求于我们的事,我们一旦答应了就要尽全力去办。如果确因客观原因无法完成,就应向人家解释清楚,求得对方的谅解;要尽可能本色地做人,不要总是戴着一副假面具与人交往,虚对委蛇;不要抱着“没有永远的朋友,只有永远的利益”的想法,以一种“利用”的心态与人交往,甚至做出“过河拆桥”的卑鄙之举;防人之心固然不可无,但也不必处处设防,总是用一种怀疑的眼光来看人,须知猜疑是人际关系的暗礁。只要我们每个人都以自己的实际行动恪守诚信,相信诚信之火定能成燎原之势,到那时和谐的人际关系何愁不能建立?

（九）合作

当今社会,人与人之间的竞争日益激烈,但这并不意味着合作变得可有可无。相反,随着社会分工的精细化和工作内容智力成分比重的增加,许多工作不再依靠个体力量来完成,而要依靠团队合作来实现。一个人即使本领再大,是块“好铁”,但充其量又能打几颗“钉”呢?因此,合作是人际交往的基本准则,一个善于交际的人必定是一个善于合作的人。在合作基础上竞争,在竞争基础上合作,是人际交往的基本态势。如果只讲竞争不要合作,那么必定出现不择手段的恶性竞争和无序竞争的现象,人际关系的和谐也将无从谈起。所以在人际交往中,我们应予对方多一些支持,少一些拆台;多一些协商,少一些固执;多一些沟通,少一些封闭。只有这样,我们的人际关系才能少一些紧张与摩擦,多一些温馨与和谐。

（十）互惠

在现实生活中,人与人的关系之所以会出现不和谐的音符,产生一些矛盾和摩擦,其中就与一方某方面的利益受损有关。因此,要有效化解矛盾,消除摩擦,就不能太自私、“吃独食”,而应坚持“互惠”,追求“双赢”。比如:在交际心态上,不要只想自己享受,不让别人舒服,更不能置对方于死地而后快;考虑问题时不能只为自己着想而不为他人考虑,只顾眼前利益而不考虑长远利益;在双方意见不能统一时,可跳出“思维定势”,谋求一个折中方案;对利益有争议时,双方要坐下来诚恳协商,必要时不妨都做出一定的妥协。人际关系要达到和谐,必须保持一定的平衡,任何一个好的关系都是双方受益的,如果一方长期受损,这种关系是长久不了的。在交际中,只要我们肯让自己先退一步,给足对方面子,肯在自己的底线上留有一定的弹性,肯通过利益共享共谋发展,那么,就一定能取得沟通的最佳效果,也一定能使人际关系变得更加和谐。

四、形成良好人际关系的技巧

（一）要塑造“好人缘”的公众形象

“人缘”,其实就是人际关系。一个人的人际关系状况,即是否有个好“人缘”,直接影响到工作、学习和生活，更关系到办事能否顺利地达到目的。那么，怎样才能有个好“人缘”呢？

（1）要有容人之量。在人际关系中，有时发生矛盾，使人心存芥蒂，产生隔阂，个中情结，剪不断，理还乱，当何以处之呢？一种方法是“冤家路窄”，小肚鸡肠，耿耿于怀；另一种方法，则是冤家宜解不宜结——“相逢一笑泯恩仇”。毫无疑问，在处理人际关系时，后一种态度是值得称道的。

（2）做人要厚道。在处理人际关系时，不能待人苛刻，使小心眼。别人获得了成功，不能眼红，不能嫉妒；别人出了问题，不能幸灾乐祸，落井下石，更不能给人“穿小鞋”。

（3）为人处世要有人情味。要关心人，爱护人，尊重人，理解人。人与人相处，应当减少“火药味”，增加人情味。

（4）要以诚待人。诚实是人的第一美德。做人要坦诚，更要侠骨柔肠，光明磊落，襟怀坦荡，使人如沐春风，这样才能有个好人缘。

（5）要想人缘好，还要靠近“好人缘”。在你选择朋友，建立人际关系网络时，最好能选择好人缘的人。而且与这种人关系越密切越好。

（二）学会与不同性格的人打交道

与性格不同的同事相处的要点：人的一生，不知道要和多少人打交道，现代社会，各种信息的交流和传递增多了，人们的社会活动也频繁了，由于工作上、学习上、生活上的需要，我们每个人都不可避免地要与各种不同职业、不同思想的人交往，自然，在这些人中就有各种不同性格的人。那么，我们怎样与不同性格的人相处呢？我们应该看到，既然别人与自己性格不同，他们在待人接物方面，自然有许多地方跟自己不一样，当我们看到了别人与自己不同之处之后，不要觉得这也不顺眼，那也看不惯，更不要讨厌和嫌弃别人，而是要承认差别。当我们认识到了这一点，看到不同性格的人，就不会强求别人处处和自己一样，就可能容忍相互间性格上的差别。

1. 学会求大同，存小异

性格不同的人，处理问题的方式往往不同，我们要学会在不同之中发现相同之处。比如，你若是一个性格平和的人，你给一位同事提意见，可能言辞不那么激烈，语气也比较委婉。如果你身旁有一位性格刚强而倔强的同事，他给同一位同事提意见，可能单刀直入，语言尖锐，甚至可能转而批评你，说你给别人提意见转弯抹角，是钝刀子割肉。这时候，如果你只看到那个直率的同事开展批评的态度和方式跟你不一样，觉得他太鲁莽，太不讲情面，你可能就会感到跟他格格不入，合不来，但如果你除了看到你们两个提意见的方式不一样之外，还看到他也和你一样，是出于一片好心，真心帮助同事，这样你可能就不会觉得他粗鲁无情，而觉得他有难得的古道热肠，同时也不会计较他对你的批评。我们要是能尽可能多地看到别人和自己之间的共同点，就容易与不同性格的人相处。

2. 要注意全方位了解别人

人们在互相交往中，可能都有这样的体验：你如果对一个人不了解，你和他在感情上就必然有距离。一个人性格的形成，往往跟他生活的时代、家庭的环境、所受的教育和经历、遭遇有关。我们在考察一个人的性格的时候，最好也要了解他性格形成的原因。这样，你可能就会理解他，体谅他，帮助他。慢慢地，你们之间就会相互增进了解，甚至还可能成为好朋友。

3. 注意多发现别人的优点，取长补短

两个性格不同的人在一起，由于对比明显，双方可能会很快发现对方的长处和短处。发现了别人的短处之后，正确的态度是给别人指出来，帮助他。世界上一切事物都不是尽善尽美的，每个人在思想上、性格上都有缺点，我们对人不能求全责备。同时我们更要注意发现别人的长处和优点。这样，大家不仅能够和睦相处，相互还会有所补益。

4. 胸怀应该宽一些，气量应该大一些

5. 要注意讲究不同的方式方法

这不是指那些“见人说人话，见鬼说鬼话”的世故圆滑，也不是指那些逢场作戏的玩世不恭。我们所说的待人方法的差别，是指要看到性格不同的人有他自身的特点，我们要针对这些特点采取因人而异的恰当态度。

（三）对不同性格的人采取不同的策略

1. 对死板的人，唤起他的兴趣

这种类型的人，就算你很客气地和他打招呼、寒暄，他也不会做出你所期望的反应来。他通常不会注意你在说些什么，甚至你会怀疑他听进去没有。与这种人进行交往，刚开始多多少少会感觉不安。

遇到这种人，你就要花些工夫，仔细观察，注意他的一举一动，从他的言行中寻找出他真正关心的事来。你可能随便和他闲聊，只要能够使他产生一些反应，那么事情也就好办了。接下去，你要好好利用这个话题，让他充分表达自己的意见。

每个人都会有他感兴趣、关心的事，只要你稍一触及，他就会滔滔不绝地说出来，此乃人之常情，因此必须注意掌握并利用这种人的性格和心理。

2. 对傲慢无礼的人，尽量少说

有些人自视甚高，目中无人，时常表现出一副“唯我独尊”的样子。这种举止无礼、态度傲慢的人，实在叫人感到生气，是最不受欢迎的类型。但是，当你不得不和他接触时，你需要如何对待呢？

对付这一类人，说话应该简洁有力，最好少说话，所谓“多说无益”。

3. 对沉默寡言的人，直奔主题

与不爱开口的人交涉是十分吃力的，因为对方过于沉默，你没办法了解他的想法，更无从得知他对你是否有好感。对于这种人，最好采取直截了当的方式，让他明白表示“是”或“不是”，“行”或“不行”，尽量避免迂回式的谈话。

4. 对深藏不露的人，多用心思

我们周围有很多深藏不露的人，他们不肯轻易让人了解他的心思，有时甚至说话不着边际，一谈到正题就“顾左右而言他”。

当你遇到这样一个深藏不露的人时，你只有把事先准备好的资料拿给他看，让他根据你所提供的资料做出最后决断。人们多半不愿将自己的弱点暴露出来，即使在你要求他说出答案或提出判断时，他也故意装不懂或言不及义地闪烁其词，使你有一种“高深莫测”的感觉，其实这只是对方伪装自己的手段罢了。

5. 对草率决断的人，步步为营

这种类型的人，乍看好像反应很快，他常常在交涉进行到高潮时，忽然做出决断，给人

“迅雷不及掩耳”的感觉。由于这种人多半性子太急，因此有时候为了表现自己的“果断”，决定就会显得随便而草率。

由于“反应”太快，这样的人每每会对事物产生错觉或误解，其特征是：没有耐心听完别人的谈话，往往“断章取义”，自以为是地下决断，如此虽使交涉进行较快，但草率做出的决定，多半会留下后遗症，导致意料不到的枝节发生。

从事交涉，倘若遇到这种人，最好把话题分成若干段，说完一段之后，马上征求他的意见，处理完毕再继续进行下去，如此才不至于发生错误，也可避免不必要的麻烦。

6. 对过分糊涂的人，尽量躲避

7. 对顽固不化的人，适可而止

顽固不化的人是难对付的，因为无论你说什么，他都听不进去，只知坚持己见，死硬到底。跟这种顽固分子交手，是最累人且又浪费时间的，结果往往徒劳无功。因此，在你与他交涉的时候，千万要注意“适可而止”，否则，谈得愈多，愈久，心里愈不痛快。对付这种人，不妨及时抱定早脱身的想法，争取速战速决，不必耗时费力，自讨没趣。

8. 对行动迟缓的人，拿出耐心

对于行动比较缓慢的人，交涉时最需要耐心。与人交涉时，也经常会碰到这种人，此时你绝对不能着急，因为他的步调总是无法跟上你的进度，换句话说，他是很难与你预定计划相一致的。所以，你最好耐着性子，尽可能配合他去做。此外应该注意的是：有些人的言行并不一致，他可能处事明快、果断，只是行动不相符合罢了。

9. 自私自利的人，投其所好

世上自私自利的人为数不少，无论你走到哪儿，总会遇到几个。这种人心中只有自己，凡事都将自己的利益摆在前头，要他做些于己无利的事，他是断然不会考虑的。但是，当我们不得不与其接触时，只有暂时抑制自己的内心的排斥情绪，姑且顺水推舟，投其所好。当他发现自己所强调的利益被肯定时，自然就会表示满意。如此，交涉就会获得预期的成功。

10. 对毫无表情的人，仔细观察

人的心态和感情，常常会透过脸部的表情显现出来，故在交涉时，往往可将表情作为判断情况的依据。然而，有些人却是毫无表情可言的，也就是说他们喜怒不形于色，这种人若非深沉，就是呆板。当你与这种人进行交涉时，最好的方法就是特别注意他的眼睛和下巴。有时候，适度的紧张和放松，也可以在交涉中形成一种理想的气氛。当你明白对方的反应是受自己的应对态度所影响，进而影响到交涉结果时，就不得不特别注意，研究一下自己的言行举止了，这是在碰到毫无表情的人时更应该注意的问题。

思考题

1. 什么叫沟通的媒介创新？如何实现有效的电子沟通(E—沟通)？

2. 何谓人际关系的维持？与同学讨论，罗列维持良好人际关系的手段和措施。

练习题

1. 下列情况中，适合使用单向沟通的是(　　)。

A. 时间比较充裕,但问题比较棘手

B. 下属对解决方案的接受程度至关重要

C. 上级缺乏处理负反馈的能力,容易感情用事

D. 下属能对解决问题提供有价值的信息和建议

2. 下列说法不正确的是(　　)。

A. 双向沟通比单向沟通需要更多的时间

B. 接受者比较满意单向沟通,发送者比较满意双向沟通

C. 双向沟通的噪音比单向沟通要大得多

D. 在双向沟通中,接受者和发送者都比较相信自己对信息的理解

3. 张先生是一家企业的经理,创业初期,公司里只有12个员工,每个人都由张先生直接管理。随着规模的扩大,张先生聘请了一位副经理,由他处理公司的具体管理事务,自己专心于企业的战略经营,有什么事情都由副经理向其汇报。则公司的沟通网络(　　)。

A. 由轮型变成了Y型　　B. 由Y型变成了轮型

C. 由轮型变成了链型　　D. 由链型变成了星型

案例8-1

如何避免沟通障碍

迈克在一家食品加工厂的包装车间里当管理人员,玛丽是车间里贴标签的工人。玛丽刚犯了一个严重错误,包装流水线上的产品换了,却没有换上相应的标签,迈克找玛丽谈话。

迈克:你怎么可能让这种事发生?我早就跟你说了,而且要你特别当心。

玛丽:当时我以为要换流水线上的产品,我会从打包工那里得到这个信息,可他什么也没对我说。

迈克:这不是我当时的意见,我说"打包者",指的是打包机,当产品换线时,它们红灯就亮了。

玛丽:我想我大概误解了你的意思。不管怎么说,那天你跟我说这件事时,我为母亲急得要命,她正在医院里开刀,我真没想到,贴标签会惹下那么大的麻烦。

案例思考:

1. 迈克传达给玛丽的信息不清楚是由什么情况引起的?

2. 迈克当时应该怎样做,才能保证信息准确到位?

案例8-2

总裁的特殊手段

美国西南部一家大型公用事业公司业绩不振,亟待扭转,公司总裁采用了一种非常特殊

的手段。他让公司的中层主管上报哪些是公司最具影响力的人。"不要管职称和岗位"，"哪些人代表了本公司的决心?"他想知道，公司若想把决策贯彻下去，需要得到哪些人的支持。

经过一个星期的深思熟虑，中层主管们报上了一份耐人寻味的名单，列名于上的是公司从上至下从事承担各项任务的典型员工，也是公司的舆论领导者，包括了一些工程师、应收账款员、货运卡车司机、秘书、一些中层主管本身，甚至还包括了一名清洁工。

这名总裁随后召集了这150名一线主管及所有言论领袖开了一次会。他交给大家一份议程和计划，说道："这是我们在财务上应有的表现，这是我们要用到核能发电的地区！这是我们的生产效率应达到的水平……"展示了所有大目标和挑战后，他总结道："我本来打算问中层主管该怎样来干，可是他们告诉我诸位才是使公司运转的灵魂人物，所以我邀请各位一起参与。我需要在场各位的协助。我要有什么样的激励计划和奖励方案，才能使大家齐心协力来做这件事呢?"

这些言论领袖回到各自的工作岗位后都在猜测："为什么他会问我?""工作不知还保不保得住?""提了意见后不知会不会被秋后算账?"可是总裁意志坚定，计划终于成功。一些员工经过认真思考后，交回来的答案不仅令人惊奇，而且效果也非常好。中层主管领导们不禁对这种反应感到震惊——他们在数年前就该这样做了。

经过这次转型后，该公司开始步入正轨，保持持续增长。

案例思考：

该公司为什么能迅速扭转局面?

心理测试：你的人际关系到底如何?

主试者：

测试目标：　　你的人际关系状况

测试对象：　　测试日期：　　年　　月　　日

测试说明：

此问卷是由卡内基·梅隆学院的心理学家谢尔登·科恩设计的，请你现在就去做这个测试。你可以直接在书上写出每题的答案(答案在"是"或"否"两者中选择)，也可以在一张纸上写出1至114个题号，在每题后写下你的答案，然后对照后面的评分方法测出结果。

测试题

1. 一个十几岁的少年开车经过我的院子，汽车音响放着刺耳的摇滚乐，我会觉得血压开始升高。
2. 有几个我信任的人能帮助我解决问题。
3. 我上周至少有3天时间在为一些平常的事而担心。
4. 如果理发师剪掉的头发比我预期的多，我会言辞婉转地让他明白我的意思。
5. 如果我需要别人帮忙修理家电或修车，有人可以帮我。
6. 在超市，排在"12件商品以内"的快速通道时，我几乎总会向前面扫一眼看看是否有人的东西超出 12 件。

7. 我大部分朋友都比我有趣。

8. 我上周有三四天不想吃东西,胃口很差。

9. 工作节奏通常很快,很忙碌。

10. 大城市中多数无家可归者之所以穷困潦倒,是因为他们没有抱负或缺乏自律。

11. 有人为我的成就而骄傲。

12. 过去,我生一个人的气时,会偶尔推搡他或打他。

13. 我觉得寂寞时,有几个人可以聊聊。

14. 过去一周,有三四天我觉得无法摆脱沮丧情绪,即便有朋友或家人帮助也不行。

15. 我读到与毒品有关的犯罪活动的报道时,希望政府提供包括对毒品贩子的更完善的教育及戒毒计划。

16. 我觉得不能和任何人友好地谈论隐私和个人内心的问题。

17. 艾滋病流行主要是由于人群中少数人对自己行为不负责任造成的。

18. 在上一周一半以上的时间里,我觉得自己和别人一样出色。

19. 工作之外,我的生活节奏也很快,很忙碌。

20. 和朋友或亲人争论时,我发现出言不逊很见成效。

21. 我常常和家人或朋友见面或交谈。

22. 当交通阻塞时,我很快变得怒火中烧。

23. 我认识的大部分人对我评价很高。

24. 如果有项十分重要的工作需要处理,我更喜欢自己亲手去做。

25. 如果我需要在一大早坐车去飞机场,想找人送我去很难。

26. 我上周有三四天发现自己无法集中注意力去做手头的事儿。

27. 我的工作相当费力气。

28. 通常我更愿把愤怒的情绪留给自己。

29. 我觉得似乎我的朋友圈子不总是把我算做其中的一分子。

30. 如果前面开车的人开车时横冲直撞,我会减速以躲开他或她。

31. 确实没有一个人能对我处理问题的方式提出客观公正的看法。

32. 上周至少有 3 天我都觉得郁郁不乐。

33. 如果有人不公正地对待我,我往往一连几小时想着这件事。

34. 我喜欢和几个不同类型的人一起消磨时间。

35. 在不熟的路上开车时,如果前面的车辆在接近弯道时开始减速或停车,我常常会以为前方有人出了车祸,甚至是更大的事故。

36. 我认为我的朋友们觉得我不善于帮他们解决问题。

37. 我上周至少有 3 天觉得做什么都很吃力。

38. 如果别人说出一种无知的想法,我常常会纠正他。

39. 我觉得待在家中或参加休闲活动都非常吃力。

40. 在银行或超市排队时队伍移动缓慢不会惹我生气。

41. 如果我觉得不舒服,需要朋友、家人或熟人送我去医院,我却很难找到这么一个人。

42. 如果有人粗鲁无礼或惹人讨厌,我能针锋相对地对待他或她。

43. 如果我想外出旅行一天(比如,到海边或乡下),我很难找到人和我同行。

44. 我过去一周中有一大半时间觉得对未来充满希望。

45. 每一次选举年来临时,我会重新发现搞政治的人们不大可信。

46. 如果因为紧急情况(比如,我的公寓或家中断水或断电),我需要找地方待一周,我能轻松自如地找到借宿之处。

47. 只要电梯在我等的楼层以上停留时间过长,我很快会觉得生气。

48. 没有人能分享我最隐私的烦恼和恐惧。

49. 和我不喜欢的人相处时我发现很难不对他或她粗鲁无礼。

50. 我上周至少有3天觉得自己的人生很失败。

51. 我看见一个体重超重的人走在大街上时,奇怪为什么这种人如此缺乏自控力。

52. 如果我生病了,几乎没有人帮我处理日常杂事。

53. 当我坐在汽车的前排座位,但不是我开车时,我仍然会尽力对前方的障碍物保持警觉。

54. 处理和家庭有关的问题时,我可以向某人征求意见。

55. 上周有一多半时间我觉得恐惧不安。

56. 如果有人批评我做的事,我会很恼火。

57. 我像其他多数人一样擅长做事。

58. 如果与人发生争论,我能感觉自己的心脏怦怦直跳,呼吸急促。

59. 如果一天下午我决定当天晚上去看电影,我很容易找到人愿和我同去。

60. 我上周至少有3个晚上都睡眠不宁。

61. 我在工作中有许多隐私。

62. 如果朋友或同事不同意我的观点,我很容易和他们展开争论。

63. 如果我需要就如何处理个人问题得到建议,我知道去找谁。

64. 如果谈话中别人讲话速度很慢,我会替他或她讲完那句话。

65. 如果我有急事需要借100元钱,我总能找到借钱给我的人。

66. 由于害怕被捉住,大多数人不会不买票就溜进电影院。

67. 我上周的大半时间都很高兴。

68. 听到恐怖分子又发动袭击的消息,我会严厉地斥责他们。

69. 总体上看,人们对我不太信任。

70. 与对我至关重要的人讲话时,我常发现由于紧张使自己的思想比打算说的话转得更快。

71. 多数我认识的人喜欢做的事和我不同。

72. 过去当我很生气时我偶尔会扔东西或摔门。

73. 制订就业计划或换工作时,我能找到人寻求建议。

74. 我上周至少有3天比平常说话少。

75. 居家或业余闲暇活动中我有相当多的隐私。

76. 日常生活中的小烦恼常常令我很生气。

77. 别人不常邀请我一同去做事。

78. 如果我不赞同一个朋友的行为，我通常会告诉他或她。

79. 多数朋友在生活中所做的改变比我要成功。

80. 我上周大半时间觉得寂寞。

81. 我很少能控制自己在工作时使用时间的方式。

82. 在机场售票后验票时，我常常把定座牌丢在办事员处。

83. 如果我离家几周，找人照看家会很难。

84. 这周的每一天，我都会有一段时间觉得牢骚满腹。

85. 确实没有我能信任的人给我提出合理的理财建议。

86. 上周至少有 3 天人们对我不友好。

87. 如果在商店有人撞到我，我会为这人的笨手笨脚而生气。

88. 如果我想找人共进午餐，能很容易找到这样一个人。

89. 如果配偶在做饭，我会留心是否有东西烧焦或煮的时间太长。

90. 我比大多数人对自己生活更满足。

91. 我上周有一大半时间都在享受生活。

92. 待在家中或休闲活动中，我不大能控制自己消磨时间的方式。

93. 如果在最后一分钟朋友才打电话说他或她“今晚太累不想出去”，剩下两张 20 元的门票让我进退两难，我会告诉朋友他或她太不体谅我了。

94. 如果我的汽车在离家 10 里处抛锚，我打电话给某人，他或她会来接我。

95. 当我回忆过去让我生气的事时，会再一次感到生气。

96. 我认识的人中没有人会为我开生日聚会。

97. 我所见的许多逛购物中心的人只不过是在浪费时间。

98. 找一个愿把汽车借给我几小时的人很难。

99. 我上周有三四天都要大叫大嚷一通。

100. 聚会时如果有人独占讲话机会，我会设法损他或她。

101. 如果出现家庭危机，找到能提出恰当处理方法的人很难。

102. 和无能的人一起工作不得不容忍他们，这令我很恼火。

103. 我和朋友的关系比其他人与他们朋友的关系更近一些。

104. 我上周大半时间觉得悲伤。

105. 工作中我做决定的自由很少。

106. 我的伴侣要送我礼物时，我通常喜欢自己挑选。

107. 我所认识的人中至少有一人我可以相信他的建议。

108. 我对某人评价不高时我可能会告诉他(她)。

109. 如果我需要人帮我搬家，我很难找到人帮忙。

110. 我上周有三四天觉得人们不喜欢我。

111. 大部分争论中我是比较生气的一方。

112. 和朋友同步行动对我而言很困难。

113. 我上周有三四天“什么都干不成”。

114. 待在家中或休闲活动中我只有很少的自由。

你在40道社会支持问题上的得分可以直接反映你的人际关系的质量及数量。你的社会支持总得分由4种截然不同的支持关系组成：

情感支持——你处理感情问题时可以找人帮助的程度；

归属支持——你有一个家庭成员及朋友组成的关系网，你可以和他们共事的程度；

实际支持——在满足实际需求时，比如开车送你去机场等，总有人可以帮你的程度；

自尊——你的人际关系增强你的自我珍视的程度。

评估感情支持，下面各答案可各得1分：

2—是　16—否　31—否　48—否　54—是

63—是　73—是　85—否　101—否　107—是

衡量来自家人朋友关系网的归属支持，下面各答案可各得1分：

13—是　21—是　29—否　34—是　43—否

59—是　71—否　77—否　88—是　96—否

给实际支持打分，下面各答案可各得1分：

5—是　25—否　41—否　46—是　52—否

65—是　83—否　94—是　98—否　109—否

衡量自尊，下面各答案可各得1分：

7—否　11—是　23—是　36—否　57—是

69—否　79—否　90—是　103—是　112—否

把这几部分得分相加，即是你的社会支持总分：

情感支持______　归属支持______　实际支持______　自尊______

你的社会支持总分______

你的社会支持得分越高，你的人际关系就越好。如果在总分40分中你的得分不足28分，那就说明，改善你的人际关系的质量和数量，将会改善你的健康，增进你的幸福。找出问题所在，看一下你在各部分得分情况。如果每部分得分都是7分或者低于7分，你的人际关系的各个方面都需改进。相反，如果其中一部分得分明显低于其他部分得分，那么这一部分应是你重点注意的地方。

抑郁所特有的没精打采、充满绝望也能损害人际关系。衡量你的抑郁程度，下面各答案可各得1分：

1—是　8—是　14—是　18—否　26—是

32—是　37—是　44—否　50—是　55—是

60—是　67—否　74—是　80—是　86—是

91—否　99—是　104—是　110—是　113—是

如果你的抑郁得分是5分或5分以上，你的抑郁情绪可能正在损害你的人际关系。

敌意包括以不相信别人为突出特点的愤世嫉俗、日常与别人交往中常常生气，以及对他人的进攻性较强等。这几个特点显然会损害人际关系。

给愤世嫉俗打分，下面各答案可各得1分：

6—是　10—是　17—是　24—是　35—是

45—是　51—是　53—是　66—是　70—是

82—否　89—是　97—是　106—是

测量愤怒,下面各答案可各得1分:

1—是　15—否　22—否　33—是　40—否

47—是　56—是　58—是　68—是　76—是

84—是　87—是　95—是　102—是　111—是

衡量进攻性,下面各答案可各得1分:

4—是　12—是　20—是　28—否　30—否

38—是　42—是　49—是　62—是　64—是

72—是　78—是　93—是　100—是　108—是

把上述三项得分相加,可得到你的敌意总分:

愤世嫉俗______　愤怒______　进攻性______　敌意总分______

如果你的敌意总得分高于16分,你的敌意可能正在损害你的人际关系。你愤愤不平的态度、愤怒的情绪或者富有进攻性的行为可能需要改进。在本书后面章节中你将学到的技巧会帮你控制你的敌意。

最后一点,工作中或工作之外的压力可能会让你缺少情感或物质上的安慰,不能建立、维持良好的人际关系。衡量你在工作中的压力(紧张)程度,下面各答案可各得1分:

9—是　27—是　61—否　81—是　105—是

衡量你在家中及闲暇时间的压力(紧张)程度,下面各答案可各得1分:

19—是　39—是　75—否　92—是　114—是

工作中或在家中闲暇时间你的压力(紧张)程度得分为3分或3分以上,表明这些领域中的压力(紧张)可能正在损害你的人际关系。

如果你在社会支持上得分较低——低于28分,很可能你会发现自己在抑郁、敌意或压力(紧张)等方面的测量中也得分较高。如果你的收入或教育水平偏低,你更可能在社会支持上得分偏低,而在其他社会心理风险因素上得分偏高。

如果上述各项中你有一项得分较高,你可能也有健康问题。

管理游戏:异国语言

一、游戏目的

检验语言的干扰因素;证明在不良环境下的沟通态度与挫折;描述口语沟通无故受限制时,采用非口语沟通带来的冲击。

二、游戏准备

每位成员准备一支铅笔和一张纸;每位成员都备一个眼罩(或其他遮眼物)。

三、游戏程序

1. 培训师将学员分成小组(例如4人、6人等)。

2. 当所有小组均已组合,让每个小组决定并记住自己的语言。这语言必须跟本国语言很不相同,而且内容包括下列:问候语;某些物品、人物或事件之描述;对一种物品或一个人物的评价;告别语。45分钟后结束,结束前每组必须能讲出所创造的语言。

3．每组的每个成员自行报数编号，如1、2、3、4。培训师指出同是1号者组成一小组。同样地，2号、3号、4号……均组成一个小组。

4．培训师指示每个小组的人各自散开。每位成员待会必须教其他伙伴用新语言，不能用本国语言或其他已知的语言（20分钟）。

5．培训师给每个小组一个眼罩。一位带眼罩的自愿者向小组成员教自己原来小组的语言。再让第二个自愿者重复做一次即止（20分钟）。

6．培训师分发眼罩给所有未带眼罩的成员。大家站于小组的位置上，将所有椅子移走，戴上眼罩，依指示去寻找自己原来的团体，不能使用任何方便语言或成员姓名（仅使用自己团体创造的语言）。

7．当原来的小组均已再组合，培训师讨论此活动，并回答下列问题：此经验对沟通的意义是什么；在此经验中，你的感受如何；从此经验中，你自己学到什么？

8．培训师引起一般性讨论，例如碰到不懂某一种语言的人或盲人可能产生沟通困难的问题。

参考文献

[1] 丁宁，管理沟通[M]．北京：清华大学出版社，2011．9

[2] 陆卫明、李红，人际关系心理学[M]．西安：西安交通大学出版社，2006．9

相关网站

http://www.goto123.net 沟通中国

http://www.zhyjw.com/index.html 中华演讲网

http://www.zh09.com 中华管理学习网

第九章

领　导

引导性案例

困难时期，领导力的重要超乎想象

很少有公司像皇家太阳联合保险公司(Royal & Sun Alliance Insurance Group，RSA)一样，在金融危机中被迫裁员的情况下，仍然能持续提高员工的工作投入。

亨特(Hunt)是 RSA 人力资源总监，掌管着 RSA 在全球 30 多个国家 23 000 多名员工的人力资源管理工作。毕业于牛津大学法律系的她在安盛(Axa)工作期间认识了现任 RSA 首席执行官的安迪·赫斯特(Andy Haste)，并最终随他离开安盛，进入 RSA 开始自己新的职业生涯。也正是在那段时间，亨特开始关注工作投入这一领域。

1996 年，皇家保险公司和太阳联合保险公司合并为 RSA，而自那时起，组织内部便隐藏了许多深层次的隐患。为了彻底解决问题，赫斯特在 RSA 内部展开了大刀阔斧的改革。为此 RSA 曾邀请合益公司对其员工进行调查，调查涉及责任明晰度、绩效与报酬的相关度，以及高级管理层中的沟通与信任等维度，结果显示 RSA 在所有调查维度中均表现得异常平庸。合益为 RSA 开出了药方：选拔一个有力的领导人并积极推进组织内部坦诚而又透明的沟通，以此促使每个人都清楚地认识自己的职责所在，并清晰地预见到良好绩效为他们带来的好处。

资料来源：中国人力资源网 http://www.chinahrd.net/manage/info/165945

本章知识点

1. 领导的含义
2. 领导的主要理论
3. 领导决策艺术和领导用人艺术

第一节　领导概述

一、领导的含义与特征

（一）领导的含义

1. 词义解释

李瑞环曾在2001年9月29日第九届全国常委会十五次会议闭幕会上指出："领"就是带领，就是走在前面、干在前边，身先士卒；"导"就是引导、教导、影响。只有"领"好了，"导"才能走作用。

"领"与"导"的含义是大不一样的。比如，一只羊想把一群羊带到悬崖下面，就有个方式方法问题。"领"，就是自己走在前头，率先纵身跳下悬崖。这就是我们平常说的"身先士卒"；"导"就不一样了，可以通过宣传鼓动，教育引导，使羊群无所畏惧地争先恐后冲下悬崖，而"导"者可以站在悬崖上袖手旁观。

2. 领导的含义

领导就是在社会共同活动中，具有影响力的个人或集体，在特定的结构中通过有效的途径，动员下属实现群体目标的过程。领导由前提、主体、结构（环境）、手段、目标五个部分所构成。

（1）领导活动是存在于群体之中的，一个人不能形成领导。群体的生存与发展，必须通过领导才能保持一种秩序，提供一种动力，确定一种方向。群体生活成为领导得以诞生的前提。

（2）领导活动的主体是由领导活动的发动者、组织者与执行者共同组成的。领导活动的主体包括两个要素，一是领导者，二是追随者（下属）。从领导者、追随者与目标的关系角度着眼，领导者与被领导者共同构成了领导活动的主体，其中追随者的主体地位在一定程度上是不可替代的，追随者的积极性、创造性是实现组织目标的关键。领导之所以不同于其他的社会活动，就在于这是一种必须依靠下属才能将决策方案转化为现实成果的社会活动。任何层次的领导者必须依赖较强的人际交往技能，才能保证领导活动的成功。由此导致了领导活动必然要以激励、动员和鼓舞员工为核心。

（3）领导活动都是在一定的结构中展开的，尤其是近年来对非正式结构的研究丰富了领导结构的内涵。

（4）领导活动的手段是领导者调动和激励下属的方式。领导活动说到底乃是由领导者和追随者共同构成的，单有任何一方，都不构成领导活动。这就决定了领导者通过什么样的首选途径，调动下属的积极性，使其最大限度地致力于组织目标的实现，按照领导者的意图进行行动，成为领导学关注的核心问题。这主要表现在领导者对领导方式和激励手段的选择上。

（5）领导活动的目标是领导活动的归宿。目标规定领导活动的方向和归宿，一个没有目标的领导活动不仅是没有成效的，而且也会迷失方向。

（二）领导的特征

领导作为人类社会的一种活动，同其他社会活动相比，有其自己独有的特征。概括地讲,领导的特征主要表现在以下几个方面。

1. 权威性

无论是从领导过程看,还是从领导结果讲,权威性都可以说是领导的首要特性,因为领导权威是领导者得以开展活动的前提和基础。领导权威是一种理性权威,因为领导活动是以理性为基础,以法律法规为依据。

2. 服务性

领导的本质就是服务,服务性是领导活动的价值取向和精神归宿。在领导活动中,领导者虽然也可以运用强制性的权力来展示其威严,但如果以此来推断出其拥有的权力是私有的,那么就从根本上违背了领导的本质属性。现代社会普遍认为,领导者的权力是由人民授予的,领导者不是权力的所有者,而是民意——公权力的代理者,其承担的是一种公共使命。因此,作为居于特定职位上的民意的代言人和代理人的领导者,就必须要为全体组织成员的利益服务,为全体社会成员的利益服务。领导者也只有把自己的身心投放到公共使命当中,才可能不断地加强和巩固领导的权威。

3. 综合性

领导的综合性是指领导内容和领导者的素质具有综合性。从领导内容讲,领导所进行的指挥和协调等活动具有极强的综合性。从现代社会分工的层次上讲,领导活动涉及的范围广,领域宽,因此,担当统领和引导职能的领导活动的综合性程度也越来越高。从社会利益多元化的角度上说,领导活动面临着多方利益表达所带来的较大压力,因此,综合社会中各个群体的利益就构成了领导活动的一个重要内容。从领导者的素质说,它必须是政治素养、知识素养、能力素养、心理素养、身体素质等方面的综合。不仅如此,这些素养的每一个方面也都具有综合性,例如,单在知识素养方面,领导者需要的知识素养就包括专业知识、综合性知识以及必要的法律基础知识。而且,在这些方面只有理论知识还不够,一个有效的领导者还必须要有丰富的实践经验。

4. 超前性与战略性

在发展迅猛而多变的现代社会,领导者只有具备远见卓识,才能够准确判断未来可能发生的变化,正确把握组织未来的发展方向。因此,超前的思维方式是一个有效领导者的必备素养。领导的这种超前性不仅有利于组织把握成长和发展的机会,还有利于组织识别威胁。组织还可以根据预测及时做出战略决策和战略规划,预先对内部做出调整,从而增强组织对外部环境变化的适应能力。领导的战略性是指领导活动是以未来为导向的,领导者的眼光是前瞻性的,领导者通过战略决策和战略规划来实现组织的愿景和目标。可见,领导的超前性同其战略性是一致的,是连为一体的。

5. 超脱性与全局性

超脱性和全局性是领导的重要特性。在现代社会,领导活动要求领导者能够超越于各种利益群体之上。从全局利益入手,对各种事务进行整体性的统领和协调,动员和激励下属实现组织的目标。领导者只有超脱于繁杂的具体事务之上才有可能从根本上、宏观上把握领导活动的全过程。因此,它是领导者进行战略规划和引领组织变革的前提,是全局性的基础,即领导者只有在保持自身超脱的前提下,才有可能从战略上把握组织的方向,从整体上有效配置组织的资源,从而最终实现组织的整体目标。领导的超脱性和全局性不仅有利于领导者在各种纷繁复杂的矛盾中保持清醒的头脑，还有利于领导效能的不断提高。

二、领导理论

领导理论关注的核心问题是，哪些因素造就了有效领导者。围绕这一问题，相关的学术研究分别选择不同路径对各种可能的因素进行考察，希望能够发现其内在规律，以提升领导效能。由此，自 19 世纪末以来，领导理论研究经历了四个阶段，每个阶段分别由一种研究路径所主导：

（一）领导特质理论

特质理论侧重研究领导者的性格、品质方面的特征，作为描述和预测其领导成效的标准。研究的目的是通过研究，区分领导者与一般人的不同特点，以此来解释他们成为领导者的原因，并以此作为选拔领导者和预测其领导有效性的依据。实际上就是研究怎样的人才能成为良好的、有效的领导者。

1．传统领导特质理论——领导者的特质是生而具有的

这种理论认为领导者的特质是天生而具有的，生而不具有这种特质的人就不能当领导者。如亚里士多德认为：凡人从出生之日就已注定属于治人或治于人的命运。

传统领导特质理论主要是研究一名优秀而成功的领导所具有的内在品质与领导相关行为及绩效方面的关系。20 世纪早期领导特质研究主要是确定成为领导者的决定因素，这种理论被称为“伟人”理论。心理学家吉普认为，天才的领导者应该具备 7 种个性特点：外表英俊潇洒，有魅力；善言辞；智力过人；具有自信心，心理健康；善于控制和支配他人；性格外向；灵活敏感。

经过 40 多年的研究，研究者仍未能找到有效的领导者所应该具有的区别于被领导者的才智、个性、身体等方面的特质，也几乎没有证据表明领导者是天生的。只是更多的数据表明，领导者比其他人更好交往，更具主动性，更为活泼。除此之外，领导者通常好像具有一点原创性，较受欢迎，而且具有一点幽默感。但所有这些都不能确保一个人成为领导者，更不用说成为一个有效的领导者。传统特质理论可以启发人们看到领导者确实有某些独特素质，但其缺陷也是明显的：一是强调素质的先天性，否定后天环境的作用；二是有些因素相互矛盾。许多具有这样素质的人实际上并不是成功的领导者；而出色的领导者并非个个英俊潇洒，能言善辩。

2．现代领导特质理论——领导者的特质是实践中形成，可以培养与训练

美国西点军校的前校长戴夫·帕尔玛说过：“随便找个人给我，只要不是精神分裂症，我就可以把他培养成领导者。”

现代领导特质理论是反对传统领导特质理论那种片面强调先天的遗传、天赋的观点，认为领导者的个性特征和品质是在后天的实践中形成的，并且可以通过培养和训练加以造就。

20 世纪 70 年代，美国管理学家埃德温·吉赛利为研究有效领导者的素质曾调查了 90 个企业的 300 名经理人员，在其《管理才能探索》一书中提出了影响领导效率的八种品质（个性）特征和五种激励特征（见表 9-1）。

表 9-1 吉赛利的个性研究

品质	重要性
监督能力	100
职业成就	76
智力	64
自立	63
自信	62
决断力	61
冒险	54
人际关系	47
创造性	34
不慕财富	20
对权力的追求	10
成熟	5
男性化或女性化	0

注:重要性价值:100 = 最重要;0 = 没有作用。

吉赛利对这些性格的研究,由于其严密的科学性而受到重视。他的研究结果指出了这些性格的相对重要性。首先,才智和自我实现对于取得成功关系重大。其次,指挥别人的权力的概念并不很重要。再次,督察能力基本上是指运用管理职能来指导下级的能力。最后,男性女性这一特征与管理成功与否没有多大关系。

领导特质理论表明,领导者至少在某些领域确实具有天赋和才能,成功的领导者存在某些特质上的共性;特质仅仅是领导者应当具备的必要条件,仅有这些天赋和才能是不够的,个人的经验、正确的抉择以及对环境的正确判断也是使这些因素得以充分发挥的关键因素。领导特质理论只能说明具有哪些特质会有较大的机会成为领导者,成为有效的领导者,但能否真正成为有效的领导者,制约因素还很多。领导者的特质只为其成功提供了某种可能,重要的还是后天的学习和实践锻炼。但无论如何,领导特质理论毕竟为培养、培训和选拔领导者提供了一定的标准和依据。

(二) 领导行为理论

由于领导特质理论研究没有取得预期的结论,也由于 20 世纪 40 年代中期行为科学的兴起,研究者从领导特质研究转向了领导行为的研究,其主要出发点是分析有效的领导是否取决于领导者的行为与风格,如强硬、执著、坚定等。也就是说,领导的关键因素就是与某些独特的行为或处事风格有没有内在的关联。如果是这样,则可以通过特定的行为训练和风格培训来培养出大量的领导者。

领导行为理论认为领导者不是天生造就的,而是后天培养、塑造和形成的,通过对有效的领导行为模式和领导风格的研究,可以按照一些精心设计的培训项目把有效的领导行为模式移植到其他人身上,使之也成为有效的领导者。领导工作的绩效主要取决于领导者的行为和风格,而不是领导者的特质。领导行为理论强调一个有效领导者的行为,而不是判断谁应该是一位有效的领导者。

1. 四分图理论

在 20 世纪 40 年代末期在俄亥俄州立大学进行的研究中,研究者希望确认领导者行为的独立维度,他们收集了大量的下属对领导行为的描述,开始时列出了 1 000 多个因素,最后归纳出两大类,称之为“结构”和“关怀”维度。

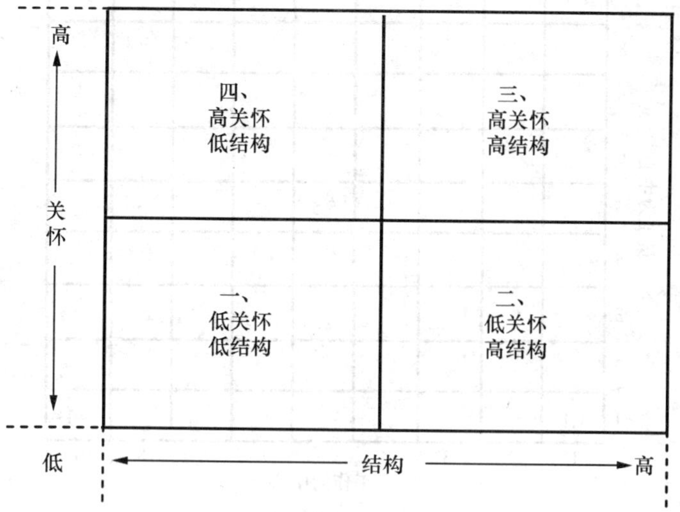

图 9-1 领导行为四分图

结构维度(Initiating Structure)指的是为了达到组织目标,领导者界定和构造自己与下属的角色的倾向程度。它包括试图设立工作、工作关系和目标的行为。具有高结构特点的领导者会向小组成员分配具体工作,要求员工保持一定的绩效标准,并强调工作的最后期限。

关怀维度(Consideration)指的是一个人具有信任和尊重下属的看法与情感的程度。高关怀的领导者帮助下属解决个人问题,友善而平易近人,公平对待每一个下属,并对下属的生活、健康、地位和满意度等问题十分关心。

以这些概念为基础进行的大量研究发现,一个在结构和关怀方面均高的领导者(高—高型领导者)常常比其他三种类型的领导者(低结构、低关怀或二者均低)更能使下属达到高绩效和高满意度。但是,高—高型风格并不总是产生积极的效果。比如,当工人从事常规任务时,以高结构为特点的领导行为导致了高抱怨率、高缺勤率和高离职率,工作的满意度水平也很低。其他研究还发现,直接上级主管对领导者进行的绩效评估等级与高关怀性成负相关关系。

总之,俄亥俄州立大学的研究说明,一般来说,高—高型风格能够产生积极效果,但同时也发现了足够的特例表明这一理论还需加入情境因素。

2. 管理方格理论

理论界普遍认为理想的方式既要是绩效型又要是关怀型。美国得克萨斯大学的布莱克和默顿对理想的领导方式加以分析综合,于 1964 年设计了一个巧妙的管理方格图(见图 9-2),醒目地表示主管人员对生产关心程度和对人的关心程度。

对生产的关心表示企业领导者关心组织目标的完成,包括政策的质量、程序与过程;新产品研发;职能人员的服务质量、工作效率及产品产量等。对人的关心是指领导者关心为完成组织目标而努力的组织成员,主要表现在保持员工的自尊,与员工的关系建立在信任而非顺从基础上,创造良好的工作环境,维持公平的薪酬结构,促进良好的人际关系等。

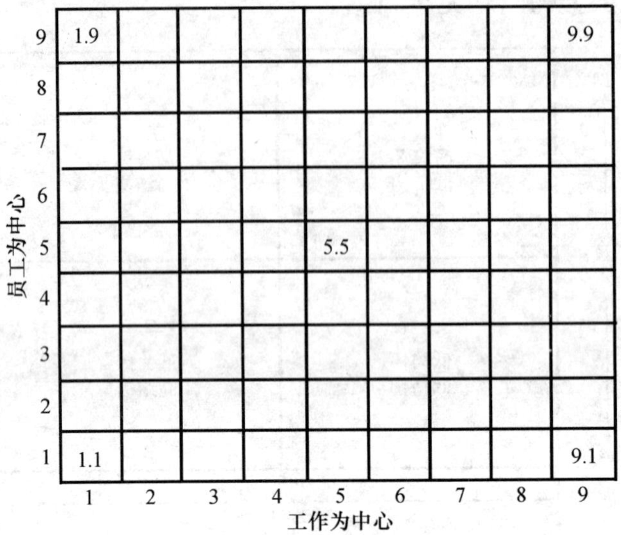

图 9-2　管理方格图

在这种领导理论中，首先把管理人员按照对生产的关心与对人的关心两个维度进行评估，给出等级分值(1—9)，以此为基础，把分值标注在两个维度坐标界面上，并在这两个维度坐标轴上分别划出 9 个等级，从而生成 81 种不同的领导类型。

代表性的领导行为有：

1.1 型(贫乏型领导)——表示领导者付出最小的努力完成工作。只做一些维持自己职务的最低限度的工作，庸庸碌碌，只要不出差错，多一事不如少一事。亦称贫乏型领导。其结果是：下属创造性受到抑制，下属只求较好地生存下去。(逃避做出决定，当意见发生冲突时持中立态度；造成一种冷漠的组织气氛，对下属很少予以激励；对工作结果很少给予反馈。)

9.1 型(任务型领导)——只注重任务的完成，是一种专权式的领导，下属只能奉命行事，可能会失去创造性或进取精神。亦称任务型领导。其结果是：下属变得与组织对立，一有可能就试图打击这种体制。世界上一些大型跨国公司的总裁就属于这一类型。

1.9 型(乡村俱乐部型领导)——特别关心员工，持这种方式的领导者认为，只要员工精神愉快，生产自然会好。这种领导的结果可能很脆弱，一旦和谐的人际关系受到破坏，生产业绩会随之下降。亦称乡村俱乐部型领导。其结果是，员工对组织的责任感主要限于社会活动，如参加正式集会等。内部一团和气，太平无事，但效益很差。中国部分国有企业的管理者属于这一类型。

5.5 型(中庸型领导)——既不过分重视人的因素，也不过于重视任务因素，努力保持和谐与妥协。亦称中庸之道型领导。其结果是：下属的创造性只限于提出建议和出主意，而且只注意维持现状。中国的传统领导者中很多属于这一类型。

9.9 型(团队型领导)——表示领导者对生产和员工都很关心，研究者认为这是最有效的领导方式。亦称团队型领导或战斗集体型领导。其结果是：下属以创造性的方式共同承担各种问题，并将他们的工作目标与领导人和组织的工作目标密切联系起来。正如日本企业家，吸收西方管理技巧和中国传统的管理理念，创造了日本奇迹。

遗憾的是，管理方格只是对领导风格这一概念提供了框架，并未回答如何使管理者成为有效的领导者这一问题。并且，也没有足够的研究证据表明9.9型风格在所有情境下都是最有效的。

领导行为理论有助于增加对各种不同类型领导行为的理解，注重行为模式而非领导特质，强调了领导培训的重要性。但和领导特质理论研究一样，都属于静态层面上的研究，只注重行为而没有考虑环境因素，也仅为高度复杂的领导过程提供了一个简单的视野，只考察了领导过程的强化因素，因此，其指导意义也是有限的。

（三）领导权变理论

由于领导特质理论和行为理论都没有从根本上解决领导的有效性问题，同样的领导风格在不同环境、不同性质的工作中可能产生完全相反的效果。比如，对管理体力工作有效的领导风格对管理研究所的科研人员也同样有效吗？对管理美国人有效的领导风格对管理日本人也同样有效吗？一些研究者注意到，情景变化时，领导风格也应随之调整。因此，20世纪六七十年代，对领导问题的研究开始由行为主义视角转向注重情景的权变理论转变。

该理论认为，并不存在着一种普遍适用的“最好的”领导方式。领导是一个动态过程，领导者的有效行为应随着情景的变化和下属的不同而变化。领导者在一定情景条件下通过与下属的交互作用来达到目标。领导绩效取决于领导者、被领导者、情景等因素的交互作用。

1. 菲德勒权变模型

菲德勒自1951年起，经过十多年的调查研究，提出了领导权变模型理论。他的权变模型是领导科学上最早的也是迄今为止最好的研究方法。其权变模型的基本前提是：他认为不存在一种“普遍适用”的领导方式，任何形态的领导方式都可能有效，其有效性完全取决于领导方式与环境是否适应。领导绩效是领导方式和领导情景相互作用的产物。如果领导方式与情景相容，那么这种领导就是有效的；如果领导方式不能满足领导情景的需要，那么，这种领导将失去有效性。领导者必须是一位具有适应能力的人。

菲德勒领导权变模型的应用非常广泛。菲德勒认为，个体的领导风格是稳定不变的，个体的LPC分数决定了他最适合于何种情景条件，因此，提高领导有效性的途径只有两条：第一条是替换领导者以适应情景。如果领导者不能适应他所在的领导情景，那么只能用另外一个领导者来替换他。第二条是改变情景以适应领导者，重新建构任务结构和领导职位权力，使环境符合领导者的风格。

2. 目标—途径理论

领导方式的“目标—途径理论”，是权变理论的一种，由加拿大多伦多大学的组织行为学教授豪斯最先提出，后来美国华盛顿大学的管理学教授米切尔也参与了这一理论的完善和补充。

“目标途径理论”来源于激励理论中的期待学说。期待学说（即期望理论，这一理论以弗罗姆的研究最有代表性）认为，个人的态度，取决于他的期望值的大小以及通过自己努力得到这一期望值的概率高低（期望概率）。豪斯认为，领导活动正好就是要影响下属的这两个方面。作为领导者，无非就是做两件事，一是要让部下清楚，他的努力能够得到相应的报偿；二是要帮助部下，将期望转变为动力，并使部下找到实现这种期望的路径。“目标—途径理论”同以前的各种领导理论的最大区别在于，它立足于部下，而不是立足于领导者。在豪斯眼里，领导者的基本任务就是发挥部下的作用，而要发挥部下的作用，就得帮助部下设定目标，把握目标的价值，支持并帮助部下实现目标。这一理论的两个基本原理为：一是领导方式必须是部下乐于接受的方式，只有能够给部下带来利益和满足的领导力式，才能使他们乐于接受；二是领导方式必须具有激励性，激励的基本思路是以绩效为依据，同时以对部下的帮助和支持来促成绩效。也就是说，领导者要能够指明部下的工作方向，还要帮助部下排除实现目标的障碍，使其能够顺利达到目标，同时在工作过程中尽量使职工需要得到满足。

（四）现代最新领导理论

近年来领导理论又有新发展，主要包括领导—成员交换理论、领导替代理论等。

1. 领导—成员交换理论

领导—成员交换理论（Leader-Member Exchange Theory）由乔治·格里恩（George Gracn）提出（1980）。该理论认为，由于时间压力，领导者与下属中的少部分人建立了特殊关系，这些下属成为圈内人。一般地说，领导倾向于将个人特点（如年龄、性别、态度）与自己相似，有能力、性格外向的下属选为圈内人。他们受到信任，得到领导更多的关照，也更可能享有特权，得到的绩效评估等级更高，离职率更低，对领导更满意。而其他下属则成为圈外人，他们占用领导的时间较少，获得满意的奖励机会也较少。该理论认为，当领导者与某个下属进行相互作用的初期，领导者就暗自将其划入圈内或圈外，并且这种关系是相对固定不变的。

2. 领导替代理论

根据领导权变理论的观点，领导行为的有效性取决于领导情景。然而，研究发现，在一些情景下，领导者表现出什么样的行为无关紧要，在这种情形下，取代“领导”行为而对结果产生重要影响的是任务、组织等变量，这些变量变成了“领导”行为的替代因素。史蒂文·克尔和约翰·杰迈尔的领导替代理论是这一观点的代表。

领导替代理论将环境变量分为替代因素和抵消因素两组。替代因素会使领导行为变得多余和不必要。这些因素涉及下属、任务和组织自身存在的一些特点，能够确保下属清楚地了解自身职责，知道如何工作，具有较强的工作动力，并对工作感到满意。抵消因素则是指下属、任务和组织中阻碍领导发挥和使领导行为无效的一些特点。例如，领导者缺乏对较佳业绩进行奖励的权力，就是起抵消作用的一种环境变量，而下属如果对领导者的激励毫无兴趣，也会导致领导行为没有任何意义。

毛泽东曾说过：“领导者的责任，归结起来，主要地是出主意、用干部两件事。”出主意主要指的是领导决策，用干部主要是领导用人，下面两节，重点探讨这两个方面的问题。

第二节 领导决策

决策是现代领导者最基本、最重要的职能。领导决策的正确与否，关系到领导活动的方向和成败。领导工作的过程，在一定意义上讲，就是做出决策，实施决策和评估决策的过程。因此，决策是领导工作的核心，领导者的决策关系着组织的生存与发展，是一切事业兴衰成败的关键。

一、领导决策的含义、特征及原则

决策是领导工作的核心,是领导职能中最重要的职能。决策学派的代表人物赫伯特·西蒙在20世纪40年代出版的《行政行为:行政组织决策程序》一书中指出,管理就是决策。决策在管理的各个层面存在,但在领导高层尤为重要。任何工作开始之前都要先做决策,制订计划是决策,组织、领导和控制也离不开决策,领导活动实际上就是领导者制定决策和组织员工实施决策的过程。因此,决策是贯穿于领导工作全过程的中心线索,领导工作的每一个环节都是以决策为引领、为核心。在当代,领导者面临的是一个因素众多、复杂、开放的领导系统,处在一个瞬息万变的内外环境中,所以,作为现代领导者,更需要深刻理解领导决策的含义,把握领导决策的特点,掌握科学决策的原则,做到科学化、民主化决策。

(一) 领导决策的含义

1. 领导决策的含义

“决策”一词在管理学中首先出现于20世纪50年代的美国,当时的英文名称为“Decision-making”。在日语中,译为“意思决定”,其含义是“决定注意”。在我国最早译为“做出决定”,后来被译为“决策”,简练而确切,一直沿用至今。

所谓决策就是决定或制定政策,是指组织或个人为了实现某种目标而对一个问题产生解决要求,经过思维活动做出行动决定并付诸实施的全部过程。它是一个提出问题、分析问题和解决问题的完整过程。我们通常所讲的“拍板”,即出主意、定方向、拟计划、提任务、想对策、拿办法等,都是决策。

那么什么是领导决策呢?所谓领导决策,是指领导者在领导活动中,为了实现某一组织目标,通过采用科学的决策方法和技术,从若干个有价值的方案中选择其中一个最佳方案,并在实施中加以完善和修正,以实现领导目标的活动过程。它既是静态的领导决定,又是动态的决策过程。领导决策是领导者的基本职能和首要任务,是其他一切领导活动的出发点和归宿,凝聚了领导者的意志、权力和权威,是领导倾向性的行为,是全面展示领导者所具有的领导素质的重要标志。领导决策通常会成为群体或组织乃至社会的行动依据和指针,规划和指导着群体或组织乃至社会的具体行为,直接影响着组织的行为方向、行为内容和行为结果,直接造成群体或组织乃至社会的某种必然。

2. 领导决策的要素

领导决策一般由决策者、决策目标、决策备选方案、决策环境和决策后果五个要素组成。

(1) 决策者

决策是决策者发出的行为,因此,决策者是决策活动的主体,是决策最基本的要素。决策者处在决策系统内外信息的枢纽地位,是决策系统中最积极能动的因素,是决策系统的驾驭者和操纵者。决策者的素质、能力、水平如何,直接影响着决策活动的成败。决策者既包括个人,也包括领导集体。

(2) 决策目标

决策目标是指决策所要达到的目的。决策目标的确立是科学决策的起点,它为决策指明了方向,既为选择行动方案提供了衡量标准,也为决策实施的控制提供了依据。因此,决策目标是否明确,直接关系到领导决策效果的好坏。如果决策目标明确,那么在决策实施中就有明确的方向和针对性的行动。

(3) 决策备选方案

领导决策实际是一种选择方案的活动。方案是实现领导决策目标的途径和行动路线,没有方案目标就难以实现。因此,方案是领导决策的要素之一。方案应当有两个以上,以备优选,或供不同情况选择。对于领导决策的备选方案,选择的目的是追求优化。客观情况的复杂性,决定着领导决策目标和行动方案的多样性,因此,对领导决策备选方案的要进行比较、鉴别,选择出可行性方案。

(4) 决策环境

决策环境是指领导决策面临的时空状态,即决策情势。一个领导决策是否正确、合理和恰当,能否顺利实施,影响效果如何,不仅取决于决策者和决策方案,而且直接取决于领导决策所处的环境和条件。领导决策的环境包括经济环境、政治环境、文化环境、社会环境、国内环境、国际环境等。决策行为实际上就是决策者的主观因素和决策环境这两方面共同作用的结果。

(二) 领导决策的特征

领导决策贯穿于领导活动的全过程。它具有预测性、实施性、目标性、创造性、优选性、风险性、动态性等特点。

1. 预测性

领导决策是面向未来的,是对未来领导活动的目标以及实现它们的方案的抉择,以及方案实施所做的决定,因而领导决策离不开对未来领导活动发展趋势和状况的预测,必然包含着对可能出现的各种情况的估计以及相应的对策。因此在领导决策过程中,要进行科学预测,为领导决策提供科学依据。可以说,科学的预测是领导科学决策的前提,领导决策是否正确可行的重要衡量标准,就在于对未来发展趋势的把握是否正确。缺乏预见性的领导决策是盲目的。

2. 实施性

领导决策总是要付诸实施的,它应该有实施性,否则,领导决策就是多余的。领导决策绝不是脱离实际的空想,而是根据实施需要制定的行动方案。领导决策一旦形成,就要付诸实施,并在实施中检验决策的正误,不断加以修正和完善。离开实施这个目的和环节,领导决策活动就从根本上失去了意义。

3. 目标性

领导决策是为了实现领导目标的活动。领导决策是有一定目标的,这是领导决策的出发点,如果没有目标,决策就无从谈起,如果领导目标已经实现,也就无需决策。没有领导目标或者领导目标不明确,领导决策就不能称为决策。更进一步说,领导决策总是在确定的条件下寻求优化目标并优化达到目标的途径。因此任何领导决策都要有明确的领导目标,没有领导目标,领导决策就失去了意义。

4. 创造性

领导决策往往是一项开创性的活动,是指领导者发现并提出新问题、新思想、新方法。领导者只有冲破习惯势力的束缚,敢于走前人没有走过的道路,勇于创新,与时俱进,才能有所作为。没有创造性,领导决策也就没有意义。

5．优选性

领导决策总是在既定的条件下，寻找优化的目标和达到目标的最佳途径。为此，领导决策就要从多种方案中权衡利弊、综合评价，做出最后选择，这也是领导决策的关键环节。一方面要有多种备选方案可供选择，即选择性；另一方面要在多种备选方案中做出唯一选择，即择一性。否则，就无所谓决策。这里需要指出的是，追求优化，并非是追求最优。由于领导决策环境的变化、条件的限制，以及领导决策中的不确定因素，领导决策只能选择“令人满意”的方案，不可能也没有必要去追求“最优方案”。

6．风险性

由于客观情况的复杂性以及事物的发展变化，再加上领导者主客观条件的限制，任何决策的后果都带有某种程度的不确定性，这就意味着可能出现领导者不希望的、不好的结果，甚至可能出现“一着不慎，满盘皆输”。风险是决策中的必然因素，由于领导决策环境的不确定性，领导者的决策大多是在一种不确定的条件下做出的。任何领导决策的后果都有可能导致某种程度的不确定性，都可能出现领导者不希望看到的结果，甚至是领导决策的失败。如果领导者因惧怕冒风险而不敢决策，便失去了决策者应有的魄力。

7．动态性

领导决策是从确定目标到实施目标，进而反馈的过程，包括准备、决断、实施等阶段，是一个动态的过程。此外，领导决策在实施过程中还存在着适当的调整和修改的可能性，这也决定决策具有动态性的特征。

（三）领导决策的原则

领导决策的基本原则是领导决策活动中客观规律的体现和具体化。领导者在决策过程中，应当严格遵循领导决策的基本原则。在现代社会，特别是在当今正处于变革关键时期的中国，要使领导决策正确率不断上升，就必须掌握领导决策的基本原则，实现领导决策的科学化、民主化。

1．客观性原则

客观性原则是领导决策的首要原则。领导决策活动虽然是体现领导者智慧和才能的灵魂性工作，但这决不意味着领导者可以随意决策，领导决策应当建立在对客观实际的正确分析之上，即坚持实事求是，一切从实际出发，按照客观规律进行决策。

2．信息性原则

决策的最大困难并非在于对决策技术的掌握程度，而是对主客观状况概率值的分析估计。因此，获得尽可能多的情报信息就成为领导者进行科学决策的基础和关键，信息在领导决策中具有十分重要的作用。领导决策的过程就是信息的输入—处理（制定决策）—输出（执行决策）的过程，领导决策的科学性是同信息的准确性、及时性、适用性成正比的。可以说，信息的准确是领导决策的重要原则。领导决策所需要的信息越准确、真实、可靠和全面，领导决策就越具有科学性。实践证明，只有掌握全面而准确的信息，并对之进行系统地归纳和整理、选择、比较和分析，领导者才能做出科学的决策。

3．系统性原则

任何事物都是相互联系的复杂系统。系统性原则是指必须将领导决策对象作为一个系统来对待，分析系统与系统环境之间、系统整体与要素之间、内部各要素之间的相互关系，以求领导决策达到整体化、综合化、最优化。其中的整体化就是要求领导决策不能只从事物的某一部分、某一指标来考虑问题,而必须从整体出发,正确处理好局部利益与整体利益的关系、眼前利益和长远利益之间的关系。现代领导决策所要处理的问题比过去任何时候都复杂,彼此之间盘根错节,互为因果。如果孤立、静止、片面地看待事物,而不能系统、全面地去认识和把握事物,肯定会造成领导决策的失误。因此,领导者决策必须做到系统全面、严谨规范。只有坚持领导决策的系统性原则,才能使领导决策达到整体化、综合化和最优化。

4. 外脑原则

所谓"外脑",是一个集社会学和生物学概念于一体的名词。它主要指的是在领导者决策过程中,为领导者出谋划策、搜集信息、帮助决策的一些人员的组织。随着现代社会的发展,领导决策所涉及的要素越来越复杂,范围也越来越广阔,日益复杂化的领导决策决定了单靠某一个人的智慧已难以承担,于是由各种专家组成的智囊团,便成为领导者进行决策时必不可少的"外脑"。"外脑"在决策过程中起着日益重要的作用。

5. 集体性原则

现代领导决策面临的问题一般都是重大的复杂性问题,单靠领导者个人的智慧和能力是远远不够的,必须依靠众人的力量,特别是专家、智囊人员的参与和辅助,才能够保证领导决策的正确。因此集体原则既是民主集中制原则在领导决策中的应用和体现,又是发挥咨询参谋机构的作用,充分调动组织成员参与决策的积极性的重要形式,同时也是现代领导决策的一个重要特征。

6. 对比优选原则

领导决策总是在既定条件的情况下,寻找优化的目标和达到目标的最佳途径。为此,决策要从多种方案中进行选择,否则,就无从优化。实际上,领导决策是一种择优活动。只有从多种决策目标和行动方案中经过比较、鉴别,才能选择出最优目标及其行动方案。因此对比优选既是领导决策过程中的关键步骤,也是一条应当遵守的重要原则。任何决策都必须建立在对多种方案对比优选的基础之上,若无对比,则无从选优。领导者在进行一些重大决策时,需制订出多种可供选择的方案,具有充分的选择余地。否则,一旦方案失误将无法挽回和补救。

7. 灵活性原则

领导决策事关重大,没有过硬的原则性作保障必定会出现严重问题。然而,所作的决策、所处理的问题以及所依托的领导环境总是错综复杂、千变万化,每种情况都有不同。因而,领导者在决策时不能只看一点而不计其余,不能僵硬、绝对地看待事物。要在不断变化的情势中找到有利的位置和角度,从容地采取措施,逐步地解决问题。这即是要求领导者在进行决策时要解放思想,讲究灵活,防止刻板、保守和简单化。也就是说,领导决策不仅要有原则性,而且要有灵活性。

8. 时效性原则

领导决策是一种在特定的情况下,把组织在当前环境中的因素与组织未来的行动联系起来,旨在解决问题或把握机会的领导活动。这就决定了领导决策必然受时间的制约,一旦超出时间的限制,环境因素发生了变化,再好的领导决策也不可能达到预期目标。机不可失,时不再来。领导决策必须做到及时、快速、果断。这事关决策是否能够及时解决问题,是否能够迅速产生良好效果和效应。如果领导决策慢慢腾腾、拖拖拉拉，就会丧失机遇，甚至造成严重损失和其他一系列严重后果。这即要求领导者应当在决策过程中做到及时、顺势应变，以确保效果、追求效率。

9. 可行性原则

任何一项决策都是为了实施，能够实施的决策才具有可行性，这是衡量决策正确与否的标志。因此，领导者应该从实际出发，对现有的人力、物力、财力、科学技术水平等主客观条件进行科学的分析，找出事物发展过程中可能发生的各种变化与存在的利弊事实，以及领导决策实施后可能产生的各种影响，经过慎重、全面、科学地论证、审定、评估，做出可行性分析，确定可行性程度，把需要与可能有机地统一起来，在此基础上做出的领导决策才是科学的。由此可见，可行性原则是客观性原则的进一步延伸。

10. 法治化原则

领导决策中的法治化原则就是依法决策。决策失误是重大的失误，造成决策失误的一个重要原因就是没有依法进行。因此，领导者要牢固树立法律意识，依法规范领导决策制度，维护法律的权威，进行科学的领导决策。

二、领导决策类型与程序

（一）决策类型

领导决策从不同的角度，可划分为不同的类型。了解领导决策的各种类型，有助于领导者合理地进行决策。

1. 战略决策与战术决策

按决策所涉及的范围划分，可以将领导决策划分为战略决策和战术决策。

战略决策也称宏观决策或高层决策，是指对全局有长远、重大影响的决策。战略决策涉及的范围大、因素多，带有明显的整体性、长期性、稳定性等特点，主要表现在路线、方针、政策、规划的制定上。

战术决策也称微观决策，是指对带有局部性的某一具体问题的决策。主要以实现战略决策所规定的目标为决策的前提和标准，是宏观决策的延续和具体化，具有单项性、具体性、定量化等特点。

战略决策和战术决策是相互依存、相互制约、相互影响的。战略决策为战术决策确定了方向和目标，战术决策是战略决策的延续和具体化。

2. 确定型决策和不确定型决策

按决策所具备的条件划分，领导决策可分为确定型决策和不确定型决策。

确定型决策又称常规性决策，是指在自然情况比较清楚、依此提出的不同方案的结果也比较确定的前提下，根据决策目标所做出的肯定选择的决策。这类决策相对地看是比较简单的，但若可供选择的方案很多，找出最佳方案也不那么容易，往往需要求助于线性规划、排队论、库存论等数学方法。

不确定型决策也称非常规性决策，是指决策者面临的可能出现的自然状态有多种，对各种自然状态出现的可能性也无法进行主观分析和估计的决策。由于事物的不确定性，领导者在决策过程中对其发展条件、影响因素等不能完全控制，只能对发展的可能性进行概率性统计。决策者要把注意力集中在信息反馈上。常用处理不确定型决策的方法有:悲观法(小中取大准则)、乐观法(大中取大准则)、折中法(乐观系数准则)、最小遗憾法(大中取小准则)、平均法等。

3. 经验决策与科学决策

按决策的方式分类,可把领导决策划分为经验决策与科学决策。

经验决策是决策者依靠个人的经验、智慧和胆略做出的决策。经验决策是历史的产物,并且随着历史的发展和人类的进步而逐渐丰富完善,对现代科学决策有着重要的借鉴作用。

科学决策是指在现代科学理论和知识的指导下,决策者依靠专家和群众,采用现代科学技术手段所做出的决策。现代决策是伴随着社会化大生产的产生逐步发展起来的。社会化大生产一方面创造了空前的生产力,另一方面又使社会生活变得空前地复杂和多变。这种客观现实迫切要求领导者采用现代决策技术手段进行科学决策。现代系统理论的出现和电子计算机的广泛应用,为科学决策提供了必要的条件。

经验决策与科学决策的本质区别在于方式方法的不同。经验决策的主体一般表现为个体,而科学决策是集体智慧的产物;经验决策主要凭借决策者的主体素质,科学决策则尽可能采用先进的技术和方法;经验决策带有直观性,而科学决策不排斥经验,但注重在理论的指导下处理决策问题。因此,应该把经验决策与科学决策结合起来,实现决策的科学化。

4. 集体决策与个体决策

按决策主体分类,可以把领导决策划分为集体决策与个体决策。

集体决策,是由领导集团制定并控制实施的决策。集体决策的长处在于能够集思广益,提高决策优化的概率,不出或少出决策漏洞,同时也可以防止个人专断。集体决策的局限性在于沟通和协调过程需要很多的时间,有时会因意见不一致而久议不决,贻误时机。

个体决策,就是最后由一个人做出决断的决策。个体决策的长处是决策者能够迅速、灵活、机动地做出决策,在贯彻执行中也便于集中统一指挥,提高工作效率。个体决策的局限性在于决策者个人素质决定着决策质量,如果缺少必要的制度保证,或者决策者主观专断,很可能导致家长制、一言堂。因此,采用集体领导和个人分工负责制,是把两种决策方式结合起来的最佳方式。凡属重大问题,如方向性、战略性、规划性、政策性、协调性的重大问题,都应该由集体决策;而日常工作中应急性、具体性、技术性、执行性、随机性的事情,则由分工负责的领导者个体决策。

5. 常规决策与非常规决策

按决策出现的频率,领导决策可分为常规决策和非常规决策。

常规决策,亦称程序性决策。是指领导工作中的一般性决策,它们常以相同或基本相同的形式反复出现,通常是决策者有章可循的决策,其产生的方式、步骤一般是规范化的例行其事。

非常规决策,亦称非程序性决策。是指决策者在突发条件、偶发条件或首发条件下进行的决策。这类决策一般没有常规可循,也没有先例或现成的模式可循,例如,新产品设计、重大技术革新等。一般面对的是难于解决的问题。领导者的经验、才能、性格等因素对这类决策有重大影响。

6. 定量决策与定性决策

根据决策问题的量化程度,可以把领导决策分为定量决策与定性决策。

定量决策是指可以用数学模型表示,并可借助于电子计算机进行定量分析的领导决策。这类决策可以用数学方法寻求最优解。

定性决策是指因影响领导决策的因素很多,难以用数学模型表示,主要依靠领导者的丰富经验、智慧、直觉和分析判断进行的决策。

7. 单目标决策与多目标决策

根据决策目标的多寡,可以把领导决策划分为单目标决策与多目标决策。

单目标决策是指领导决策所要达到的目标只有一个。

多目标决策是指领导决策时要考虑多个目标的要求,而且这些目标相互联系、相互影响。这种决策也是现代领导决策的目标之一。由于目标多了,衡量方案优劣的标准也就多了,这给领导决策带来了很大的困难。在现实生活中,多目标决策是经常遇到的决策类型,而单目标决策则较少。

8. 高层决策、中层决策和基层决策

按领导决策的级别,决策可分为高层决策、中层决策和基层决策。

高层决策是由最高领导集团所做出的,其决策的性质属于战略决策和宏观决策,具有全局性和整体化的特征。

中层决策是由中层领导集体做出的,介于战略与战术之间,中层决策服从于高层决策。

基层决策是由基层领导做出的,其性质一般属于战术性的、微观性的决策,是为了落实高层决策与中层决策而进行的决策。

(二) 领导决策程序

领导决策程序指的是领导决策过程中的决策环节或决策步骤。一般而言,领导决策主要包括以下步骤:

1. 提出问题

领导者将针对什么问题进行决策,在决策前需要清晰、明确。因此,提出问题是领导决策的第一步。即通过调查研究、预测和信息反馈等方法,发现问题并对问题进行深刻的分析,抓住问题的本质,把握事物的发展方向,确定需要解决的问题。

2. 确定目标

确定目标既是领导者的重要职责,也是领导者进行科学决策的关键环节。领导者根据需要解决的问题,在系统分析的基础上确定目标。所谓目标,是指在一定的环境和条件下,在预测的基础上所期望的结果。目标是领导决策的基础,没有目标,就无所谓领导决策,而目标选择的正确与否,则直接关系到决策的成败。这是一个将问题具体化和明确化的过程,是领导决策的出发点和归宿点。

3. 收集信息

要使领导决策做到正确有效,收集信息是不可缺少的条件之一。信息是领导决策的基本依据,信息是否准确、充分而及时,会直接影响到领导决策分析的质量。可见,收集信息在领导决策过程中有着极其重要的作用。

4. 价值标准

价值标准就是建立评价标准,以此作为方案选择的衡量尺度。其目的是为了确保领导决策的实际效益而设置必要的限制性条件。价值标准是领导决策的规划依据、论证准则、仲裁规则和检查标准,因此价值标准应当尽可能科学、规范、可行。这需要领导者和有关专家共同协商,进而形成领导决策所要依凭的权威参照和公正准则。

确定价值标准有两个最基本的现实依据:一是未来行动以进取创业为基本取向;二是未来行动以守成分享为基本取向。这两种不同的领导决策取向界定出了两种不同的基本决策类型,即计划和政策。显然,能够权威地界定和指导这两种决策的具体科学标准必定是不同的。因而,领导决策标准就有两个基本的类别和系列。在这样的基本范围里,各决策者和决策参与者就可以明确地制定适合自身实际情况的具体的科学标准。

5. 拟订方案

拟订方案就是寻找达到决策目标的有效途径。它包括对各种历史资料和现实资料的分析研究,而后制订出各种可供选择的方案,而且多个方案之间必须要有原则的区别,而不只是细节上的差异。拟订方案是一个复杂的过程,是领导决策的核心,方案的质量和数量直接关系到领导决策的成功与否。因此拟订方案时要注意以下几个方面:(1) 头脑清醒,理智,不能感情用事。(2) 要为最后的决策提供多个方案。(3) 拟订方案要先易后难。(4) 方案的表达要清晰、明确,不要含混不清。(5) 方案的内容要具体。

6. 分析评估

制订出各种可行方案后,接下来是分析评估,选择一个最有利于实现目的方案。对所拟订的各个方案,都应从定性和定量两个方面加以分析、评估。定性分析主要是直接利用人们的知识、经验和能力,根据已知情况和现有资料,对领导决策方案做出相应地评价。对一些受社会经济因素影响较大、所含因素错综复杂而多变、综合性较强的战略决策,定性分析具有极为重要的作用。但这类方法往往主观成分较强、论证不很严密,需要用定量分析方法作补充,把两种方法结合起来予以应用。在分析评估的基础上,权衡、对比各方案的利弊得失,并将各种方案按优先顺序进行排列,提出取舍意见,送交领导者。

7. 方案优选

方案优选,是领导决策过程中决定性的一环。即在对各种方案分析、评价的基础上,根据目的性、可行性、时效性等原则,选定一个最佳方案。这就是人们所说的"拍板定夺"的环节,即狭义的决策,这也是领导决策的关键所在。这个工作应当由领导者来完成。在这里,领导者通常依据经验、实验和分析,去做最后选择。在对各种备选方案的权衡中,并不一定各个指标都优的就是最好的方案,往往是主要指标较好,而能兼顾其他指标的方案是领导者所要选择的方案。此外,在选择方案的过程中,领导者要认真听取各方面的不同意见,包括一些尖锐的反对意见。因为,不少好的方案是根据对立的观点提出的。高明的领导者往往不是在众多方案中选取一个方案,舍弃其余方案,而是善于吸取各种方案的优点和长处,综合出一个最佳方案。在这一环节中领导者需要注意以下问题:(1) 充分发扬民主,允许有不同意见的争论,营造畅所欲言的舆论氛围。(2) 要求汇报者如实回报,不得弄虚作假。(3) 善于归纳,择优融合。(4) 关键时刻领导者要敢于定夺。

8. 贯彻实施

制定决策方案的最终目的是为了贯彻实施,实现预定目标。所以,决策制定以后,开始进入实施阶段。当方案选定以后,必须进行局部性试验,以验证其可行性与可靠性。通过模拟试验,进一步证明最佳方案切实可行后,就不失时机地进行大规模实施。只有付诸实践,才能最后检验领导决策是否合理有效,才能发现新问题。如果试验成功,就可以普遍实施。在普遍实施的过程中,要做好四项工作:(1) 编制具体实施计划,把决策方案具体化;(2) 组织动员成员力量,调动组织成员的积极性、主动性和创造性;(3) 落实责任,建立严格的责任制;(4) 建立检查监督制度。

9. 追踪检查

在领导决策付诸实施之后,要随时检查验证。这是因为在决策的实施阶段,由于外部情况的急剧变化,或者由于决策本身的严重错误,原有决策方案在实施中表明已脱离实际,甚至危及决策目标的实现时,就必须对原有方案进行根本性的修正,对此我们称之为追踪决策。即要按照领导决策的方案,一步一步对比检查,对没有能达到预定效果的项目要找出原因。因为决策是人做出的,人的错误总是难免的,再高明的领导者也有失误的可能。所以,在进行追踪决策时,领导者要有一定的勇气,敢于承认现实,正视现实,克服阻力,尽可能地减少损失,弥补失误。

这里每个环节就是具体的领导决策步骤,都很重要,不可相互取代,缺少哪个环节都会直接破坏领导决策的科学性。这些步骤先后连贯,构成完整的领导科学决策程序和科学的领导决策过程,是领导者具体做出计划、出台政策的真实过程。

三、领导决策方法

一切领导决策问题的解决,都需要一定的方法。所谓领导决策方法,就是进行领导决策的手段,包括宏观和微观两类。宏观的方法一般用于对领导决策目标的确定、方案设计的框架、决策后果的预测等,而微观的方法主要用于对数据计算的处理。在领导决策过程中,由于每一个阶段的要求是不同的,因此领导决策方法的使用在各个阶段也存在着差异性。

(一) 德尔菲法

德尔菲是古希腊传说中的神谕灵验,可以预卜未来的阿波罗神殿所在地。管理中借用德尔菲来比喻高超的决策能力。德尔菲法是直观预测法的一种,它要求先由预测机构选定专家,通过书面的方式向这些专家提出所要预测的问题,得到答复后,将意见集中整理,然后匿名反馈给各位专家,再次征询意见,最后加以综合和反馈。如此多次循环,最终得到一个比较一致并且可靠性较大的预测结果。德尔菲法大体有下述四个基本步骤:

(1) 设计调查表。就需要解决的问题,通过设计调查表来贯彻调查目的。设计的基本要求是:必须明确所提问题,避免理解上的歧义;问题选择得当,必须与目的相关,要注意相对集中;问题不宜过多,一般应在 25 个之内;方式尽量简化,尽可能用选择或填空方式;要留有发表各自意见的余地。

(2) 选择应答者。这也是与目的相关的内容,对象选择错误必然导致结论的错误。选择应答者包括选择谁、如何选择以及选择的规模与范围。

(3) 委托征询意见。将调查表分别发给(寄信)应答者,征求他们对问题的看法。这一步通常要经过四轮:① 第一轮的调查表只提出问题,围绕问题由应答者发表各自的看法,如对于某个城市的旅游规划,应答者可以不受任何拘束地畅谈自己的看法。② 将第一轮收集的意见集中后,列出主要问题一览表,放弃次要观点,集中主要或共同的看法。如上例中有关一个城市的主要景区的确定和定位,交通安排和服务设施建设,旅游品牌战略和功能设计,旅游专业人才培养等都属于主要问题,而诸如某个景点的局部设计则为次要问题。将上述结果再分发给应答者,要求他们提出看法并陈述理由,有些决策的分歧是很大的,如在三峡工程影响与效益这一问题上,反对者和赞成者针锋相对。这说明科学意义上的决策很少见到"一致通过"或"坚决拥护"的情况。③ 第三轮再重复第二轮的过程。④ 到第四轮,要求应答者根据现有资料,提出最后意见和理由。

(4) 写出结论。德尔菲法耗时费力,一般不适用于日常的领导活动。

(二) 头脑风暴法

头脑风暴法又称专家会议决策法,是指依靠一定数量专家的创造性思维来对领导决策对象未来的发展趋势及其状况做出集中的判断。在头脑风暴法的实施中,主持人要注意会场的布置,创造一个有利于自由发表意见的氛围,并制定相应的会议规则,主要包括:(1) 不允许对别人的意见提出批评,只可以坚持自己的看法;(2) 所有发言不分贵贱,一律记录在案,会后统一整理;(3) 不准个别交换意见,所有的见解必须公开化;(4) 主持人不发表自己的看法。

头脑风暴法有四个特点:(1) 能够发挥若干专家所组成的团体宏观智能结构效应,而且这种效应往往大于团体中各个成员单独创造能力的总和。(2) 通过多个专家的信息交流引发思维共振,可以在较短的时间内取得可喜的创造性成果。(3) 专家会议有助于专家的相互交流,通过相互启发和提示以及内外信息的交流与反馈,来弥补个人意见的不足,并将所产生的创造性逻辑思维活动集中于战略目标,从而为重大的战略决策提供依据。(4) 专家会议的信息量大,提出的方案更具体、更全面。

与德尔菲法相比,头脑风暴法更多地是通过群体意见的交流得出事物的结论,但在细化方面存在不足之处。

(三) 回归分析法

回归分析法是根据事物发展变化的因果关系,运用处理变量的数学方法对事物的未来发展进行预测的方法。事物之间的因果关系有两类:一是确定的函数关系(如牛顿定律、欧姆定律等表述的变量之间的关系)。二是非确定的关系,即变量之间既存在着密切关系,又不能由一个变量的值精确地求出另一个变量的值,对于这种关系应当运用回归方程,通过大量统计数据的分析,找到它们之间相关性的关系,预见其未来的发展状况。

(四) 系统工程方法

系统工程方法是一种现代的科学决策方法,也是一门基本的决策技术。系统工程方法把要处理的问题及其有关情况分门别类、确定边界,又强调把握各门类之间和各门类内部诸因素之间的内在联系和完整性、整体性,否定片面和静止的观点和方法。在此基础上,它没有遗漏地、有区别地针对主要问题、主要情况和全过程,运用有效工具进行全面的分析和处理。

系统工程方法是一种完备的基本决策手段,包括目的、可行方案、模型、费用、效用和评价标准六项基本要素。它要求以系统的观点对这些要素加以分解,得出每个元素的系统构成图,并在这些要素的范围内对决策方案进行全面的检测评价,实际上就是要求领导在决策全过程中进行系统的全面的把握、分析、设计、论证和检测评价。其实用化、操作化就在于要将领导决策全过程变成固定、必经的决策程序,从而使领导决策具有高度的科学性。它能够建立技术模型(形象模型、模拟模型、数学模型等)来进行基本的技术处理,然后找到最佳的决策方案,使领导决策更加科学化。

(五) 运筹学方法

运筹学是应用数学的一个分支,它是研究在物质条件(人、财、物)已定的条件下,为达到一定的目的,如何统筹兼顾整个活动各个环节之间的关系,制订出有数量依据的最佳方案。运筹学方法被广泛运用于领导决策中,是进行决策的一种有力工具,在领导决策实践中显示了重大的作用。

运筹学应用数学手段,在解决各种不同类型问题的过程中,形成了一些具有不同功能的方法,如规划论、对策论、排队论,网络分析、投入产出法等,用以解决各种不同性质和特征的问题。

(六) 价值分析法

价值分析法是用价值大小的比较来评价领导决策方案优劣的方法。所谓价值是指人们在从事活动时,其耗费和取得的成果之比率。人们要想取得某种成果,总要付出一定的代价,如买一件东西,要付出一定的钱;生产一件产品要花费一定的劳动时间。所以人们常常要盘算,"合算不合算","划不划得来",并力争用较小的耗费取得较大的成果。买东西要价廉物美,生产某种产品要降低成本,提高产量和质量。

(七) 多媒体决策会议法

多媒体决策会议法是将不同会场与会人员的活动情况、会议内容以及各种数据和信息及时传递给每个与会者,实现实时多媒体信息交互,进行实时讨论和共同设计。决策多媒体计算机会议利用计算机强大的信息处理能力,可有效地进行协同工作,处理音频、视频、协作数据等大量信息,在一定程度上取代了传统的会议,是一种高效、经济方便且将广泛应用的新方法。

(八) 建模方法

从现代科学活动和社会活动的具体操作来看,建模方法是一种高度科学化而非经验化的决策方法。这个方法的实质就是一个建模的过程。在这个过程中,对于规律性明显的决策问题和情况,能够通过建立技术模型来首先进行基本的技术处理,然后找到最佳的解,即理想的决策方案。

建模方法主要有如下一系列特征:(1) 是对实体的抽象或模仿;(2) 由与分析系统相关的主要因素构成;(3) 能集中表明这些主要因素之间的关系;(4) 能有效反映被描摹事物或决策对象所蕴含的关系和规律;(5) 多次反复使用或运作而效果相同,可以验证,科学性极为充分、鲜明;(6) 在决策过程中成为决策信息的科学处理器,为决策提供科学处理结果或决策参考;(7) 最终目的是要帮助决策者科学地形成最优化的决策方案。

第三节 领导用人

古人说:“为政之本在于任贤。”这个古老的格言,对于现代领导者也是十分珍贵的。在现代社会,激烈的社会竞争越来越集中到人才的竞争,而人才能否充分发挥作用却在很大程度上取决于领导用人制度和用人方法。选才用人作为领导者的重要职责,是许多领导者都知道的常理,但是在这个问题做得如何却大有学问,古人把这门学问称为用人之道。领导者对人才的选拔、使用是否得当,直接关系到事业的成败和国家的兴衰。

一、选才用人在领导活动中的地位

选才用人是领导过程中的关键环节,是现代领导工作的一项重要职能。自古有云:“得人者昌,失人者亡。”能否真正有效地、正确地选人用人,是领导活动成败的关键,是关系到国家兴衰和事业成败的大事。既然人才如此重要,那么如何用好人才,就成为领导者的一项重要职责。领导用人正确与否,关系着社会兴衰、国家存亡和事业的得失成败,古今中外无数事实雄辩地说明,正确用人是成事之本,错误用人则是败事之缘。

首先,用人正确与否是能否实现领导工作目标的关键。古人说:“为政之本在于任贤。”毛泽东同志指出:“领导者的责任,归结起来主要是出主意、用干部两件事。”邓小平同志也指出:“善于发现人才,团结人才,使用人才,是领导者是否成熟的重要标志之一。”知人善任、选才用人作为领导者的一项基本职责,是领导活动客观规律本身的要求。领导活动是领导者、被领导者和客观环境相互作用的过程。离开了被领导者,领导者就成了孤家寡人,领导活动也无法进行。人才则是被领导者中的主要力量,是领导活动赖以进行的重要因素。因此,领导者对人才的识别、选拔、任用是否准确恰当,直接关系到领导效能高低和领导目标成败。总之,领导者的基本职责一是谋划事业,二是经营人才,而经营人才是关键。不善于用人的领导者是不称职的领导者。

其次,从历史经验上看,善用人者得天下,反之,则失天下。任何社会,如果形成了一种“尊重知识、尊重人才”的良好风气,能够做到唯才是举、适才适用,这个社会就会进步、发展和繁荣;一个国家,如果建立了一种科学的选才用人制度,能够做到人尽其才、才尽其用,这个国家就会兴盛、昌明和强大。一切剥削阶级统治社会和国家总的来说都不能做到正确选才用人,但其建立之初,由于那时的统治阶级还是革命的、新兴的阶级,因而还是比较注意选才用人的。春秋战国时期,群雄逐鹿。秦国能最终统一天下,主要是因为自秦穆公以来,秦国广招四方有识有志之士,吸引人才不拘一格,重用了如商鞅、张仪、范雎、甘罗、李斯等许多政治、军事人才。正是依靠这些人才,秦国由小国发展成为雄踞六国之上的大国,最后完成了“六王毕,四海一”的统一大业。汉朝刘邦因为善于用人而击败项羽,巩固了西汉王朝。相反,晚唐国运垂危,最直接的原因是用人不察、坏人参政、用钱买官、无功受赏等腐败现象比比皆是。当今世界各种竞争的焦点集中在人才上,要想在竞争中取得优势,就必须抢占人才的制高点。因此,江泽民同志在党的十五大报告中指出,“按照革命化、年轻化、知识化、专业化的方针,建设一支适应社会主义现代化建设需要的高素质干部队伍,是我们的事业不断取得成功的关键”。朱镕基同志在在国家科学技术奖励大会上的讲话中也指出:“当今世界的竞争,从根本上说是人才的竞争。大量培养和造就德才兼备、创新能力强、适应经济和社会发展需要的各类人才,充分发挥他们的作用,是实现社会主义现代化的重要保证”。

综上所述,用人问题始终是领导者的重要职责,是事业成败的关键。用人问题上出了偏差,就会错过发展机遇,丧失关键的竞争力,尤其是,若领导人才的开发和使用出了问题,必将直接造成领导力即核心竞争力的损失,就有可能导致组织在激烈的竞争中遭到失败。这绝非危言耸听。

二、领导者选才的原则、标准和方法

领导用人是一个过程,包括选人、用人、察人、激励人等若干环节,其中人才选拔是使用人才的前提。所谓人才选拔,是指领导者依据一定的人才标准,考察、识别和挑选人才的过程。正确的选才标准、科学的选才原则和合理的选才制度,是有效选拔人才的重要保证。

(一)人才选拔的原则

所谓人才选拔原则,即领导者考察识别人才的基本准则。领导者只有坚持正确的考察识别人才的原则,才能正确地发现人才和选择人才。就一般意义而言,考察识别人才时必须遵循以下几个原则:

1. 察其言与观其行相结合的原则

在考察识别人才时,既要看他说了些什么,又要看他做了些什么,但主要应该看他做了些什么。一个人的道德品质和智慧才能总是要通过一定的方式表现出来。具体的表现方式可以说无可穷尽,千差万别,但归纳起来,不外乎两大类:一类是言语,一类是行为。这种“行”,应该主要表现于“实绩”。实绩的大小,是衡量人才的主要依据,是一个人德才素质在工作实践中的综合体现。“器必试而后知其利钝,马必驾而后知其驽良。”考察一个人是否德才兼备,不仅要看他讲什么,更重要的是看他实际做什么、做出什么。人民公认的是实实在在的政绩。这是上级封不出来、“宣传”吹不出来、金钱买不出来、权力压不出来的,只能通过认认真真贯彻党的基本路线,扎扎实实干出来的。以此来评价干部的功过是非,既有质的规定,又有量的要求,具有客观真实性,因而是最公正、最可靠的。

2. 考察历史与考察现实相结合的原则

为了正确地、全面地识别人才,在考察人才时,有必要对考察对象过去的和现在的全部工作情况和表现,作一个全面而又深入的考察。一个人过去的即历史上的工作情况和表现是其德才在过去的表现,而一个人的现在则是由过去发展而来的。为了正确地判断一个人是否是人才,有必要对其历史进行考察。然而,人又是发展的,过去好不等于现在好,过去不行不等于现在不行。因此,我们不仅仅要考察人才的过去,而且要特别注意他目前的工作情况和现实表现。在考察人才时,对历史的考察主要是起参照作用,而决定一个人是否为人才的关键因素是人的现实表现。因此,考察工作的重点要放在现实,以现实表现为主。总之,这一原则就是要求用全面的、发展的眼光去考察识别人才。

3. 发现人才的长处与认识人才的短处相结合的原则

任何人都不可能是一个十全十美的人。金无足赤,人无完人。人才也不例外。如果认为既然是人才,就不应该有缺点,或者说既然某人有缺点,就不可能是人才,这都不符合辩证法的逻辑,而是形而上学的观点。在辩证法看来,任何事物都是一分为二的,人才也不例外,既有优点,也有缺点。领导者在考察识别人才时,对其优点要认识够,对其缺点要认识透,只有这样才能全面、公正地认识人才。特别值得注意的是:第一,对于考察对象的长处和短处,一定要实事求是,切忌走极端,说某人好就完美无缺,捧到天上去了;说某人坏就一钱不值,贬到地下去了。用这种形而上学的方法是不可能发现人才的。第二,在考察人才的长处与短处时,对短处必须给予充分的认识,但同时必须以考察长处为主。如果只注意人的缺点和错误,对优点和成绩视而不见,这样永远也发现不了人才。

4. 组织考察与群众评议相结合的原则

对人才的考察,尤其是对干部的考察,主要有如下两个途径:一是组织考察,即由组织或人事部门对人才进行一一考察,对每个人写出组织鉴定意见决定是否任用;二是通过群众对人才进行评议。具体做法有很多形式,如让群众就某个干部进行评议,并写出群众评议意见;或开展民意测验,收集群众对干部的意见;或动员群众,由群众推荐人才或决定干部的去留;等等。无论采取哪种形式,都必须把组织考察与群众评议结合起来,并应充分重视群众评议。为此,一方面要打破只对干部进行组织考察的"封闭式"做法,让广大干部及其他方面的人才置于群众的监督之下,以抵制选才用人方面的不正之风,并对干部及其他人才做出客观的公正的评价;另一方面也要反对脱离组织随意对干部或其他人才乱说一气的无政府主义,对于群众评议也要有组织地进行。领导要十分注意尊重群众的意见,把群众对人才的评议作为选才用人的一个重要依据。

(二) 人才选拔的标准

选拔人才的标准,总体讲就是德才兼备。坚持德才兼备的标准,应注意以下几个方面:

1. 关于德才的含义

对于德才的概念,这方面的论述很多,简单地说,德是指人的思想道德品质,才是指人的知识和能力。而德和才是干部素质的两个方面。德的内涵大体有以下几个方面:一是政治立场和政治倾向。在社会主义制度下,阶级斗争只在一定的范围内存在,人的政治立场与政治倾向并不都表现为阶级的特性,而主要表现为对党的基本路线的态度和为什么人的问题。对党的基本路线是拥护还是不拥护,在实际工作中是否能够认真贯彻执行;是为大多数人谋利益,还是为少数人、小集团和个人谋私利。二是道德观念和道德品质,两者是紧密地联系在一起的。包括社会公德、职业道德、思想意识。道德标准受社会制度、民族、宗教的影响和制约,不同的社会制度、不同的民族和宗教都会有不同的标准。三是工作态度和思想作风。对待工作和事业的态度,是积极的、还是消极的,是主动的、还是被动的;思想作风是务实的、全心全意为人民服务的,还是浮躁的、对人民利益毫不负责的。

才的内涵主要表现为,认识客观世界和改造客观世界的能力,包括掌握和了解社会科学、自然科学知识的广度和深度,对于本职工作胜任的程度,以及掌握技能多少和水平的高低等。对于一个领导干部来讲,主要是看文化知识、业务水平、决策能力、领导能力、组织能力、语言表达能力、应变反应能力、调查研究和综合分析问题的能力等。

2. 关于选拔人才的导向

按照德才兼备的标准选拔人才,除了正确理解德才的含义及其新时期的新要求,还必须坚持正确的选人用人导向。

坚持德才兼备原则,努力形成选拔人才时注重政治素质的导向。考察一个人才是否可用，有着多种素质要求，但政治素质应始终处于领先和支配位置，它决定着一个人能力发挥程度和才能发展方向。因此，选拔人才必须要把德放在首要位置，严把政治素质关口。在具体考察选拔工作中，要注意联系一个人的日常表现，着重看其在以往重大问题和关键时刻的所作所为，看其有无强烈的政治责任感和奋发进取精神；认真分析其世界观、人生观、价值观，考察其政策水平和理论知识，特别是对邓小平理论的学习掌握程度。有德无才要误事，有才无德要坏事。因此，在突出考察“德”的同时，也要按照市场经济的客观要求，重视人的才能，从事业需要角度选人，按照德才兼备的原则选人。

坚持注重实绩原则，努力形成选拔人才注重实际贡献的导向。发展才是硬道理，实绩最有说服力。以工作实绩作为选拔优秀人才的重要依据，才能从政策导向上引导人们立足实际，躬身实干，创佳绩，做贡献。对干部的实绩要进行全面科学地考核，既看起点，又看发展；既看显绩，又看潜绩；既看物质文明建设的成果，又要看精神文明建设的成果。考察评价干部的政绩，要从人民根本利益出发，正确处理好国家、集体、个人三者之间的利益关系，处理好局部与整体、眼前与长远以及前任、现任和继任领导工作之间的关系，绝不能被一些虚假的“景点”政绩、“泡沫”政绩所迷惑。对那些热衷于搞形式主义，搞短期行为，搞欺上瞒下的人，一经查实，非但不能提拔重用，还要进行严肃的组织处理，从而引导广大青年干部把主要时间和精力用在想工作、干事业上来。

坚持群众路线原则，努力形成选拔人才注重群众评价的导向。密切联系群众、遇事走群众路线是我党克敌制胜的一大法宝。市场经济条件下，这一优良传统不但没有过时，而且需要进一步发扬光大。人才往往生活、工作在群众中间，孰优孰劣，群众一清二楚。有些地方之所以在干部选拔培养上存在偏差，在用人问题上存在一些不正之风，固然与个别干部自身的宗旨意识和群众观念淡漠有着重要关系，同时也与干部选拔工作上民主程度不高、群众参与程度不够等问题有着直接关系。因此，选拔优秀人才，要扩大民主程度，广泛听取各方面意见，不但要听取上级领导的意见，更重要的还要广泛听取群众的意见，把群众拥护不拥护、支持不支持、赞成不赞成作为选拔干部的重要依据。对那些得不到多数群众赞成票的干部，坚决不能选拔使用。只有这样，才能引导人们把心思和精力集中在密切联系群众，真心实意为群众办实事上来，把对上级负责和对群众负责统一起来，自觉扎根基层，扎根群众。

坚持实践检验原则，努力形成选拔人才注重实践锻炼的导向。当前干部队伍中实践经验不足，而又不愿到实践中去锻炼提高的现象还比较普遍，有些年轻干部以知识为资本，把文凭作荣耀，止步不前，不思进取，只想安安逸逸生活，不图脚踏实地创业。一个没有经过长期基层锻炼的干部，不但根基不牢靠，说话没分量，而且缺乏与群众朴素的感情。只有深入基层，虚心向实践学习，拜群众为师，脚踏实地，埋头苦干，一步一个脚印，才能早成才、成大才。因此，在干部选拔工作中要注重从基层艰苦工作条件和环境中选人。在坚持标准条件的前提下，把选拔优秀青年人才的工作重点向那些在基层艰苦的工作条件下创造突出业绩的青年干部倾斜。同时，要建立健全干部双向交流制度，把那些基础好、有发展潜力的优秀年轻干部下派到基层工作，经受磨炼，增长才干。从而，引导广大年轻干部到基层去，到艰苦和困难的岗位去，到党和人民最需要的地方去，在生产建设和深化改革的第一线建功立业，茁壮成长。

3．关于应用德才兼备标准的几个重要环节

（1）正确把握选拔标准

德才兼备是选拔人才的总的标准。在具体应用这一标准考察和选拔人才时，要结合一定历史时期的特殊要求。在当前，选拔人才对德的要求应牢牢把握三个方面：一是要看能否坚持四项原则，忠于社会主义事业，有较高的马列主义理论水平和坚定的共产主义信念。二是要有全心全意为人民服务的思想，密切联系群众，忠实地做人民公仆，有为社会主义事业献身的精神。三是要有坚强的党性，严于律已，作风正派，不谋私利，廉洁奉公，团结同志，实事求是，遵守党和国家的政策法令，勇于批评与自我批评。选拔人才对知识和才能的要求应是具有较高的科学文化知识、比较先进的现代科技知识、丰富的经营管理知识、熟练的岗位业务知识以及工作中必要的辅助知识；具有较高的思维认识能力、谋划决断能力、组织协调能力、应变反应能力、语言表达能力、沟通交流能力、信息能力以及开拓创新能力等。

有人认为，从古到今能够综合体现一个人德才素质的一般特征是：有实绩、公论好、敢直言。第一，有实绩。实绩靠实干，不真抓实干出不了实绩；实绩靠组织指挥能力，没有组织指挥能力出不了实绩；实绩靠正确、科学的决策，没有决策能力或决策失误，出不了实绩；实绩靠实事求是、创造性思维，照抄照搬出不了实绩；实绩靠事业心和责任感，没有事业心和责任感，出不了实绩。没有实绩等于无功，无功即是过。第二，公论好。不干实事不可能有好的公论；以权谋私不可能有好的公论；不和群众打成一片不可能有好的公论；没有为一个地方或单位带来发展和繁荣，即没有功业不可能有好的公论。在现实生活中，公论还有两种情况：有的人在上级和同级中的形象较好，而在下级和群众中的形象不好；有的人在下级和群众中的形象较好，而在上级和同级中的形象不好，这也是值得研究的问题。第三，敢直言。对组织不忠诚不会直言，讨好卖乖也不会直言；无独到见解不敢直言，怕担风险不敢直言，自身不硬也不敢直言。电视连续剧《宰相刘罗锅》中，大臣每次上朝，当太监宣布“有本奏来，无本退朝”时，只有刘罗锅声言“臣有本”，乾隆反感，群臣讥笑。刘罗锅遭贬后，数月上朝无“奏本”，乾隆才发现这种气氛不对，故又召回了刘罗锅。

（2）做好深入考察工作

严肃、深入地做好考察工作，是选拔任用好人才的重要基础，考察不准就可能导致用人不当。做好人才考察工作，要把握好以下几点：

一是看公论。首先是看民主推荐的结果，一般情况下，能得到一定范围多数人推荐的人，是可以列为选拔对象的。其次是听下属和群众的评价。一般情况下，多数下属和群众拥护的就是重点选拔对象。

二是察实绩。虽因工业、农业、城市、乡镇，条条、块块、正职、副职等性质的不同，实绩的概念很难界定，但大体上应包括这样一些内容：能结合实际，主持或建议做出了既有利于当前又有益于长远，既宏伟又脚踏实地的发展规划或工作决策；宏观指挥或具体组织将发展规划或工作决策付诸了实践；既把当前或当年的工作搞得有声有色，又为未来的发展奠定了一定或坚实的基础；既在任内坚持实事求是，一切从实际出发，又有创造性和超前意识，干成了一件或多件看得见、摸得着、多数群众拥护的实事；所在地方、部门或行业人心安定，社会安定，风气良好，秩序井然。掌握了考察对象在这些方面的情况，就可以对其做出实绩有无或大小的结论。此外，做出实绩还需要一个过程，一个人在一个岗位上没有三年、五年甚至更长一段时间,一般不易显示出多少实绩。

三是重平时表现。仅靠年度或换届时集中推荐、考察是不够的,应在平时注意了解和考察,特别应对那些在边远地方、艰苦岗位工作的干部多加了解。

(3) 不拘一格选人才

解放思想体现在干部的选拔任用上,就是不拘一格。它应该是不论年龄大小,不论学历高低,不分出身贵贱,不管资历深浅,不限籍贯是本地外地,不讲身份是工人农民,凡实绩突出、群众公认、身体健康、精力充沛者,该提拔的就提拔,该重用的就重用。如果不是不拘一格,而是稍有绝对化,就将造成一些人无功而位尊、一批人才被埋没、一层人的积极性受到压抑或挫伤的消极后果,虽然他们都"服从"了组织的安排,但精神状态肯定会大不一样。

4. 正确处理几种关系

恰当掌握用人标准,需要正确处理以下一些基本关系:

(1) 正确处理德与才的关系

德与才,是一个统一体的两个方面,选拔人才要求两者兼而有之,既要避免重才轻德,又要避免重德轻才。司马光曾精辟地把德才关系概括为:"才者,德之资也;德者,才之帅也。"这说明德与才是辩证的关系,德统帅才,规定了才的方向;才体现德,证明了德的价值。有德无才要误事,有才无德要坏事。重德轻才,所提拔干部缺乏组织领导能力,工作局面就难以打开,更谈不上开拓创新。对不具备领导才能者,不能单纯地为了鼓励和宣扬典型而委以重任。重才轻德则危害更大。《资治通鉴》中早就论述过重才轻德的原因及危害:"夫德者人之所严,而才者人之所爱;爱者易亲,严者易疏,是以察者多蔽于才而遗于德。""有德者挟才以为善,善无不至。有才无德者挟才以为恶,恶亦无所不至。"在当前,有些企业和单位不景气,便希望靠"能人"来"救活",而大胆地使用"能人",却没有慎重地考察"能人"的思想品德,致使一些"能人"昙花一现,大肆侵吞挥霍公款。其教训是深刻的。因此,选拔人才必须把德放在首位。

(2) 正确处理德才与实绩的关系

一个人的德才素质是其取得实绩的前提,是能否取得实绩和实绩大小的先决条件;而实绩则是其德才素质作用于客观环境的产物,是德才素质的物质形态,是德才素质在一定条件下的集中反映和体现。因此,对实绩与德才二者关系的理解,不能简单化、绝对化,把二者简单地等同起来。因此,实绩与德才之间往往出现不完全吻合的情况,使实绩的最终实现程度不能准确无误地反映人的德才素质的全貌。一般情况下,德才与实绩是一种正比关系,二者呈现出一致的趋势,也就是说,干部的德才素质好,就能取得好的实绩。但并不是在任何情况下都如此。反过来,实绩突出,在一般情况下,干部的德才素质也应比较好,但也不是在一切情况下都能相互对应。在实际工作中,我们经常会遇到这样几种情况,一种是干部德才素质好,但工作环境不好,比如班子内部不协调,上级又不支持,或者自然条件恶劣,就很难在短时间内取得较好的实绩。另一种是干部的德才素质总地说很好,但有某个方面的不足,而分配的工作正是用其所短,实绩也难以显现出来。还有一种是政治上不强,思想意识不好的人,在一定时期内,也可能取得比较显著的成绩。因为对一个人的政治立场、政治倾向、思想意识一时是很难辨别清的,所以我们对人才的考察与选拔要注重实绩,但要具体情况具体分析。德才与实绩的关系是错综复杂的。既要把实绩作为衡量人的德才的客观依据,又不能简单地搞“对号入座”,必须坚持工作实绩与德才条件的统一。

(3) 正确处理学历与能力的关系

学历与能力有一定的内在联系,但也有较大的区别。学历指的是学习的经历,而能力则是指处事的才干。现在往往有混淆两者区别的倾向,一提干部知识化,选拔任用干部首先考虑的便是必须达到何种学历层次,不符合不拘一格选人才的精神。学历是必要的,学历与能力也有一定的关系;但学历毕竟不直接等同于能力,更不等于贡献。因为一个人的能力是多方面的,不是一纸文凭所能包容的。有的人学历层次高,但他所具备的能力可能是科研、是教学、是艺术……而不一定是领导、是指挥、是管理。所以在选拔人才时,既要注重学历,又不能只唯学历与文凭,那种认为“有水平无文凭空口无凭”就不能提拔任用的观点是不全面的。美国著名的硅谷在选用人才时有一条秘诀,既不看学历,也不看资历,崇尚精于业务具有真才实学的人。至于你是什么出身,文凭高低,上过哪些学校都无关紧要,最重要的是你要有真本事。日本索尼公司的创始人盛田昭夫也曾批评那种以文凭为重的习惯作法,强调指出,一个人的前途不应仅仅取决于他的文凭和学习成绩,更重要的是看他的实际水平。

(4) 正确处理年轻化与资历的关系

一般来讲,资历深的人经验丰富一些,办事周全一些,这是客观实际。但资格老的同志一般也容易拘泥于老经验、老框框、老观念,创造性、进取心可能就不如资格浅的年轻人。而且实践证明,资历深与能力强不一定成正比。不少人虽工作时间长却无建树或建树不大,而有的人虽初出茅庐却大显其能,令几十年来“没有功劳有苦劳”的人自叹不如。邓小平同志从保证社会主义建设事业的兴旺发达、党和国家长治久安的战略高度出发,特别关注年轻干部的成长,并在选拔干部的“四化”方针中加进了“年轻化”这一条。所谓“年轻化”,是讲要不断选拔年富力强的优秀人才和培养后备力量,使整个人员队伍保持合理的梯形结构,使社会主义现代化建设事业代代相传,后继有人。因此,我们必须大胆地选拔优秀的年轻干部充实到各级领导班子中去,尽早地发挥其潜力。不能唯资历,更不能搞论资排辈。但也要防止一刀切,不顾客观地要求每个岗位都配上年轻干部。不能为了年轻化而年轻化。培养选拔年轻干部同样要掌握好标准,要把那些政治强、作风正、业务精的“人民公认是坚持改革开放路线并有政绩”的年轻人才选拔上来。

(5) 正确处理知识分子与人才的关系

既不能把知识分子与人才完全等同起来,又要克服轻视知识、轻视知识分子的种种偏见。中国共产党历来重视知识分子,注意发挥知识分子的作用。但也不可否认,党也在知识分子问题上犯过错误。一方面,人才与知识分子之间存在着密切联系。一个毫无知识的人是称不上人才的,人才必然是一个具有相当知识的人。然而,这并不是说,所有的知识分子就一定是人才。知识分子与人才是两个不同的概念,有些人称得上是知识分子,很难称得上是人才。另一方面,把知识分子与人才对立起来的观念更是错误的。这必然会导致轻视知识、轻视知识分子。当前我们正面临知识经济时代的挑战,必须十分重视培养和选拔知识分子中的人才,创造条件,引导他们同工农大众相结合,积极投身到改革开放中来,建功立业。针对如何对待知识分子的问题,江泽民曾指出:“知识分子作为工人阶级队伍中主要从事脑力劳动的一部分,在社会主义现代化建设中发挥着不可替代的作用,承担着重大的社会责任”,“今天,没有知识分子的参加,建设和改革的胜利更是不可能的”。

（三）人才选拔的方法

人才选用的具体方法有多种多样，就常用的来讲，主要有以下几种：

1．笔试法

笔试是通过文字描述、解答考卷问题来鉴别应考者的知识水平、理论水平、写作能力和阅读能力的方法。笔试的优点是：简便易行，省时省力，花费较少，以一份内容相同的考卷，可以同时对大批应考人员进行考试，并且易于管理；考试评分的标准尺度客观统一，较好地防止和避免考试和评阅试卷中的主观随意性，有较强的客观性和可信性。笔试也有不少缺陷，如不易考察应考者的实际工作能力，有时可能出现“高分低能”现象等。一般地说，选拔较高层次的人，多用论文式考试；选用较低层次的人，多用问答式进行考试。

2．面试法

面试是要求应考者在规定的时间和场所，口头回答主考人的提问和考试题目，以考察应考者是否具备拟任职位所需要的实际知识和工作能力，观察应试者的仪表、性格以及应变反应等。面试的优点是：考察内容比较广泛，方法比较灵活，易于发现应考者的逻辑思维能力、综合分析问题能力、语言表达能力、应变能力和社交能力以及仪表、气质等方面的情况。面试的缺陷是：耗费人力、时间比较多，考试的规模也受到限制，评分易受主考人的思想、性格、情感的影响，难以做到完全公正。但是，由于人的应变能力在现代社会显得越来越重要，因此，从发展趋势看，面试在人才选拔中越来越受到重视，并不断被完善。

3．操作式考试法

操作式考试要求应试者运用其所具有的专业知识和技能，按拟任职位的要求进行实地操作表演，主考人据此判断应试者的专业知识水平和实际工作能力。这种考试方法通常用于选拔专业性较强的工作人员，如电脑操作员、会计人员等。由于实际操作考察的内容是该职位要求具备的知识、技能和工作能力，因此，这种考试方法具有较强的针对性、综合性和实用性。

4．心理测验法

心理测验法是借助于各种测量仪器和量表，来测定人的各种心理特点。其测验内容主要包括：

智力测验。主要是测定个人的观察能力、理解能力、表达能力、应用能力、记忆能力、推理能力、判断能力和想象能力等。

性向测验。主要是测验某个人适合于从事某种专业或职业的特殊能力，以鉴别和确定应试者从事的工作岗位或职业。

兴趣测验。兴趣是指一个人主动经常地倾向于认识掌握某种事物或某项工作，并愿意参与该种工作活动的心理特征。兴趣测验就是对这种心理特征的测验。事实证明，一项工作如果由有兴趣从事此项工作的人担任，往往能导致创造性的成就。

人格测验。这种测验除了测定个人的毅力、勤奋性、进取心、认真程度等人格因素外，还测定个人在处理人际关系时的个性特征，如合作性、服从性、宽容性、领导性等。

心理测验法一般多用于选用特殊人才。使用此法时，需要借助各种测量仪器和量表。因此，要求主持考试的人必须具备必要的专业知识。

5. 群众评议法

群众评议法是通过走群众路线的办法来考察被任用者,评论其是否具备担任一定职务的资格。此法一般适用于选用领导者。选用领导者时听取群众的意见,有利于全面了解选用对象的情况。古人云:"左右皆曰贤,未可也;诸大夫皆曰贤,未可也;国人皆曰贤,然后察之;见贤焉,然后用之。"一个人的德才只有在实践中才能表现出来,而一个人的表现只有他周围的人及和他有联系的人才真正了解。

6. 短期试用法

短期试用法是将被选用人员放在一定的职位上,让其在此职位工作一段时间,考察其是否适合担任此职。此法是了解人的一种切实有效的方法。古人在选用人才时也曾主张采取试用法。南宋的陈亮就曾说,了解人要"策之以言,而试之以事"。短期试用法实际上就是为了解人提供了一个便于全面认识他的过程,通过这样一个过程来了解他的特长是否符合职位的要求。然后根据考察了解到的情况,决定能否选用。

三、人才使用的原则和艺术

人才的选拔和人才的使用是领导活动在人事管理过程中的两个基本环节。所谓人才使用,是指领导者合理地任用和管理人才的过程。为了合理地使用人才,领导者必须遵循必要的用人制度,掌握一些基本的用人原则。

(一) 人才使用原则

人才使用原则,是领导者合理地任用和管理人才所必须遵循的基本准则。这些基本准则指导着领导者任用和管理人才的行为,它贯穿于领导用人的全过程。这些基本原则主要有以下十个方面:

1. 因事择人、量才使用的原则

所谓因事择人,就是以事业的需要、职位的空缺为出发点,根据职位对人员资格的要求来选用人才。所谓量才使用,就是根据人才能力的大小,给予适当的职位。坚持这一原则,是由选用活动的目的决定的。为了谋求人与事的科学结合,只有从实际职位和职责的需要出发去选用合适的人员,才能达到目的。否则如果因人设事,为人择官,就不能保证事得其人,人尽其才。其结果不是大材小用,就是小材大用;或者为了安排人而增加不必要的职位,造成机构臃肿,人浮于事,用人成本增加,工作效率低下。唐太宗李世民早就说过:"为官择人者治,为人择官者乱。"宋代大臣许应龙也曾说:"为官择人,则官虽简而常若有余,为人择官,则官员繁而常若不足。"他们说的都是根据工作需要来选用人才的道理。坚持因事择人的原则,才能避免出现机构臃肿、人浮于事的现象,做到以事定职,以职选人,人事相宜。

2. 扬长避短、发挥优势的原则

俗话说:"尺有所短,寸有所长。"金无足赤,人无完人。任何人都有其长,也有其短。无疵不真——世界上没有绝对完美的人。具体做法是:一是用其所长。领导者应该用心分析每个干部的特点和能力,认清其长处是什么,能做得最好的工作是什么,尽可能将其放在最能发挥他优势的岗位上。决不能用非所长,勉为其难。唐太宗认为"用人如器,各取所长",王安石主张"取其长不问其短"。美国南北战争时,林肯任命格兰特将军为总司令，有人认为格兰特嗜酒贪杯，不宜担当大任。林肯却说："如果我知道他喜欢喝什么酒，我倒应该送他几桶。"林肯不是不知道酗酒可能误事，但他更知道在北军诸将领中，只有格兰特能够运筹帷幄、决胜千里。后来的事实也证明了林肯的任命是正确的，这一任命使美国南北战争发生了重大转折。诸葛亮错用马谡，毛遂从自荐到自刎。这些史实从正反两个方面说明，用人之要贵在用其之长，而不是求其为"完人"。二是容人之短。现实生活中，有的人既有长处又有短处，只要这些短处不涉及原则问题，就可以给予宽容，不要因求全责备而埋没人才。看人要多看长处，须知"水至清则无鱼，人至察则无徒"，天地无全功，圣人无全能，万物无全用。实践证明，当领导者多注意别人的优点和长处时，就会使优点增值，化短为长；反之，当领导总是注意别人的毛病时，不仅越看毛病越多，而且容易使人产生逆反心理。所以，领导者应努力做到：容言而广开言路；容短而不必苛求；容过而治病救人；容贤而不听谗言；容事而不计小事；容才而不嫉贤能。三是"短中见长"。要知人短中之长，对其短处具体分析，并给以必要的帮助，化消极为积极，发挥出他们的特长。如清代有个叫杨时斋的将领，他曾让聋子当侍者，让哑巴送密信，让瘸子守炮座，让瞎子伏地听。从而做到了军中无废人。现实生活中用人短中之长也不罕见。如一家工厂，用爱挑剔的人当质检员，用谨小慎微的人当安全员，用锱铢必较的人搞财务管理，等等，这种用法完全体现了短中见长的辩证观点。

3．用人不疑、疑人不用的原则

用人当然要疑，有疑才能谨慎明察。这里说的用人不疑、疑人不用的原则，是指经过科学考察确定可用之人后，要努力向其传达被信任的信息，使其没有后顾之忧，全身心地投入工作。用人就要信人，这样可激发被用者认真负责地干好工作。反之，如对被用者将信将疑，给职不给权，甚至对其忧心忡忡；或担心其阅历浅，"嘴上没毛办事不牢"，"嫩竹子挑不了重担子"；或害怕其职位变了，架子大了，骄傲恒恃，目空一切，不受领导。凡此等等不必要的疑虑，都会妨碍人才作用的正常发挥。只有坚持相信人才，鼓励其大胆工作，为其创造良好的工作环境、舆论环境、人缘环境，才能有利于人才才能的施展，使他们在社会主义现代化建设的第一线上，冲锋在前，搏击奋进，做出出色贡献。信任下级，实质上是领导者自信心的一种表现。信任下级，就要按照下级的职务充分地授权，要使他在其职务范围内达到权责一致。

4．合理搭配、整体最佳的原则

任何人才作用的发挥，都离不开人才群体的整体效能。人才不是孤立的，只能在群体中发挥自己的作用。因此，建立合理的人才结构，是发挥每一个人应有作用的关键。领导者在使用人才时，要根据"整体功能大于部分之和"的系统论原理，搞好人才资源的配置，组建合理的人才群体结构，使其年龄梯形、知识互补、专业配套、气质协调，达到整体的最佳效能。

5．公平竞争、择优用人的原则

所谓竞争择优，就是指在公开平等的条件下，让求职者依靠自身的素质和条件进行竞争，用人单位择优选用人才。用公开竞争的方法选人，比传统的"伯乐相马"的方法有更多的优点，它拓宽了选人的视野，开辟了赛场选"马"的天地，使用人单位能够在更广阔的范围内挑选人才，同时将选才用人工作置于人们的监督之下，增加了选用工作透明度，可以有效防止和克服在用人问题上的不正之风。因此,公平竞争有利于人才脱颖而出。人才的健康成长,有赖于良好的社会环境。机会均等、优胜劣汰的竞争机制,就是重要的社会条件之一。领导者在选才用人中坚持这一原则,应将竞争贯穿于选用工作的各个环节,从报名、资格审查,到笔试、面试,以及考核、体检等,要使求职者"过五关、斩六将",始终处在一种激烈的竞争状态。这样,经过层层筛选,最后,根据工作的需要,择优选用合适的人才。

6. 爱护人才、关心帮助的原则

领导者合理地使用人才,包括对人才的关心爱护和指导帮助。具体来说,要关心生活,帮助排忧解难;要指导工作,促进学习提高;要答疑解惑,做好思想工作;要经常检查,坚持跟踪管理。总之,要全方位、经常化、有针对性地帮助人才成长。像原江西省委书记白栋才对年轻干部那样,"扶上马,送一程,自奋蹄,任驰骋"。

7. 重视培养、用管结合的原则

领导者在选才用人的过程中,应该对人才加强培养,严格管理,把使用与培养、管理结合起来。培养是使用的前提;管理是为了更好地使用;使用离不开培养与管理。当前有许多领导者开始重视人才培养,但对人才的管理却重视不够,许多干部特别是一些年轻的领导干部任职后不长时间就走上腐败犯罪的道路,除了本人不注意世界观的改造,恐怕也与组织上和相关领导者疏于管理不无关系。

8. 民主用人、慎重决策的原则

领导用人问题属于组织行为,意义非常重大。必须坚持民主集中制原则,实行集体领导,慎重决策。坚决反对用人问题上的"家长制"、"一言堂"和少数人说了算。第一,作为决策机构的党委或党组应认真听取组织人事部门的意见。组织人事部门是党委或党组具体负责干部工作的职能部门,他们对干部的考察考虑全面,具有系统性,对干部的选任进行认真比较,具有平衡性。第二,作为决策机构的党委或党组的每个成员,应自觉主动地利用一切机会认识干部、了解干部,深入群众中走访调查,以便决策时取得发言权,否则必然是人云亦云,随声附和。第三,作为主持决策的一把手,一般不宜率先发表定性意见,而要让其他成员充分发表意见,并认真听取、分析,然后认真比较,再慎重决策。第四,实行任前公示制。公示的内容应包括:个人简历,工作实绩,家庭主要成员,本人相片等。

9. 健全制度、追究用人责任的原则

积极改革干部人事制度,健全各项用人制度,实行领导用人制度化、规范化。特别是要积极探索和试行"领导用人失察责任"追究制度,杜绝用人腐败的制度漏洞。

(二) 领导者的用人艺术

领导者能否获取事业上的成功,在很大程度上取决于他是否掌握了高超的用人艺术。用人艺术是领导者在掌握和运用科学用人方法的基础上,根据特定情况灵活运用用人方法和用人技巧。用人艺术所追求的是巧妙地调动多数下属的积极性,发掘其潜能。调动下属积极性的技巧主要有以下一些要点:

1. 塑造良好的领导者形象,以人格力量激励下属

准确了解下级希望有一个怎样的上级,他们希望从上级那里得到什么帮助,然后尽力使自己"接近"他们心目中的"理想"上级,树立起良好的自我形象。一般情况下,下级都希望有这样一个"理想"的上级:一是工作上职责清楚,赏罚分明;二是生活上关心体贴,甘苦与

共;三是作风上深入实际,谦虚民主;等等。同时,多数下级都希望从上级那里得到以下三方面的帮助:一是工作上能够用己所长,避己所短,尽量将自己安置在良好的人际环境里,从事自己能够胜任的工作。与此同时,积极为自己提供“更新知识”的学习机会。二是生活上帮助解决自己难以克服的困难。三是关键时刻拉人一把,而不是推诿搪塞,甚至落井下石等。领导者按照被领导者的这些一般要求,努力学习,加强修养,塑造良好的领导形象,就会形成激励下属的人格力量。

2. 满足下属正当的心理需要,引导下属进行科学的心理调节

针对下属的心理特征和情绪变化,领导者要学会因势利导,不断进行科学的反馈调节。在一般情况下,绝大多数下属在接触上级时,具有一些共同的心理特征。作为领导者,只需设法满足他们正当的心理需要,就能充分调动他们的积极性和创造性。这些心理特征归纳起来有:

第一,保持“一致”。不愿轻易发表不同的意见和看法,总是尽量揣摩上级的想法,然后谨慎发表与上级接近“一致”的看法。

第二,显示成绩。希望领导者了解自己的工作成绩及取得的具体过程。

第三,掩饰过失。当偶尔出现的过失还不至于酿成大祸时,下属出于强烈的自尊心和自信心,总是宁愿自己悄悄地采取补救措施,也不想让上级知道此事。

第四,追求“平等”。希望双方真诚相待,平等相处。

第五,渴望“尊重”。下级总是渴望上级能够充分尊重自己的知识、工作权利和自己的人格。

第六, 获得信赖。只要获得上级的信赖,就是再苦再累,下属也感觉高兴。

第七, 愿意参与。希望自己的美好愿望能在上级的决策中有所体现。

第八, 求得“理解”。下属一般不过分要求上级给予什么帮助,只求上级充分理解自己,达到心理感情上的某种满足。

第九,分担责任。在执行决策中一旦出现挫折和失败,下属希望上级能同自己一起分担责任。

第十,适度自由。下属希望上级的管辖和约束不要过紧,最好给予自己适当的自由。

针对下级以上的心理特征,领导者应注意改进领导方法,提高领导艺术。为此,领导者必须注意掌握下列原则:

第一,只要条件允许,应尽量同下属一起研究工作,鼓励他们坦率地说出不同意见。

第二,当下属完成了工作任务,领导者应主动表示祝贺,并及时予以表扬或奖励。

第三,听下属汇报工作时,应尽量有选择地听完其具体过程;并适时地暗示或明白表示上级知道下属的某些工作情况。

第四,对下属偶尔出现的小过失,只要其本人已经知错改错,领导者最好佯装“不知”,给下属弥补的机会。

第五,切忌以“高贵”自居,以势压人;要虚心学习,平等待人,给下属表现的机会,尤其要慎重对待下属的创新意见。

第六,运用各种有效方式,向下属传递“充分信赖”的信号。如故意不听下属对过失的解释;“免验”下属从事的某项工作等。

第七，吸引下属“参与”本属于领导者的部分工作，使下属增强责任感和进取心。

第八，经常在闲暇时间接近下属，随便闲聊，有意识地表示“理解”下属的工作动机等。

第九，工作中出了问题，领导者要敢于分担责任，切忌让下属当“替罪羊”。

第十，对下属不必统得过死，管得过严，要给他们独立“自由”的发展机会。

3. 恰当运用表扬、批评和交谈的技巧，以高超的艺术调动下属

表扬奖励的技巧须注意：(1) 表扬的内容一定要具体，泛泛地表扬起不到激励作用。(2) 要真心诚意，带有感情，那种捎带着地虚情假意式表扬不仅起不到积极作用，反而会引起当事者的反感。(3) 表扬奖励要及时，拖得太久起不到激励作用。(4) 表扬奖励方式要不断变化。(5) 注意整体效果，不要因为表扬了个别人而挫伤多数人的积极性。(6) 物质奖励与精神激励要配合得当，不可偏废。(7) 物质奖励切忌平均主义“大锅饭”，要力争年年有所增进，大起大落后患无穷。(8) 利用各种庆典、表彰活动，使家属分享荣誉。(9) 表扬奖励要考虑当事人的个性特征和他当时的优势需要。(10) 表扬奖励后应适当指出(以个别交谈为好)其不足之处，使其保持清醒头脑，朝着新的目标继续前进。

批评惩处的技巧须注意：(1) 批评内容要具体，纠正有惰性的问题要有适合的措施。(2) 分寸恰当。(3) 把握批评惩处的最佳时机。(4) 区别不同对象，采取适当方式进行批评。(5) 就事论事，对于已经做过结论的过错，不再重提，搞所谓“新账老账一起算”。(6) 根据被批评者的反应，掌握批评的火候，适可而止，喋喋不休式的说教，会使人腻烦，也会降低批评效果。(7) 根据问题性质和影响，确定批评的范围。若要大会公开点名批评，最好事先使其有思想准备，不搞突然袭击。(8) 做好善后工作。要及时指出当事人的长处，并使其相信组织上不会歧视他，只要肯认真改过今后仍然有发展前途。

4. 真心为下属排忧解难，以真诚的服务感动下属

领导者应自觉坚持和发扬密切联系群众的优良传统和作风，想人民群众之所想，急人民群众之所急，解决人民群众之所需。努力运用公共资源满足下属工作和生活中的正当需要，激励其行为动机。

5. 引导下属积极向上，以高尚的组织目标凝聚下属

领导者应善于确立事业发展的目标，为下属提供展示才能、实现自我价值的目标导向和组织环境。以此增强组织的凝聚力和下属的成功欲。

6. 坚持公正用人，以正确的用人导向引导和鼓舞下属

领导者用人公正与否，直接影响到组织的风气和下属的士气，对下属积极性的保持和发挥作用巨大。领导用人工作的改革要有利于扩大社会主义民主，有利于解放和发展社会主义国家的生产力，有利于巩固人民民主专政的国家政权，有利于调动大多数人的积极性。要坚决走出用人实践中的一些误区，如论资历、排辈分，求平衡、取平庸，只能上、不能下，因人异、弃标准，只相马、不赛马，等等。要明确以下几种人不宜重用：长时期什么工作都学不会干不好的人；专挑别人毛病，自己又不干实事的人；爱拨弄是非，搞小动作的人；个人利益第一，稍有不满就消极怠工的人；以自己为中心，很难合作共事的人；嫉妒心理极强的人；两面三刀，阳奉阴违的人；阿谀奉承，吹吹拍拍的人。总之，要切实做好公正用人工作，坚持正确的用人导向，激励和保持下属的工作积极性。

此外，运用行之有效的技能技巧，如善意的攻心术、智慧的以柔克刚、恰当的典型警示、

有效的沟通协调、综合的激励手段等,化解出乎意料的人际紧张关系,调解波动中的群众心态,从而保持下属积极的情绪状态和工作状态,也是领导用人艺术的重要方面。

思考题

1. 学习、分析领导理论,并归纳出领导理论的简要发展脉络。

2. 针对现实中领导决策或领导用人中存在问题的实例,分析其中的原因,并给出个人见解。

练习题

1. 面对突发公共事件,领导者所应采取的决策类型是(   )。

A. 常规型决策　　B. 最优决策

C. 程序化决策　　D. 非程序化决策

2. 领导者用人不疑的关键在于(   )。

A. 领导者无条件地充分信任下属

B. 领导者信任下属,获得下属的信任

C. 下属无条件地充分信任领导者

D. 领导者正确运用"疑"和"用"的手段

3. 费德勒领导权变理论所述的关键因素中,最重要的是(   )。

A. 领导者与被领导者的关系　　B. 工作任务结构

C. 职位权力　　D. 工作绩效

案例9-1

苏·雷诺兹(Sue Reynolds)今年22岁,即将获得哈佛大学人力资源管理的本科学位。在过去的两年里,她每年暑假都在康涅狄格互助保险公司打工,填补该公司去度假的员工的工作空缺,而且她在那里做过许多不同类型的工作。目前,她已接受公司的邀请,毕业之后将加入互助保险公司成为保险单更换部的主管。

康涅狄格互助保险公司是一家大型保险公司,仅苏所在的总部就有5 000多名员工。公司将员工的个人开发当做经营哲学,自上而下都对所有员工十分信任。

苏将要承担的工作要直接管理25名职员。他们的工作不需要什么培训而且具有高度的程序化,但员工的责任感十分重要,因为更换通知要先送到原保险单所在处,要列表显示保险费用与标准表格中的任何变化;如果某份保险单因无更换通知的答复而将被取消,还需要通知销售部。

苏所在的工作群体的成员全部为女性,年龄跨度从19岁到62岁,平均年龄为35岁。其中大部分人是高学历,以前没有工作经验,她们的薪金水平为每月1 420美元到2 070美元。苏将接替梅贝尔·芬彻的职位。梅贝尔为互助保险公司工作了37年,并在保险单更换部做了17年的主管工作,现在她退休了。苏去年夏天曾在梅贝尔所在的群体里工作过几周，因此比较熟悉她的工作风格，并认识大多数群体成员。她预计除了丽莲·兰兹之外，其他将成为她下属的成员都不会有什么问题。丽莲今年50多岁，在保险单更换部工作了十多年。而且，作为一个“老太太”，她在员工群体中很有分量。苏断定，如果她的工作得不到丽莲·兰兹的支持，将会十分困难。苏决心迈出她职业生涯的精彩的第一步。因此，她一直在认真思考一名有效的领导者应具备什么样的素质。

案例思考

1. 影响苏成功地成为领导者的关键因素是什么？
2. 对于帮助苏赢得或控制丽莲·兰兹，你有何建议？

案例9-2

总裁的特殊手段

20世纪90年代初，安徽高炉酒厂实现利税连续翻番，在全国饮料制造业中的排序由1992年的第156位猛跃到1994年的第18位！厂长刘俊卿之所以能带领大家创出“高炉奇迹”，最根本的一条就在于他用人有道。

刘俊卿上任的第一天，听说销售科科长任从文调到利辛酒厂当副厂长了，并且已在电视上露过面。刘厂长“搬出”任从文的老朋友，两去利辛，终于把任从文“抢”了回来，并委以副厂长重任。老任很快使其分管片销售收入比原来增加两倍以上。销售能人刘某，曾被公安局拘留，放出来后，一直没安排工作，正准备调走。刘俊卿来了，破格提拔他为销售科副科长。刘俊卿在全厂职工大会上说：“他以前蹲过公安局，不一定以后蹲公安局；孙悟空、猪八戒，都犯天条，后来照样成为取经的大功臣！”这位刘某上任后，没日没夜地跑市场，其分管区域成为销售队伍的一支劲旅。

高炉酒厂的治安一度很乱。刘俊卿到任后，把威震三乡五里的“硬茬子”刘俊平提任为保卫科副科长。很多人质疑：“他怎么能行？那些小痞子都是他的哥们儿。”半年来下，人们服了，刘俊平带着一帮人把厂内厂外管得头头是道：打架的、斗殴的、手脚不干净的……只要听到“刘俊平来了”几个字，简直是望风披靡！厂内工作、生产、生活三大秩序大为改观。年底，刘俊平获得了厂“特殊贡献奖”。

有这么一个职工，说话“嗡嗡”的，口齿不太清楚，心眼死板得要命，一点儿不开窍。谁都说这是一块“废料”。刘俊卿看看这人，笑笑说：“当煤质监督员去。”全厂一天要进100多吨煤炭，弄不好，漏洞大得很哪！可这位“废才”到岗位之后，递烟，他不接；请客，他当没听见。他只有一项工作，监督煤质；他只认一个理：煤质不好，水分过大，你这就给我拉回来，谁说情也白搭！有人说，刘厂长用这人可真绝了——把个“真傻子”变成了“革命的傻子”！

酒厂的包装车间，是个要害的部门。这天，因包装质量问题，刘俊卿批评了包装车间主任杨书东。这可“捅了马蜂窝”，性格倔强的杨书东向厂长写了一份辞职报告。刘俊卿看罢当即决定：“就地免职，当包装工！”杨书东万万没想到刘厂长竟比他还“犟”！杨书东后悔莫及,他用加倍的工作,终于换回了他的尊严和地位——年底,他被刘俊卿任命到最要害的科室——质检科当副科长。

该厂有个40多岁的女工,名叫曲大家,穿着打扮很时髦,虽然有人骂她"臭美",但厂长刘俊卿却看到了她的长处,把她从整理车间调到厂办公室当了干部,由她负责组织了一个19人参加的时装表演队。曲大家带领这个表演队,在不长的时间里表演了近50场,观众将近两万人次,对宣传该厂产品起到很大作用。接着刘俊卿提拔她为广告科科长,不久又任命为广告公司经理,充分发挥了她的长处。

案例思考

1. 运用你所学的知识,谈谈刘俊卿的用人之道主要表现在哪些方面?
2. 你认为刘俊卿对刘俊平的提升是"利用",还是"使用"或"重用"?

案例9-3

老鲍有时遇见季副所长,季老总要关怀地问起费士廷近来的工作表现。老鲍只能如实反映老费所表现出来的杰出能力。但老鲍有几次也想谈谈自己的顾虑与不安,却总是欲言又止,觉得难于启齿。因为他怕这样一说,反而暴露了自己的能力、自信及容人的涵养等方面的弱点,何况季老必然会通过亲自考察及其他渠道,对老费的情况已有了深刻的印象。

渐渐地,老鲍开始怀疑,费士廷的加入对本组究竟是不是件好事了:他虽然聪明过人,才华出众,提高了本组的工作水平,但这似乎不足抵偿他对本组团结合作精神带来的消极作用。例行小组会名存实亡,成了少数人甚至是个人的垄断。除了小林一人外,其余的人费士廷几乎都不放在眼里。他变得越来越粗暴无礼,把人家的意见斥为无知妄说,不屑一顾,甚至嗤之以鼻。他对别人的不耐烦与蔑视似乎在季副所长面前也有所表露,这是老鲍根据自己与季老的偶然谈话推测出来的。因为季老有一次曾问及老文、老伍和老乔的表现和能力,并说是不是还该分派给他们独立的实验与研究任务,却偏偏未问到小林。这使老鲍怀疑季老是受费士廷对他们能力的不良评价所影响的结果。

老鲍感到,对整个集体来说,费士廷的到来弊大于利,这已经不是他的个人偏见了。因为他在跟老文、老伍和老乔的个别谈话中,都已感到他们对老费明显的不快甚至反感。老鲍并没有煽风点火、添油加醋,是他们自己提出的抱怨,说小组会上老费夸夸其谈,深奥费解;想追问一下,请他详细点深入解释一下,并补充点有关背景知识吧,他又马上显出不耐烦,甚至讥嘲别人"这还不懂","是小学生也该明白的常识",使人家下不了台,下次干脆免开尊口了。当然小林在跟老鲍个别谈话中,没有反映过这种情绪。

大约在老费来光子仪器课题组半年左右时,所领导向老鲍布置了一项任务,说是上级单位对这项任务十分重视,决定下月中旬要在本所开一次现场会,国内有关兄弟单位将来人参加,甚至还邀请了科学院几位知名学者亲临指导,要组里认真准备汇报材料。

按照惯例,这种会上是该由课题组长,也就是鲍尔敦本人来汇报的,材料也应由他准备和执笔。可是随着会期日益临近,他越觉得不让自己去当这汇报人可能更明智些,因为材料中不能不写进费士廷贡献的新论点,特别是那些高深的数学分析。说实话,对这些内容老鲍自知领会得不透彻,且不说介绍得不可能完整深入,而且在客人们提问质询时,更难应对自如。更糟的是,如果他们汇报得不全面、不确切的话,老费自己准会站起来补充或纠正,而且按这老兄的性格,他可不会给你留面子,很可能评头品足、吹毛求疵,甚至痛快淋漓,极尽其挖苦讽刺之能事,使别人十分难堪,当众出丑。而报告中不提老费的论点或不让老费列席汇报会,都是不现实的,也是说不过去的,这使老鲍颇费踌躇,举棋不定。

于是老鲍找机会跟季老私下谈了一次话,试探一下本所这位元老的意图。他吞吞吐吐地对季老说:按照惯例,这种汇报会总是在高规格的小范围内进行的,老费作为一般研究人员本是不够列席资格的。可是鉴于他对本课题所做过的特殊贡献,他本人可能也乐意出席,所以邀请他参加为宜。不过老鲍嗫嚅地补充说:光让老费来而将组内其他同志排除在外,似欠公允,他们也做过贡献,有些资历更深,怕会挫伤他们的积极性。季老听罢,眉梢一扬,略显惊愕,说:"不至于吧,他们谁都清楚费士廷在这课题开发中的特殊作用,是会理解的。你们组的同志一贯都是比较通情达理的嘛。"他然后用十分肯定的语气补充道:"这次汇报会无论如何得让费士廷列席。"老鲍听了,马上跟着说,他也正是这种想法,而且他还觉得应当老费而不是他自己来向来宾们汇报,因为老费对这个课题的贡献最大,让他汇报,正表现了对他才能的赏识和奖励,何况老费正迫切希望人们认识到他的能力和功劳。季老听了,沉思一下,点头道:"好,就这么办吧。"事情就这样定下来了。

费士廷在汇报会上的表现不得不说是巨大的成功,他的清晰的表达和精辟的分析如此精彩,一下子就吸引了与会者的兴趣和注意力,会场鸦雀无声,全神贯注,完全被他的讲演主宰了。介绍完毕,掌声雷动,然后是一连串热烈而兴奋的评论与提问。老费答疑时得体而中肯,自信而诙谐,顾盼自如,语惊四座,谁都不能否认,他完全可以称得上是这会上的"明星"。

当晚,所里举行了一次招待会,酌备茶点。不仅来宾们应邀参加,所里许多工作人员都来了,其中包括老鲍课题组的全部组员。老费左右总围了一大圈人,如众星捧月,有的继续探讨他的论点,有的谈论他的理论可以应用的其他方向,也有人好奇地探询他的来历,还有的人则极力赞扬他的才能,这后者中便有老鲍在内。

汇报会完后两周左右,季副所长出国去了。他是应邀去国外参加两个国际学术会议的,属于短期出国,仅去三周多,他便回来了。抵家的当晚,行装甫卸,还未及到所里去,他心中已急切想了解所里的近况,特别是那个光子仪器组项目的进展,便到他的近邻,所党委书记老陈家去打听一下。

老陈一面给他泡茶,一面跟他说:"你出去不到一个月,所里哪会出什么了不起的大事呢。不过你问起光子组,近来倒是出了一个意想不到的变化——那位组长鲍尔敦走了。"季老闻听大吃一惊,忙问:"什么?什么?你是说老鲍离开我们所了?这怎么可能?他上哪儿去了?所里怎么没有挽留他?"老陈说:"后来我们才了解到,早在一个半月以前,他已经去市政府人才流动调剂办公室登过记,很快又听说新疆要成立一个同类型的研究所,急需人才,尤其缺中年骨干,那边求贤若渴,待遇优厚,他就通过市支边办公室跟人家挂了钩。整个过程完全没向所里任何人透露过,而且办得果断迅速。等到基本上已经办妥,生米做成熟饭了,才向所里来谈。市委组织部事先来过文,转来省里指示——干部自愿支边,一律不得阻挠,只能支持鼓励。我们不是没找他谈过,婉转劝阻,好言挽留。但他去志已坚,好像再没谈话余地,我们还能咋办?他三天前已经离此远去玉关之西,到那天山融雪,大漠飞沙之处去另谋高就了。"

季老回到家里，感到沮丧、寒心、意外而困惑。这么说，他正是在开汇报会前后挤出时间去活动调出的喽？鲍尔敦来所已五年多，季老自忖与他私交甚笃，对他的才能也甚为看重，倚为骨干，多方提挈培养，他似也颇为感激，有时戏称自己为"恩师"；他平日显得老实忠厚，对工作挺满意，干得也很积极，确实出了不少成果，在这里前程远大，那又为什么要挂冠而去，而且这样突然？……"支援边疆"当然冠冕堂皇，无可厚非，但还有什么别的具体理由，使他对自己不告而别呢？季老百思不得其解，觉得这行为十分古怪，不近情理，也挺不负责任的。一夜辗转反侧，未得安眠。

次晨上班，季老发现桌端有老鲍留呈自己的一封信。信颇简短，略谓他此次去新疆，是为了支援边疆建设，响应号召。走得很急，未及而辞，深觉谦疚。来所多年，对季老师的关怀照料，帮助指引，衷心铭感，将永远记住他这位仁厚善良的导师与长者。又说光子组有费士廷在，定能胜任这小组的领导工作，比他强胜十倍。有关事务已向组内交代清楚，今后还有遗漏不清处，他愿写信说清云云。

季老阅毕，觉得怅然若失。他知道所里不久前承接了航天部一项新课题，属国家重点攻关项目。在个别征询老费意见，看他愿意留在光子组，还是去搞这新课题时，老费毫不犹豫地选了后者。很快老费升任航天课题组组长的任命就正式发布了。在国外时，季老就曾觉得棘手，该怎样把老费将另有重用的消息告诉老鲍，因为老鲍一直声称老费的到来，于他们组是巨大而及时的支持，对老费的才能和对该组及他本人的帮助，也赞不绝口。突然要把老费调离该组，一时又没类似人才可以顶替，老鲍可能会舍不得，想不通。季老正难于启齿呢……如今原来如此！

光子仪器组的工作自然蒙受了沉重打击。暂时只好先指定林克同志代理组长，说明一旦物色到适当人选，便来正式就任组长的。

资料来源：http://wendang.baidu.com/view/ac4cd269af1ffc4ffe47ac72.html

思考题：

(1) 请大家可以运用所学过的领导理论分析老鲍的领导特征。

(2) 老鲍为什么调出研究所？老鲍的行为有什么特点？

(3) 如何认识领导者权力的来源？

心理测试 9-1：领导维度测试

目的：本测验在于了解你的上司、团队领导、教练或跟你关系密切的其他人是偏向于变革型领导类型，还是偏向于交易型领导类型。

指示：请阅读表 9-3 每一句陈述，并在与你的上司实际情况相符合的栏内划圈或打勾。你也可以将你的上司替换成其他你熟悉的人，如团队领导、CEO、课程教师或者体育教练。完成记分后全班讨论变革型领导和交易型领导的区别。

表 9-3 领导维度工具

我的上司	强烈同意	同意	中立	不同意	强烈不同意
1. 集中注意非常规、错误、例外以及对我预期的偏差	5	4	3	2	1
2. 忙于强化他的胜任能力形象的言行	5	4	3	2	1
3. 控制出过错且需要改进的绩效行为	5	4	3	2	1
4. 是我言行的角色模范	5	4	3	2	1
5. 指出假如我按要求做的话将得到什么	5	4	3	2	1
6. 慢慢向我灌输与他一起是值得引以为荣的	5	4	3	2	1
7. 对错误仔细地跟进	5	4	3	2	1
8. 可信赖并帮助我克服任何障碍	5	4	3	2	1
9. 告诉我哪些努力和行为将得到奖赏	5	4	3	2	1
10. 使我了解那些我们强烈地共同持有的价值、理想、渴望	5	4	3	2	1
11. 对未达标准的失败很警觉	5	4	3	2	1
12. 激发使命的集体感	5	4	3	2	1
13. 就我按要求做后将得到什么，与我拟订协议	5	4	3	2	1
14. 清晰地表达未来机遇的前景	5	4	3	2	1
15. 谈论对好的工作的特殊奖赏	5	4	3	2	1
16. 乐观地谈论将来	5	4	3	2	1

记分：

交易型领导：单数题号，即 1、3、5、7、9、11、13、15 的分数之和。最高得分是 40。分数越高，说明越倾向于交易型领导。

变革型领导：双数题号，即 2、4、6、8、10、12、14、16 的分数之和。最高得分是 40。分数越高，说明越倾向于变革型领导。

管理游戏：最好的和最差的领导者

目的：分析我们所了解的最好的和最差的领导者的品行

用时：30 分钟

方式：讨论

建议：

很多时候，我们被那些没有模范、有效地发挥领导作用的人所误导。事实上，在我们的心目中没有关于领导者究竟应该是什么样楷模的概念。

具体步骤：

第一步：概述（1 分钟）

A. 介绍主题："本活动的重点是回忆我们作为成年人在做部下时的体验。我们想弄清楚我们所知道的最好的和最差的领导者都有些什么品行。"

B. 概述："在小组里你们先谈谈自己遇到的最差的领导，再谈谈自己遇到的最好的领导。"

第二步:目的

"本活动的目的是弄清我们所知道的最好的领导和最差领导的品行。"

第三步:最差的领导(10 分钟)

A. 由 4—6 人组成一个小组围坐在桌旁。给每个小组发两张大的活动纸板和两支彩色辨识笔。

B. 给出指令:"在第一张活动纸板上,尽可能多地写出你们见过的最差的那类领导者对你或别人所表现出来的品行。你们想到什么全写上去。"

C. 掌握时间进度,然后将注意力引向你的身上。

第四步:最好的领导(10 分钟)

A. 给出指定:"尽可能多地写出你们见过的最好的那类领导者对你或别人所表现出来的品行。你们想到什么全写上去。"让学生用另一种颜色的标识笔写出这些品行。

B. 掌握时间进度,然后将注意力引向你的身上。

第五步:应用和总结(10 分钟)

A. 请每个小组将其表格贴到墙上。让大家一起对它们做个比较,找出共同点和不同点。

B. 请一些同学回忆一下在"最好"一栏和"最差"一栏中哪些特点是由自己提出的。请他们列出由其提出的称职领导者的品行,以及那些不称职领导者的品行。建议他们思考一下克服或改善那些不良品行的方法。

C. 总结

参考文献

[1] 苏保忠,领导科学与艺术[M].北京:清华大学出版社,2009.2

[2] 朱立信、高鹏怀,领导科学与艺术[M].武汉:华中科技大学出版社,2009.1

相关网站

http://www.sino-manager.com 经理人网

http://blog.people.com.cn/blog/s/7765 红色牧师博客

http://www.thldl.org.cn/ 清华大学领导力培训中心

第十章

组织心理与管理

引导性案例

思科公司的网络组织结构

在企业组织结构网络化转型中，最为典型和成功的当属思科系统公司。思科公司成立于1984年，最初只是一家普通的生产网上路由器的高科技公司。1992年，公司高级副总裁皮特提出用互联网来改造公司整体运营体制，成功地构建了思科网络联结系统，从而使思科公司成为网络化企业管理的先驱。现在思科不仅是网络基础设备供应商，而且也成为业界最领先电子商务解决方案的提供者。2000年3月27日，思科公司股票市值达5 550亿美元，首次超过微软，成为全球股值最高的公司。

思科公司的网络结构系统分为三层：第一层是电子商务、员工自我服务和客户服务支持，能够实现的网络效应是产品、服务多样性、定制个性化服务，提高客户的满意度；第二层是虚拟生产和结账；第三层是电子学习。思科的第一级组装商有40个，下面有1 000多个零配件供应商，但其中真正属于思科的工厂却只有两个，其他所有供应商、合作伙伴的内联网都通过互联网与思科的内联网相连，无数的客户通过各种方式连接入互联网，再与思科的网站挂接，组成一个实时动态的系统。客户的订单下达到思科网站，思科的网络会自动把订单传送到相应的组装商手中。在订单下达的当天，设备差不多就能够组装完毕，贴上思科的标签，直接由组装商或供应商发货，思科的人连包装箱子都不会碰一下。

让我们思考，一只大雁能飞到南方吗？是什么样的力量支持它们创造了这样的奇迹？研究发现，雁行的V字结构，使它们比单个大雁飞行省去了三分之二的力量，领队的大雁疲倦了，会轮流退到侧翼，另一只大雁则会接替它飞在队行的最前方，后继者时刻准备着奉献自己的力量，这就是它们能够飞行到南方的奥秘！

这就是组织的力量，关于如何有效地运用组织中人力、物力、财力等的研究，以及对组织心理、组织行为的研究是组织行为学的重要课题，在本章，我们将就有关组织问题进行研究。

资料来源：廉茵，管理心理学[M]．北京：对外经济贸易大学出版社，2007

本章知识点

1. 组织的概念和分类
2. 基本的组织结构
3. 影响组织结构的因素
4. 组织变革的动力与方法
5. 组织发展与组织文化

第一节　组织概述

管理心理学家巴纳德(C. I. Barnard)认为:"组织是一个有意识地协调二人以上的活动或力量的合作体系。"孟尼(T. D. Mooney)和雷列(A. C. Reiley)认为:"组织是为达成共同目的的人所组合的形式。一个组织群体,如果想有效地达成其目标,就必须在协调合作的原则下,各人做各人不同的事。"可见组织是一个群体,但又不同于一般的群体,它是为完成共同的目的而结合起来的活动单位。组织的任务是:规定每个人的责任;规定各成员之间的关系;调动组织内每个成员的积极性。

一、组织的概念

(一) 传统的组织概念

传统的组织概念把组织看成是为了达到特定的共同目标,经由各部门分工合作及不同层次的权力和责任制度而协调运行的群体活动。这个定义包括如下含义:

(1) 组织有一个共同的目标。人们是为了实现共同目标走到一起的,没有共同的组织目标,便不会有协调的活动,也不会有真正的组织。

(2) 组织包括不同层次的分工合作。组织目标单靠个人无法实现,必须分工合作,由不同层次结构的团体来实现。有分工就有权力和职责,在一个企业(组织)中,各车间、班组、科室有各自不同的权力和职责范围。组织的层次结构是组织区别于小群体的重要特征之一。

(3) 组织的功能是协调人们为达到共同目标而努力工作。协调即指统一所有人员的思想和行动,调动各层次人员的积极性、主动性和创造性。

传统的组织概念存在三个明显的缺陷:一是只探讨了复杂组织的某一部分或某一方面;二是仅从组织内部来说明组织的特征,把组织视为一个与外界隔绝的封闭的系统;三是不考虑人的需求、满足感和变化,把组织看成是非人化的物的组合。

(二) 现代的组织概念

现代的组织概念把组织看成开放的社会技术系统,这个系统由若干个相互依存的子系统组成。这些子系统相互作用,不但共同承担着组织的各项任务,而且与外部环境发生着错综复杂的联系,使组织与外界能够保持协调、稳定的共生关系。现代组织的突出特征是:

(1) 开放性。组织是协调、运用人力和物力,以应付内外环境的一种结构,组织与社会环境不断地进行材料、能源和信息的交换,从而使组织不断地变革与发展。

(2) 复杂性。组织不仅包括结构层次等静态结构，而且包括心理、社会和管理等动态结构。因此，组织研究不仅要探索组织的结构形式，而且要探索组织的实体，即人的行为系统的规律。

(3) 系统性。组织系统建立在各个子系统相互依存的基础上，它整合了各子系统与外界环境的关系。组织的本质是领导和支配人力的机构，它具有集合性、相关性和环境适应性。

二、组织的分类

组织是一个外延十分广泛的概念，生活中的生产企业、公司、学校、医院、军队和政府部门等，都是组织的具体形式。为了研究和实际工作的方便，人们从不同的角度对组织进行了分类。其中较为典型的分类方式有：

(一) 根据组织的目标分类

根据组织的目标分类，可以把组织分为：

(1) 互益组织。如政党、工会、俱乐部、个体与各类劳动者协会、学会等社会团体。

(2) 工商组织。如企业、金融、银行、商业公司等。

(3) 服务组织。如医院、学校、托儿所、幼儿园及劳动服务公司、社会服务机构等。

(4) 公益组织。如政府机关、研究机构、消防队及社会福利机构等。

(二) 根据组成组织的原则分类

根据组成组织的原则分类，可以把组织分为：

(1) 正式组织。根据社会的需要，经过正式的设计、规划组建而成的，有正式的组织规范和各种规章制度的集体。

(2) 非正式组织。以人们之间具有共同的思想、相互喜爱、相互依赖为基础，自发地形成的集体组织。由于非正式组织主要满足组织成员的心理需要，因此也有人称之为心理—社会系统。

(三) 根据个人与组织的关系分类

根据个人与组织的关系分类，可以把组织分为：

(1) 功利性组织。在运用合法权威的同时，实行经济和物质奖励，这类组织如工商业、农场等。

(2) 规范性组织。利用了内在价值的奖励，权威建立在业务专长的基础之上，这类组织如学校、专业协会、医院、社会团体等。

(3) 强制性组织。包括监护性精神病医院、监狱和劳教所等。

三、组织结构

任何一个组织在确定了组织目标之后，接下来就要考虑为实现组织目标设计、建立一定的组织结构。有了组织结构，才能把集中起来的人、财、物等分散的要素结合起来，形成一个有机的整体。

(一) 组织结构的概念

组织结构的概念有广义和狭义之分。狭义的组织结构，是指为了实现组织的目标，在组织理论指导下,经过组织设计形成的组织内部各个部门、各个层次之间固定的排列方式,即组织内部的构成方式。广义的组织结构,除了包含狭义的组织结构内容外,还包括组织之间的相互关系类型,如专业化协作、经济联合体、企业集团等。我们通常所说的组织结构指的是狭义的组织结构,它包括以下内容:

1. 工作任务的专业化

为了完成所要做的全部工作,首先要把这些工作划分成适于员工完成的专门的具体的任务。这些任务的专业化,就为这项工作和做这项工作的人提供了一个标志,即工作界限。这个标志确定了工作人员要做什么,怎样去做,组织为此给予什么样的报酬。

2. 部门化

部门化就是将工作和人员组编成可以管理的单位。部门化的根本目的在于有效地分工,它实际是机构和人员的分工化。

3. 建立责权系统

建立责权系统就是将划分的工作部门按性质及相互关系分为高、中、低几个层次,并明确各层次间的权力分配、业务隶属关系,即明确各自的责、权、利。

(二) 组织结构的类型

1. 直线制的组织结构

这是早期的组织结构形式。其特点是组织的各级行政部门,从上到下实行垂直领导,指挥与管理职能基本上由行政主管(如厂长)一人承担,对行政主管在管理知识和专业技能方面都有较高的要求。这种机构的优点是简单灵活、职权明确,活动范围较固定,组织结构较稳定。缺点是结构呆板,缺少弹性,事无巨细均由领导来处理,下级的主动性、积极性不易被激发,上级要求下级绝对服从,缺乏民主,容易专断独行,组织成员之间缺乏合作精神。这种组织结构适合于规模小、生产过程简单的企业。对大中型企业和管理任务繁重复杂的组织不适用。

2. 直线职能制的组织结构

这种组织结构在直线制基础上增加了职能管理人员,他们作为管理方面的参谋,没有对下级行使直接指挥和决策的权力。这种结构既保证了集中统一的指挥,又能充分发挥专业人员的才能、智慧和积极性,有利于将复杂的工作化简,可在规模较大、生产技术复杂的企业中推行这种组织形式。增加横向联系的信息渠道,有利于提高工作的计划性、预见性和准确性,有利于从各方面强化专业化管理职能,提高科学管理的效能。但过于正规化容易使机构不够灵活,行政管理部门与职能部门的职责权限容易混淆,领导的决策指挥与职能部门的建议可能不一致,下级无所适从,增加层次、扩大机构容易造成多头领导,在组织规模越来越庞大、环境变化日益剧烈的情况下,适应性较差。

3. 矩阵式组织结构

这种组织结构又称规划目标结构,是一种多元式的结构。为了达到一定目标或完成一个项目,在已有的直线职能制结构中,从各部门抽调专业人员,组成临时或长期的专门机构。这种专门机构领导人有权指挥机构的成员,并同有关部门进行横向联系和协调。参与专门机构的成员同自己原来的部门保持隶属关系,接受他们的领导,打破了一个员工只能接受一个领导的传统模式。这种结构的优点是把不同部门和不同专业的人员汇集在一起,有利于解决复杂的技术问题;缺点是当组织成员所属两个部门的意见发生冲突时,会使员工无所适从。

4. 事业部制组织结构

这是根据集中决策指导下分散经营的方针而建立的组织结构。它把下属单位按产品、业务或地区分组,并组成各个事业部。每个事业部都是实现公司目标的基本经营单位,实行独立核算,自负盈亏。各事业部拥有相对独立的充分的自主权,高层管理部门则实行有限的控制,以摆脱行政管理事务。事业部制的优点是各事业部职权分明、自主权大,能积极灵活地开展生产经营活动,适应市场变化的能力强;其缺点是事业部权力较大,有可能导致职能机构的作用削弱,不利于统一决策和指导。

四、组织层次与管理幅度

组织层次是指管理系统的等级数,管理幅度则是指一名上级管理人员所直接领导和管理的下级人数。组织层次一般决定组织的纵向结构,而管理幅度决定组织的横向结构。组织层次与管理幅度是紧密联系在一起的,它们对组织结构有重要的影响。

(一) 组织层次与管理幅度的关系

早期的法国管理学者格兰邱纳斯,通过对上下级关系的研究得出如下结论,即当下级人数按算术级数增长时,领导(或管理)者与下属之间、人与人之间的关系就会按几何级数增长。他还提出如下公式来计算任何数目的下属可能出现的关系数值:

$$C = N(2N/2 + N - 1) \text{或} C = N[2N - 1 + (N - 1)]$$

式中,C 代表可能存在的关系总数;N 为直接受一位领导(或管理)者控制的下属人数。

法国管理学家法约尔认为,每一名最高经理人员通常拥有不超过四五名的直属下级。在实际的组织工作中,管理幅度主要受以下几个因素影响:一个是组织层次。管理幅度与组织层次成反比关系,组织层次越多,管理幅度越窄;反之则越宽。另一个是受管理者与被管理者的才能、素质等因素影响。此外,组织的工作效率、集中程度、工作制度以及组织成员之间的相互联系等因素也与管理幅度有关系。由此可见,管理幅度是有弹性的,可视具体情况灵活掌握。

(二) 组织层次、管理幅度与组织结构的选择

按组织层次的多少和管理幅度的大小,组织可分为高耸的组织结构和扁平的组织结构。高耸的结构具有管理层次多、管理幅度小、沟通渠道多等特点。其优点是管理严密,分工明确,上下级容易协调;缺点是管理层次多、费用高,信息沟通速度慢,下级人员满意感较低等。扁平的组织结构管理层次少,管理幅度大,沟通渠道少。其优点是管理费用低,信息交流速度快,下级成员满意感较高;缺点是不能严密监督下级的工作,上下级协调较差。

一般说来,管理幅度宽一些,组织层次少一些的“扁平”式结构具有更多的优点。这种结构有利于增进上下级的互相了解,便于实行分权式领导,能够获得较高的管理效率。但是这种结构也有增加了横向沟通的困难等缺点。管理幅度窄、组织层次多的“高耸”式结构,可以提供较多的等级位置,形成组织的高度权威,因此容易被军事组织所接受,但它却拉长了信息传递路线,增加了管理费用。

在实际管理工作中,采用高耸结构还是扁平结构,应考虑如下因素:

（1）工作任务的相似程度。工作任务越相似，管理幅度可能就越大，可采用较扁平的结构减少管理层次；工作任务差异大，则应缩小管理幅度。

（2）工作岗位的接近程度。员工工作岗位较接近的情况下，可以加大管理幅度，采用较扁平的结构；反之，应采用较高耸的结构。

（3）员工的经验和思想水平。员工缺乏经验，应减小管理幅度，加强对员工的指导。员工工作自觉性高，责任感强又有工作能力，则应提高工作的自主性，让员工自己管理自己，发挥创造性，可以采用扁平结构。

（4）工作任务所需协调的程度。如果工作任务要求各部门之间或一个部门内部高度的协调，则应减少管理幅度，以较为高耸的结构为宜。

总之，究竟是采用扁平型还是高耸型组织结构，关键取决于领导者的有效管理幅度和组织规模。有效管理幅度，一是和领导者的素质有关，二是和上下层的管理性质有关。上层主要负责战略决策，管理幅度要窄些，一般为 3 至 6 人；下层为日常事务和操作管理，管理幅度可以宽一些，一般为 7 至 11 人为宜。组织的结构和层次还取决于组织的工作性质、规模大小和人员素质等具体情况。但一般情况下，组织层次过多容易造成信息交流失真，助长官僚主义。而减少管理层次，采用大房间集体办公，领导可直接布置工作，领导与员工容易沟通信息，增进感情，从而提高工作效率。

第二节 组织理论

关于组织的理论研究，可追溯到 20 世纪初期德国社会学家韦柏的组织研究。纵观组织理论发展的历史，从总体上看，传统的组织理论都把组织看成一个高度结构化的封闭系统。而现代组织理论则倾向于把组织看成是一个开放的社会技术系统，这个系统由若干个相互依存的子系统组成，与外部环境发生着错综复杂的联系，因而应当用系统的、应变的观点去理解组织的全部内容。1960 年以后，组织理论有了迅速的发展，在传统组织管理的基础上，加上了心理科学和管理科学的内容。这种理论跨越自然科学、生命科学和社会科学，并以这些理论为基础建立起自己的组织理论体系。

一、古典组织理论

古典组织理论是德国社会学家韦柏于 1910 年提出来的。该理论认为组织应是一个层峰结构体（即金字塔的结构），具有集权、职责明确、管理严格等特点。这种组织结构的优点是：

（1）有明确规定的职权等级制度。每个下级都处于一个上级的控制和监督之下，职务和权力是明文规定的，制度不变，人员可以调换。

（2）专业化强、分工明确。每个人的工作都分成简单的，例行常规的，明确规定的作业。

（3）规章制度明确。用规章制度来保证和巩固组织内各层次以及人们之间的一致性。

（4）不受个人情感因素的影响。即理想的组织，必须受正式的程序支配，而对个人的情感与个性的因素不予考虑，只是根据制度实行奖赏与惩罚。

（5）员工的选择和提升主要根据技术能力。即各级行政人员必须具有特殊的才能方可任职,采用公开竞争和考试等方法来选择员工。

这种组织结构的缺点是:

(1) 组织中的沟通容易被曲解,因而造成单位之间以及单位与整个组织目标之间的冲突;

(2) 组织是机械式的,不能适应周围环境的变化;

(3) 容易抑制员工的创造性;

(4) 不考虑人的积极性,不考虑员工的心理因素、情感因素。实质上是把人看成是组织中的一个机器零件。

二、新古典组织理论

这种理论的主要代表人物是斯科特,他以古典的层峰结构理论为基础,吸收了心理学、社会心理学和行为科学的关于行为规律和非正式群体的知识,对古典组织理论做了一定的修改。它与古典组织理论相比,有如下几点不同:

(1) 在集权和分权的问题上,主张更多的分权。因为分权可以使更多的人参加决策,有利于调动员工的积极性。美国通用汽车公司总裁斯隆提出的"集中政策,分权管理"主张,就是这一思想的体现。

(2) 从组织形态来看,不主张高耸的组织结构,而倾向于扁平的组织结构。根据新古典理论的观点,传统的科级组织模式可以分为尖三角形结构(即高耸的组织结构)和扁三角形结构(即扁平组织结构)。前者为集权制度,控制幅度小,后者较易推行分权,分层负责和专业化。

(3) 提倡部门化。古典组织理论提倡分工和专业化主要是针对个人而言,新古典理论所倡导的部门化,实质是部门专业化。大学和医院等就是以部门化为基础的组织。

三、系统与应变的组织理论

(一) 霍曼斯组织理论

社会学家霍曼斯提出的组织理论既适用于小群体,也适用于大的组织。他认为,任何一个社会系统都存在于物理环境(工作场所、气候,设施的布局)、文化环境(社会的规范、目标,价值观)和技术环境(系统为完成任务所具备的知识和手段)之中,这些环境决定着社会系统中人们的活动、相互作用以及在此基础上产生的情感。霍曼斯把这些由环境所决定的活动、相互作用和情感称为外部系统。他提出,随着人们交往和相互作用的加强,不仅会有新的情感,还会产生新的行为规范、新的态度。这种新规范、态度、活动方式并不是由外界环境引起的,而是由社会系统中的内部系统(即非正式组织)引起的。同时,内部系统与外部系统是相互依赖的,内、外两个系统与外部环境也是相互依赖的,其中任何一个系统的变化都会引起另一个系统的变化。霍曼斯组织理论用应变的观点看待组织,提出了进行组织研究的分析单元,为更精确的组织研究奠定了基础。

(二) 利克特的重叠群体模型

利克特认为组织是由互相关联、发生重叠关系的群体组成的系统。这些互相关联、发生重叠关系的群体是由同处于几个群体重叠处的个人来联结的。这种起联结作用的个人称为

“联结针”或“联结针角色”。承担“联结针”的人，既是本单位的领导人，又是上级组织的成员，在组织中起承上启下的作用。同时，整个组织同环境之间也需要依靠在组织与环境之间占有重要地位的关键人物来起“联结针”的作用，使组织与环境较好地互相协调。重叠群体模型打破了过去组织理论中严格分工的一人一职一位观念，在强化管理人员的联络功能方面具有重要意义。

（三）塔维斯特克的社会技术系统

以特里斯特为首的研究人员在一个煤矿进行技术改革的过程中发现，技术系统的改革必然影响到社会心理系统，由此他们提出了社会技术系统的概念。该理论认为任何生产性组织，皆由技术体系与社会体系组合而成，而两种体系是交互影响、互为因果的，只重视其中的一面是片面的。塔维斯特克的研究用系统论观点分析组织的特征，首次提出“社会技术系统”的概念。

（四）卡恩的重叠角色组模型

卡恩认为每一个人在正式组织中都占有一个“职位”，由此就产生了“角色认知”与“角色期望”。假如把一个执行组织角色的人称为“中心人物”，而跟他协同工作的人（如上级、下级、同事或组织之外的人）就组成以此为中心的“角色组”，这样，整个组织就可以看成是由许多重叠相连的“角色组”构成的，因而可以通过角色冲突、角色不明、角色负担过重等维度去研究组织中多种因素的依存关系。

（五）机械和有机的组织模型

机械和有机的组织模型是由伯恩斯和斯托克提出的。他们认为一个机械和有机的组织是一个连续体的两端，其中机械的组织具有高度专业化、形式化和集中化等特征，有机的组织则有很大的灵活性。在组织设计中，应当根据环境的变化和组织成员的习惯和偏好采用相应的结构形态。如在稳定的环境中，应采用机械性结构；而当环境条件经常变动时，则应采用有机的结构。

四、圣吉的学习型组织理论

学习型组织理论是由美国麻省理工学院教授彼得·圣吉（Peter M. Senge）为代表的西方学者提出来的。圣吉在麻省理工学院获得博士学位后，留校担任了组织学习中心主任，并创办了波士顿创新顾问公司，又称彼得新领导力训练中心。1990 圣吉出版了《第五项修炼》，该书出版后在管理界受到了很高的评价，并于 1992 年获得了世界企业学会的最高奖——开拓奖。1994 年圣吉又推出了《第五项修炼》的续集，从而形成了理论与实践相结合的较为系统的学习型组织理论。

圣吉在《第五项修炼》中采用了带有东方文化色彩的“修炼”一词。修炼作为宗教用语，含有教规、戒律、修行之意，意即要有修炼的决心和信心，才会有成就。在《第五项修炼》中，圣吉继承了以人为本的管理思想，认为人类的工作观因物质丰足而逐渐改变，工具性的工作观已转变为精神面的工作观。在新的形势下要想使以人为本的思想得到全面贯彻，管理工作必须做到如下几点：

（1）组织成员拥有一个共同的愿景。组织的共同愿景，来源于员工个人的愿景而又高于个人的愿景，它是组织中所有员工共同愿望的景象，是他们的共同理想。

(2) 组织由多个创造性个体组成。在学习型组织中,团体是最基本的学习单位,是彼此需要他人配合的一群人,组织的所有目标都是直接或间接地通过团体的努力来达到的。

(3) 善于不断学习。一是“终身学习”;二是“全员学习”;三是“全过程学习”;四是“团体学习”。

(4)“地方为主”的扁平式结构。即从最上面的决策层到最下面的操作层,中间相隔层次极少,它尽最大可能将决策权向组织结构的下层移动,让最下层单位拥有充分的自决权,并对产生的结果负责。

(5) 自主管理。“自主管理”是使组织成员能边工作边学习并使工作和学习紧密结合的方法。

(6) 组织的边界将被重新界定。学习型组织的边界的界定,建立在组织要素与外部环境要素互动关系的基础上,超越了传统的根据职能或部门划分的“法定”边界。

(7) 员工家庭与事业的平衡。学习型组织对员工承诺支持每位员工充分地自我发展,丰富其家庭生活,而员工也以承诺对组织的发展尽心尽力作为回报。

(8) 领导者的新角色。在学习型组织中,领导者是设计师、仆人和教师。

学习型组织既是一种组织管理理论,也是一种全新的现代企业管理模式,它是以共同愿景为基础,以团队学习为特征的扁平化的横向管理网络系统。它强调学习加激励,不但使人勤奋工作,而且尤为注意使人更聪明地工作;它强调更大程度的人文化管理,通过学习提高群体智商,使每个员工活出生命的意义;它强调通过不断创新来实现自我超越,从而实现团体能力及利益的迅速提升。纵观学习型企业的成功实践,不难发现学习型企业与传统企业在管理上有较大差异:

(1) 管理模式不同。一百多年来,传统企业管理模式大多一直沿用金字塔形的层叠式组织结构,主要是实行职能分工、条块分割的管理。但自 20 世纪 90 年代以来,这种金字塔式的管理越来越不能适应企业外界信息变化的快速反应要求。而学习型企业则呈现出扁平化、信息化的组织结构,是以任务合同为对象的有关职能人员组合,形成多个创造性团体。这种扁平化的组织模式更加有利于决策权下移,更符合信息化发展要求,使企业能够实现整体的快速反应和信息的快速交流。

(2) 学习理念不同。传统企业实施的是一种阶段性、适应性的学习及培训,而学习型企业则是要求全员树立一种终身教育理念。它为每个员工在其一生的任何阶段提供各种可能的学习机会,使他们学会如何表现自己,如何与他人交往,如何探索世界以及自始至终地完善自己。

(3) 学习形式不同。传统企业一般采用以培训为主的学习方式,形式比较单一。但学习型企业不但坚持培训经常化,还多利用信息化工程,为员工提供更开放式的、持久性的学习形式。

(4) 管理机制不同。传统企业侧重于硬性的任务、指标等管理,而学习型企业更多的是在目标的指引下,以激励机制使员工更聪明地工作,充分发挥其创新能力,以完成各项管理目标。

第三节　组织变革

现代社会的组织是个开放系统，它与整个社会环境是相互作用、相互影响的。随着社会的发展，组织的规模不断扩大，人员不断流动，技术设备、产品不断更新，而这一切必然会促使组织进行变革。所谓组织变革，应理解为组织为适应其内外环境，对其组成元素所做的各种调整或修正。它包括组织结构、组织功能、技术设备、组织管理、组织成员的思想和心理上的变革。

一、组织变革的动力

随着经济社会的发展，特别是全球化进程的加快，无论是发达国家的企业，还是发展中国家的企业，都普遍面临着巨大的压力，都不得不重新考虑公司的结构和动作方式，以适应形势变化的要求。当然，促使组织变革的动力不仅来自外部环境，而且也来自组织内部。这些因素概括起来主要包括如下六个方面：

（一）环境

环境可分为一般环境和特殊环境。一般环境指任何组织都面临的环境，如技术、经济、法律等。特殊环境指与某一组织有关的更为特殊的一些因素，也即任务环境。任务环境中还包括同行业的竞争。一个组织与环境之间交界的附属部门，在组织中具有特别重要的作用。它们维持着与任务环境的接触，同时也维持着对一般环境变化的监督。

（二）目标和价值观的修正

顾客的收入、爱好与价值观念的变化，将影响市场对某种商品的需求，进而影响企业生产职能的变革。信息市场的变化和发展更将直接影响各企业的变革与发展。

（三）技术系统的改造

第二次世界大战以来，知识的爆炸与技术的突飞猛进，大大促进了组织的变革。新的科学技术主要从如下几方面推动组织的改革：

（1）计算机的应用使高速数据处理和解决复杂的生产问题成为可能，使组织的活动更加信息化、程序化、网络化、精确化，组织的功能大大提高。

（2）新技术的推广和使用，计算机技术和自动化过程对生产组织的设计、制造工艺、检测能力、经营能力等提出了新要求，从而促使组织与企业改变不适应激烈竞争的状态。

（3）机器设备的更新和新的生产过程给许多产品的制造和传送方式带来革命性变化，革新与创造成为重要的管理技巧。组织内外的沟通日益重要，信息管理的职能大大加强，组织系统更加开放。

（四）组织结构改变

组织结构的改变是组织改革的内部动力之一，这种变化与组织内外的其他分系统的变革有关联。组织结构方面的变革主要有：

（1）通过部门的划分或单位联合成部门的变革方式使正式组织系统中产生许多分系统。

（2）新结构形式的创建，如混合公司、跨国公司、地区性运输系统和多单位的保健实施系统等，常引起很多其他的变革。

(3) 非正式组织的变化也是组织系统变革的一个因素。

(4) 内部结构的其他变化，如特别委员会、任务小组、规划管理机构的变革等，也将为整个组织的改革提供动力。

(五) 社会心理因素

组织成员的士气、动机、态度、行为等的改变，对整个组织有重要的影响，而要做到这一点对组织成员的教育和引导是非常重要的。只有充分地利用组织中人的因素，才能成功地实现预定的目标。

(六) 管理活动

管理无疑是推动组织改革的重要因素。管理部门要实现组织目标，完成组织任务，就需要对企业和组织的工作与生产活动做出有效的预测和计划，对生产活动中的各种要素和各个环节进行协调和控制，对组织成员进行激励和教育。

二、组织变革的过程

组织的适应性、革新性、稳定性和持续性对于其生存和发展都是必不可少的。所以，组织的变革要达到动态平衡的目的，就必须要有足够的稳定性，以保证组织在目标和方法方面进行有秩序的变革；要有足够的适应性，以保证组织能够对外部的机会和要求以及内部的变化条件做出合适的反应；要有足够的革新性，以便使组织在条件允许的情况下主动地进行变革。

(一) 勒温的组织变革模型

(1) 解冻。激发要求变革的动机，首先应使员工认识到照老办法不能达到希望的结果。为了做到这一点，一方面要对旧的态度和行为进行弱化和否定；另一方面，要使员工感到变革的迫切性，只有当员工自己认识到旧态度、旧行为确实行不通，迫切要求变革、愿意接受新事物，变革才有可能实行。此外，还要创造一种心理上的安全感，扫除害怕失败、不愿变革的心理障碍，使得员工感到变革安全、感到有能力进行变革。

(2) 改变。指明改变的方向，实施变革，使员工形成新的态度和行为。这一步骤中，应该注意以下几个心理过程。首先，学习一种新的观点(概念)，或确立一种新的态度的最有效的方法之一，就是看看其他人是如何做的，并且以这个人作为自己形成新态度和新行为的榜样。用心理学术语讲就是对角色模范的认同。其次，由于职位、工种等的不同，从角色模范学来的东西不能生搬硬套，必须从客观实际出发，对于多种信息加以选择，并在复杂的环境中筛选出有关自己特殊问题的信息。勒温说，变革是个认知的过程，它借助获得新的概念和信息才得以完成。但上述过程的形成的前提条件，是员工有真正愿意变革的动机。否则上述的“认同”、“信息的选择”和“在环境中筛选”只是一句空话。

(3) 再冻结。利用必要的强化方法使新的态度和行为方式固定下来，使之持久化。我们经常可以发现，引导形成新态度和新行为的方案在开头很见效，但一旦受培训的人回到了老地方，从事原来的工作，改革效果就不能持久。因此，为了确保变革的稳定性，需要注意以下几点：首先，要使员工有机会来检验新的态度和新的行为是不是符合自己的具体情况。员工从自己的实际情况出发，开头可能只是学习角色模范的一小部分优点，这时起步虽小，却应该给予强化，应当用鼓励的办法使之持久。切不能因为变革开始很微小、很缓慢而操之过急、求全责备。其次，员工应当有机会检验与其有重要关系的其他人是否接受和肯定新的态度。群体在强化一个人的态度和行为方面的作用是很大的。勒温认为，变革计划也应包括那些员工所处的群体，这样群体的成员彼此强化新的态度和行为，个人的新态度和新行为可以保持得更持久些。

（二）卡斯特的组织变革模型

（1）对组织作一回顾、反省、批评，对组织的内外环境进行研究。

（2）觉察问题。认识到组织确实需要改革。

（3）辨明问题。找出现在的状态与所希望的状态之间的差距。可根据上述推动变革的几个动力，例如，士气、动机、新产品的要求，开辟新的国内外市场，分析存在的问题。

（4）解决问题的方法。提供可供选择的多种方法，对这些方法进行评定，讨论怎样行动以及测量成绩的方法，经过讨论做出选择。

（5）实行变革。指根据选择的方法及行动的方案实施变革，这是具体行动阶段。

（6）根据组织的效果实行反馈。评定效果与计划有什么问题，若有问题，根据上述步骤再次循环。

（三）夏思的组织变革模型

1. 适应循环的过程。此过程分为六个步骤：

（1）洞察内部环境及外部环境中产生的变化；

（2）向组织有关部门提供有关变化的确切情报资料；

（3）根据输入的情报资料改变组织内部的生产过程；

（4）减少或控制因变革而产生的不良副作用；

（5）输出变革产生的新产品及新成果等；

（6）经过反馈，更进一步观察外部环境状态与内部环境的一致程度，评定变革的结果。

2. 适应循环可能遇到的困难及其解决办法。组织适应环境的过程，倘若顺利进行，当然最为理想，但下面所列的六个过程中，每一个阶段都有可能碰到需要解决的困难。

（1）组织无法洞察环境中的变化，或进行错误的诊断。为了解决这一困难，可以运用市场调查、民意调查等新方法。

（2）有关单位无法掌握确切的情报资料。有时调查部门或参谋单位所提供的资料，无法被上级的决策单位所采纳，因为接受下级提供的新资料及意见，有时可能对主管部门的自我概念、原始态度及现行工作程序、管理方式等产生一种威胁。要解决这一困难，一方面，主管部门应主动提高自己对变革的认识，另一方面应采用各种方式收集情报和资料，也可以请其他单位的管理专家或心理学家帮助了解情况，并共同讨论和研究，以解决存在的问题。

（3）无法使生产系统进行必要的改变。要在组织内部进行实际变革，比只了解改变的必要性困难得多，因为不管是增加生产还是改变工作方式，或采纳新技术，如果执行不当，都将遭到抵制。同时，组织内的各部门自成一个体系，都有其自己的工作方式、人际关系、行为规范、价值观念以及应付环境的方法，因此，组织的负责人不能采取简单命令的方式要求改变，而应该在引导教育的同时，协助各单位了解改变的必要，让各单位参与决策过程，大家讨论应该如何履行必要的变革。

(4) 忽略变革的结果对其他单位所产生的影响,或无法将本身的变革固定下来。例如,某一部门在其管理上进行了一些改革后,影响了其他部门,使其不能协调工作,最后管理者为了保全整个组织的工作积极性,不得不放弃该项改革。因为组织的各部门是互相联系的,进行任何一项改革前不但应考虑这种联系,同时也应该利用这种联系,将一项好的改革推广到其他单位。一般来说,组织最高阶层的态度改变,容易扩展到下级,所以,一项改革必须由领导部门率先推行。

(5) 无法将新的产品及新的成果或新的情报资料输出外界。新产品等输出外界,既是满足人民的需要,也是个开拓市场的问题,除了产品、服务等的数量、质量外,还得靠宣传能力。

(6) 无法得知改革是否成功的反馈。这与第一项的察觉环境中的变化问题一样,对外需要定期的市场调查、民意调查,对内要进行态度、士气调查,或专门设立一个小组调查、评估变革是否成功,检验是否有修正的必要。

夏思主张的步骤与方法和卡斯特主张的步骤和方法大同小异,只是夏思重视信息的传递,即消息情报传递的过程,并指出了解决每个过程出现困难的方法,这是夏思理论的长处。

三、组织变革的方法

虽然根据不同的组织状况和不同的变革要求,组织变革的方式各不相同,但从总体上看,主要是通过以下四方面着手进行的:

(一) 通过改变组织结构来实现变革

改变组织结构即指对组织进行调整,包括成立新的部门或者合并某些部门;协调各部门的工作;调整领导班子;调整管理层次和管理幅度;实行承包制,建立责任制,试行股份制,扩大基层单位的自主权;对各层次管理人员与员工实行优化组合。通过改革结构来实现组织变革,比较直接,见效快,常常可以使组织发生根本性的转变。

(二) 通过改变技术来实现变革

改变技术有两层含义:一是直接工作技术的改变,即由引进一种机器或引进一种人—机系统所引起的变革,直接工作技术的改变包括新机器、新设备、新工艺、新技术的引进和使用,挖掘潜力、改进技术、提高产品质量、控制生产进度等;二是改革管理技术,包括采用现代化的办公系统及文件处理系统,现代化的监控处理系统,现代化的工程管理或程序管理等。

(三) 通过改变组织成员的动机、态度和行为实现变革

改变人的心理状态与特点,提高人的心理素质是推动组织改革的重要因素和基本条件。通过理解、关心、教育、帮助、支持员工的方式,提高员工的思想觉悟,转变员工的态度,激励员工的行为动机,增强员工的心理承受能力,培养树立员工的集体意识、责任心、主人翁感、荣誉感、成就感、效益感等,有助于推动组织的改革。

(四) 通过控制和调节外部环境实现变革

从系统论的观点来看,组织和外界环境是相互作用的。组织不仅仅要适应外部环境的变化,而且要主动地调节、控制和改造环境,使其适应组织的发展。这方面的工作包括开发和占领新的市场,扩大与外界的信息交流,及时掌握信息情报,治理经济环境,优化组织功能等。

四、对组织变革抵制的克服

对于组织的变革，人们通常是欢迎的，希望把自己所在企业搞得好一些，使其发展得快一些，创造更多的财富，积累更多的资金，对国家做出更大的贡献，同时，也希望工作环境更舒适些，劳动保护和住房等生活条件更好些，等等。可是，一旦实施某项变革，人们便会感到不习惯，就会产生对变革的抵制。"对变革的抵制"一词是从心理治疗中借用来的。心理治疗专家对心理异常的病人进行治疗，常常利用"对变革的抵制"方式，即进行某种处理引起病人的不满，从中找到一种使病人满意的方法，然后进行医治。因此，心理治疗专家要学会如何预防这种"抵制"，同样管理人员要学会如何预测可能发生的"抵制"，并且设法克服抵制，以便使对组织变革的阻力成为动力。

（一）抵制变革的原因

1．心理上的抵制

（1）职业认同。组织变革的进行有可能在某种程度上影响个人的安全感。在变革之前，人们的工作常常是熟悉的、稳定的，这使人在心理上有一种安全感。当人们面临变革时，这种"职业认同"受到一定影响，于是就产生对变革的抵制。有的管理人员认为，管理部门要进行变革，就意味着自己没有做好工作，因此会产生抵触的态度。另外，员工对本职工作的自豪感，也会由于要改变职业而产生不满。此外，人们习惯于稳定的惯常的工作模式，一旦打破这种工作模式，实行新的变革，就会产生某种压力和不满意感，从而抵制变革的进行。

（2）隐晦的不安全感。许多事例表明，某些管理部门虽然赞同变革，如引进新技术，但就是没有具体实施。例如，一种体积小、功能多而成本又低的新的线切割控制器诞生以后，受到上海和外地 700 多位专业人员的好评。大家在现场会上一致认为这项新产品值得推广，可是却没有一家工厂肯投产。先进技术固然好，但企业仍然盯着产值和利润指标，继续生产被淘汰的产品，明知不利于社会经济效益也违心地干。这除了其他原因之外，心理上的原因也是其中之一。这就是隐晦的不安全感，即担心变革将带来的不稳定，害怕可能失败。对未知东西的担心也是一种潜在的抵制。

（3）地位上的考虑。另一个导致抵制变革的心理因素，是人们感到变革会影响他们在组织和企业中的地位。例如，由于运用计算机，一些管理方面的指令通过计算机系统发出，使原来发布命令的管理人员失去原来的地位，因此产生某种心理上的抵制。为此，国外有些自动化工厂，仍然让原先的管理人员发布一些实际上无效的命令，使他们不感到自己的"地位"受到影响，从而减少心理上对变革的抵制。

2．经济原因造成的抵制

（1）担心技术改革后被解雇。

（2）计时工资制的工人担心变革之后减少工作时间，使自己少拿钱。

（3）担心改变职务而降薪。

（4）担心增加产量而不增加个人收入。

3．社会的抵制

群体不是简单的个体集合，它的功能与共同标准、态度、目标、规范和领导品质有关，群体要维持一种平衡，使得群体保持基本相同的行为。所以无论何时，当对群体实行变革时，群体会采取行动反对它,使之达到通常的平衡。心理学家勒温用一个概念来表示它,叫做“自动平衡”。外界压力引起群体某些行为改变的同时,也引起抵制变革的反应,群体会向新的“自动平衡”方向移动。

勒温的研究表明,当推动群体变革的力量和抑制群体变革的力量之间的平衡被打破时,变革就发生了。这些不平衡解冻了原来的模式,群体为了获得新平衡,就得费力去奋斗,其结果是群体在新的、与以前不同的平衡水平上重新“冻结”。

用增加推动变革的力量来改变群体,大多数群体会用增加抵制变革的力量来做反应,一旦抵制变革的力量削弱了,变革便容易产生。这就是为什么用增加变革的动力来改变群体时往往比较困难的原因。推动力量增加了,整个系统的紧张程度也会增加,这种更大的不稳定,更可能使群体成员方面产生不合理的行为。

但是我们应当看到,上述关于抵制变革的“自动平衡”的观点,把群体看成变革的对立面,而且对变革本身及其动力的性质没有做进一步的分析,因此有着较大的局限性。在实施组织变革时,群体本身就可能是变革的一种动力,在这种情况下,增加变革的动力,就会加速变革的实现。

(二)对变革抵制的克服方法

1. 参与

心理学研究表明,人们对某项事情参与的程度越大,他们就越会承担责任,把这件事当做自己的事。因此,有关人员能够参与相关变革的设计和讨论,抵制的情况就较少发生,变革就容易顺利进行。

2. 委任

群众选举产生的领导,其领导行为容易为群众所接受。由这种领导实行变革时受到的抵制就较少。同时,领导要身体力行,做出表率,重视变革过程中的思想教育工作。

3. 合理安排变革的时间和进程

即使不存在对变革的抵制,也需要时间来完成变革。无论组织的哪一级,都需要时间去适应新的制度,排除障碍。如果领导觉得不耐烦,强行加快速度推行变革,下级会产生一种受压迫感,这会造成习惯的工作关系的变异,产生以前没有过的抵制情绪。

一般来说,领导常常低估充分实行变革所需要的时间,他们没有认识到大部分工作是密切配合的,员工之间、员工与上级之间的连锁关系的模式需要一段时间才能建立起来。因此,管理部门和领导要清楚地懂得人际关系影响着变革的速度。否则即使推行了变革,也会需要更多的时间和精力去克服遗留的问题。

4. 处理个体对变革的抵制

个体的行为是由很多因素决定的。一些心理学家认为,这些因素的力量通常是相对平衡的。因此,要引起个体的改变,就必须使其中一种或几种因素发生改变,增强或者减弱影响该个体的一种或几种力量。

压力能够导致变革,但如果许多加在个体身上的力量的目标各不相同,则改革的方向就较难预计。如果各种压力方向一致的话,就很可能产生预期的结果。此外,就个体与群体的关系来说,由于个体对群体的忠诚,希望维持现状,也常常会产生对变革的抵制,导致个体改变的方向就较难预料。

5．利用群体动力

有的心理学家提出，运用变革的“群体动力”可以推动变革。其具体方法包括：

（1）强烈的归属感。创造一种“我们的”感情，会使变革成功的可能性大大增加。如果要有效地改变某一群体，则群体中那些要改变的人和那些要施加影响使别人改变的人，都要有强烈的属于同一群体的归属感，即把群体看做是自己的群体。

（2）群体的威望。一个群体对于其成员越有吸引力，该群体对于成员的影响力就越大。群体越使人称心如意、越团结，成员也越容易接受影响和影响别人。怎样提高群体对个人的重要性呢？心理学家认为，主要应提高对群体目标重要性的认识并加强合作互助，使彼此亲密无间。

（3）态度、价值和行为。群体的共同目标对其成员的态度、价值和行为等具有极大的影响，应注意利用群体目标，使之与变革的目的一致起来，从而较顺利地改变成员的态度、价值观和行为。

（4）个人的威信。一个成员在其他成员中威信越高，他所具有的影响力就越大。这种威信不在于该成员在群体中担任的职务，而常常是由于其在群体活动中表现出有较高技能、比较活跃积极。因此，应认识到群体中真正的领导及其影响，注意利用他来强化群体的认同感，共同明确变革的目的。

（5）注意群体规范。如果一项变革使某一成员或群体的一部分将会在很大程度上偏离群体规范，就可能遇到强烈的抵制，所以一般不宜进行这种变革。为了抵制变革，群体甚至会把该成员排斥于群体之外。因此在进行变革时，应考虑与群体规范的关系，以便采取适当的措施。同时，也应注意适当的引导和教育，建立有利于变革的新规范。

（6）共同知觉。当群体成员共同知觉到变革确实需要时，就能产生一种强大的要求改变的力量。这种压力存在于群体内部，当群体成员没有这种要求时，即使一位专家提出一系列事实来证明改变的必要，群体也会抵制。但是，如果改变的必要由他们自己发现的话，就大不相同了，他们会自觉地实行变革。

（7）分享情报资料和沟通的重要性。有关需要变革的资料、变革的计划以及变革的结果，必须让群体所有成员都知道。这在“沟通”部分已经讲过。分享情报资料，不仅能带来相同的知觉，而且在群体成员中形成这样一种感觉，就是自己在计划变革中起着作用。于是他们就会担当起一定的责任，有一定的责任感。同时，在变革中加强信息交流，对于成功地实现变革是极为重要的。这既有利于实施变革，也有利于决策者及时发现实施中可能产生的新问题、新情况，随时排除变革过程中可能遇到的抵制和障碍。

6．力场分析

这个方法是勒温提出的。在贯彻变革的过程中，如果遇到阻力，可以用这个方法去分析企业中支持变革和反对变革的所有因素，分析、比较其强弱，然后采取措施，通过增强支持因素和削弱反对因素的办法推行变革。

勒温认为，对于一项变革，企业中存在着两种力量。一种是推动力，指有利于变革实现的力量，它能引发一种变化或使变化继续下去。另一种是抑制力，即阻止或降低推动力的力量，它阻止变革的发生或进行。当这两种力量相等时，便能达到平衡。为了推进某项变革，可通过以下几个途径来实现：

（1）增强推动力；
（2）降低抑制力；
（3）同时提高推动力和降低抑制力。

第四节 组织发展

企业组织不是一个静态的封闭系统，而是一个随环境变化而变化的开放系统。社会在发展，科学技术在进步，人的能力和思想意识在不断变化，因而组织也必然会随社会环境系统的变化而发展。

一、组织发展的概念

组织发展是指通过长期努力来改进和更新组织的过程。它是提高员工积极性和自觉性的手段，也是增进组织效率的有效途径。组织发展是在组织理论指导下，着重改善和更新人的行为、人际关系、组织文化、组织结构及组织管理方式，从而达到提高组织效能的目的。

任何一个组织都由三个系统组成：一是技术或工作系统，包括工作流程、技术程度、工作角色分派等；二是管理或行政系统，包括组织结构、政策、程序、规章制度、决策方法等；三是人文系统，包括文化、价值、规范、成员的动机、态度、领导方式等。组织发展是这三个系统相互作用的结果。运用管理心理学的基本理论及其他管理知识，对上述三个因素进行系统改革是组织发展的本质。组织发展是要培养企业管理者的一种创新品质和适应环境、解决问题的能力。离开人的发展，组织发展就是一句空话。

二、组织发展的特点

（一）组织发展是一个相互作用的过程

组织发展活动有一定的目标，而且是一个相互连贯的不断变化的过程。人们在这一过程中可以开诚布公地交换意见，学习新的知识和技能，解决相互之间存在的问题，明确群体和组织的目标。

当然，组织发展并不是一次就可以完成的，它有一个不断提高的过程。不应把组织发展看成暂时解决组织中存在问题的办法，而应该认识到，组织发展是要通过较长期的相互作用，经过一系列变革活动，不断提高组织效能。因此，组织发展也是一个动态的过程，它实际上包括了两个方面：一是解决企业和组织中当前存在的问题，二是使企业和组织成员获得解决与管理中将来可能出现的问题的能力。可见，组织发展的关键之一，就是学习解决问题，这也是组织发展的一个重要基础。

（二）组织发展是以有计划的再教育手段实现变革的策略

组织发展的基本假设之一认为，规范形成了行为的基础，通过再教育，可以使人们抛弃不适应形势发展的旧规范，建立新的规范，从而达到组织发展的目的。在企业和组织中，规范的基础是各成员的态度和价值体系，所以，组织发展不只包括改变有关知识和信息交流等方面，还包括了态度、价值观念、技能、人际关系和组织气氛等各个方面。

（三）组织发展是一个动态的系统

系统分析的观点，是组织发展的另一重要基础和特点。这就是强调各部分的相互联系、相互依存和相互作用。就组织发展而言，有以下几方面含义：

（1）在组织发展中，企业或组织中的各种事件和情况不是孤立存在的，而是相互关联的。因此，不但要了解事件本身，而且要考察它们之间的关系。

（2）企业或组织所处的环境错综复杂，必须以多因素方式来分析，才能对现实问题做出准确的描述。

（3）一个部门或一个方面所进行的组织发展，必然影响其他部门或方面，因此，应预测发展所引起的多种效应。

（4）从整个组织系统出发促进组织发展，既要考虑各部分的工作，又要从整个系统功能最佳的角度出发，协调各部分的活动，并调节其与外界的关系。例如，奖励制度的改革，常常需要同时进行群体结构、工作任务安排和管理方式等各方面的相应变革，否则就难以取得全局稳定的效果。

（四）组织发展中明确目标与计划的重要性

组织发展的许多活动，都是制定和实施目标与计划的过程，需要设计各种学习活动来提高组织成员制定目标和计划的能力。

研究表明，明确具体的中等难度的目标比较能激发工作动机和提高工作的效率，这对于个人和组织都十分重要。制定合理的目标能够促进最大限度地利用企业的资源，包括人和技术两个方面的潜力，还能够产生高质量的计划，并且提高组织成员的责任感和义务感。

在组织的较低层次中，由于个人和群体常常并不具备较好的实施计划所要求具备的技能，因此，组织发展的一个重要方面就是让组织成员学习和掌握各种技能，包括制定目标和计划、按照预定目标确定具体的工作程序以及决策技能等。

综上所述，组织发展涉及个人、群体和组织的各方面。从组织发展的上述特点和基础，可以进一步理解组织发展对于提高组织效率和组织成员积极性的重要作用。

三、组织发展的干预途径

（一）技术和结构方面的组织发展

技术和结构方面的组织发展包括社会技术系统、工作任务设计及内容丰富化两个方面。其中，社会技术系统是通过协调技术系统和社会心理系统的交互影响，使组织中技术和结构与社会相互作用的各方面达到最佳的配合。工作任务设计和内容丰富化是通过增加整个任务的多样性、完整性和实际意义，加强工作本身的激励因素，来提高工作满意感和生产效率。

1．社会技术系统

社会技术系统的知识来源于两个方面的理论和实践：一是科学管理学和工业工程学，比较注重企业的物理环境和工效；二是普通心理学和社会心理学，比较注重员工之间的关系和个人的需要。因此，社会技术系统的目标就是希望在改革工作环境和管理制度的同时，注意在员工之间和上下级之间建立积极合作的关系，并且满足所有成员的不同需要。

例如，20 世纪 70 年代塔维斯托克研究所在一家纺织厂进行过一项运用社会技术系统理论进行组织发展的研究。该厂由于安装了自动纺织机并使工作任务高度专门化，降低了产品的产量和质量。心理学家对该厂进行了一系列的改革，重新设计了工作任务，把不同工作从九道工序减少到三道程序，并且使任务可以经常变换，同时，还建立了半自动化生产的工作群体。在此以后的两年中,生产率不断上升,废品率不断下降,员工的工作劲头也大大增强。这个例子说明,在技术革新和自动化生产的同时,应重视工作群体的建设,加强任务本身的变换。

2. 工作任务设计和内容丰富化

工作任务设计主要开始于20世纪的科学管理运动。当时,泰勒和吉尔布雷斯等运用时间和动作分析技术,系统地考察了不同类型的工作,以最大限度地提高工作效益。但是,通过工作任务设计来进行组织发展的研究,还是近年的事情。

工作任务设计不但可以提高产量和质量,而且可以增加生产的灵活性和改进员工的工作态度。研究表明,把流水装配线工作设计为比较独立而又相互衔接的工作,这样不仅使生产时间减少,产品质量提高,而且增加了员工之间的社会和工作方面的交往,提高了工作积极性,增强了组织的效能。

(二) 个人和群体方面的组织发展

这方面的组织发展着重于组织成员和群体活动的整个过程,主要通过敏感性训练、方格训练、调查反馈、PAC相互作用分析法、过程咨询、团队建设等专门程序提高组织成员的心理素质与人际交往质量,来达到提高组织绩效的目标。

1. 传统方式的组织发展

早期所采用的实验室训练方法,如敏感性训练和方格训练以及调查反馈这三种技术都代表了传统的组织发展方式。

(1) 敏感性训练

敏感性训练是使参加者深入地了解自己和其他人的感情和意见,并从中提高学习和认知的能力。敏感性训练可以通过解决自己与工作中的问题,促进个人的价值观念,培养参加者在实际环境中做出成绩的能力。

敏感性训练的主要对象包括员工、中层管理人员、学生以及具有不同文化背景和不同民族的人员。在敏感性训练中,参加的人员自由地讨论自己感兴趣的问题,自由地表达自己的意见,分析自己的行为和感情,并接受对自己行为的反馈意见(批评或者其他意见),从而提高对各种问题的敏感性。

通常员工可以自由参加这种训练,每次一般不超过15人。训练时间一般为3天至14天,训练大致可以分以下几个阶段:

① 不规定正式的讨论议程和领导,由参加者自由讨论,相互启发,增进彼此之间的了解。

② 训练者不加评论地、坦率地谈出自己的看法,这是一方面的反馈。对于参加者的主要反馈,来自其他参加者当时的相应行为。

③ 着重增进人际关系,相互学习,促进新的合作行为的不断形成。

④ 根据实际工作中的情景和问题,巩固学习效果。

由于敏感性训练的具体办法各异,针对的问题也不同,因此对训练的评价并不一致。但是,敏感性训练作为管理心理学中的一种训练方法,只要指导正确,是可以解决组织与群体中人际关系方面的某些问题的。

（2）方格训练

在领导心理一章中，介绍过领导行为的管理方格理论。方格训练正是从领导行为的管理方格理论发展而来的组织发展方式。布莱克等人的领导管理方格中，对人和生产都表现出最大的关心，因此这种管理方式就是方格训练的一项目标。

方格训练与敏感性训练的不同之处在于：敏感性训练是组织发展的一种工具或手段，方格训练则不只是工具或手段，而是组织发展的一项全面的计划。

方格训练包括六个阶段：

① 实验室讨论会式的训练。介绍训练用的资料和几种领导作风的概念。

② 小组发展阶段。同一部门的成员集中在一起，讨论打算如何达到方格中9.9的位置，并把上一阶段学到的知识运用于实际情景。

③ 群体之间的发展阶段。这个阶段开始了整个组织的发展，确定和分析群体之间的冲突和问题。

④ 订立组织目标阶段。讨论和制定组织的重要目标，增强参加者的义务感。

⑤ 达到目标阶段。参加者设法完成制定的目标，并一起讨论主要的问题。

⑥ 稳定效果阶段。即对思想和行为方面的训练结果做出评价。

这六个阶段所需的时间，按实际情况不同而异，有的可以几个月，有的需要进行 3 至 5 年。研究表明，这种训练对于提高组织效率有显著作用，并得到广泛应用。据 1974 年的一项统计，美国至少已有 2 万人参加了公开的方格训练，还有 20 多万人参加了公司内部的方格训练会，方格训练成为最流行的组织发展方式。

（3）调查反馈

这种组织发展的基本方法，是通过问卷表调查和分析某单位的工作，发现问题，收集解决问题的方法和意见，并把这些材料反馈给参加问卷调查的人。所调查的单位可以是工作群体和部门，也可以是整个组织。可以通过举行调查反馈的会议，运用所得到的资料，诊断所存在的问题，制定解决问题的行动计划。这方面所采用的一些标准形式，是由密歇根大学社会研究所研究和设计的。问卷可以包括三方面的问题，即领导管理过程中的问题，组织的沟通、决策、协调和激励方面的情况，以及员工对组织中各方面情况的满意感。实践证明，这种方法可以比较准确地发现所存在的问题，找到解决的办法，并且促进参加者的态度和行为的转变，改善整个组织的气氛。

四、工作生活质量

提高和改善工作生活质量不仅是一项组织发展和变革的措施，而且是一种关于人与组织关系的指导方针和管理哲学。

（一）工作生活质量的概念

工作生活质量简称 QWL（quality of work life），它的理论基础来源于英国塔维斯特克所提出的社会技术系统的概念，但其实施方案首先是在美国发展起来的。QWL 是由工会和管理部门共同合作改善员工生活福利和工作环境，以增加参与决策为手段，达到提高生产率和员工满意感的一项措施。具体内容包括：

（1）合理和公平的报酬。保持员工合理的薪金、福利收入，使员工感到他们获得的报酬同他们工作中付出的努力和取得的成绩相比较，是公平合理、可以接受的。

（2）安全和健康的环境。为员工在履行职责提供安全、方便的工作条件，创造有利于员工健康的、舒适的工作环境。

（3）发展人的能力。实施职务专业化和分工化的同时要充分考虑发挥和发展员工的知识和技能。工作设计要力图保持和扩大员工的技能和知识。

（4）参与各层次的决策。创造条件，使员工能够参与各层次的决策和参与解决问题的活动。

（二）工作生活质量与生产率

一般认为，提高工作生活质量会使人们对自己的工作和工作环境越来越满意，反过来满意感又会提高劳动生产率。但有证据表明，这样的模式过于简单，因而有时不免发生差错。事实上工作生活质量至少要通过三种途径才能达到提高生产率的目的。

（1）提高工作生活质量措施，要能改善人们之间的交往，加强员工与组织之间的合作，协调不同的职务或部门的关系，有利于组织全面完成任务，这样才能提高生产率。

（2）提高工作生活质量措施，要能增强对员工的激励，满足员工迫切的需要，从而激发起工作热情和积极性。当员工拥有必要的能力和技术，并且具有必要的环境和条件时，就能提高生产率。而在某些高度专业化并且个人激励受到严格控制的条件下，恐怕只能在极有限的程度上影响生产率。

（3）提高工作生活质量措施，要能提高员工的素质，使他们能够自行解决群体中的问题，更好地参与决策。工作生活质量措施不但能直接影响和提高生产效率，也能间接影响生产效率，即通过增加员工福利、提供较好的工作环境和提高员工的满意感来影响生产效率。

第五节 学习型组织

一、学习型组织理论的产生

学习型组织，是指通过培养弥漫于整个组织的学习气氛，充分发挥员工的创造性思维能力而建立起来的一种有机的、高度柔性的、扁平的、符合人性的、能持续发展的组织。这种组织有持续学习的能力，具有高于个人绩效总和的综合绩效。

二、五项修炼：学习型组织的前提

（1）自我超越（Personal mastery）

（2）改善心智模型（Improving mental models）

（3）建立共同愿景（Building shared vision）

（4）团队学习（Team learning）

（5）系统思考（Systems thinking）

三、培训与员工的成长

（1）组织应更新观念，重视培训的作用。员工培训是对在职人员进行教育和训练。具体讲，是指管理者根据本组织事业发展的需要，有计划、有步骤地让职工通过在职或脱产学习、训练，使他们的观念上、知识技能上得以更新，从而获得从事新的工作和生产的技能。

（2）培训方法应视具体情况而定，如人数、专业、资源等。培训计划可安排利用业余时间进行，也可进行离职培训或在职培训。一般而言，有以下几种情况：① 新职工的培训，② 在职培训，③ 离职培训，④ 岗位培训。培训的种类有四种：思维培训、管理技能培训、人际技能培训和专业技能培训。

思考题

1. 组织变革的基本动因是什么？
2. 组织变革的基本模式有哪些？
3. 组织变革的基本对策是什么？
4. 组织发展的概念、特征是什么？
5. 组织发展的原则和条件有哪些？
6. 组织发展的过程是什么？
7. 组织发展有哪些内容？西方组织行为学家提出了哪些有关组织发展与效能的理论？
8. 组织发展有什么新趋势？

练习题

1. 在组织设计过程中，力求做到在满足组织任务与目标的前提下，组织结构要精简，队伍要精干，管理要高效，是组织设计的（　　）原则表现。

A. 任务目标　　B. 分工合作　　C. 统一指挥　　D. 效率效益

2. （　　）是组织通过各种不同途径和方式，不断地获取知识、在组织内传递知识并创造出新知识，以增强组织自身实力，并产生效能的过程。

A. 组织发展　　B. 组织变革　　C. 组织学习　　D. 组织设计

3. （　　）是指通过培养整个组织的学习氛围、充分发挥员工的创造性思维能力而建立起来的一种有机的、高度柔化的、扁平的、符合人性的、能持续发展的组织。

A. 变色型组织　　B. 学习型组织　　C. 虚拟型组织　　D. 团队型组织

4. 组织文化是由（　　）构成的。

A. 符号指标　　B. 基本价值观　　C. 行为规范

D. 核心价值假设　　E. 核心假设

5. 组织设计应遵行的基本原则有（　　）。

A. 任务目标原则　　B. 分工协作原则　　C. 统一指挥原则　　D. 效率效益原则

E. 责权结合原则

6. 圣吉提出的构建学习型组织的五项修炼是（　　）。

A. 自我超越　　B. 改善心智模式　　C. 建立共同愿景

D. 团体学习　　E. 系统思考

操作题

画出你所在学校的组织结构示意图,并调查组织变革原因、阻力及其解决措施。

管理游戏:迪士尼新员工的入职培训

迪士尼将灌输信仰、实行严密纪律和精英主义等手段,作为保存核心价值理念的主要方法。只要是迪士尼的员工,不管是什么阶层和职位,都要参加迪士尼大学的新人训练课程。这所大学是公司内部社会化训练组织,迪士尼设计这些课程的目的是要把迪士尼的传统、哲学、组织和做生意的方式介绍给新员工。

早在20世纪60年代,迪士尼在雇用员工时就实施了严格的考试制度,考试者必须通过不同口试官员的两次筛选,并应遵守仪容方面严格的规定。

考试通过后,新员工都要接受很多天的训练,以迅速学习一种新的语言:

——员工是演员表上的演员

——顾客是贵宾

——群众是观众

——值班是表演

——职务是角色

——职务说明是剧本

——制服是戏装

——当班是在舞台上

——下班是在后台

这种特殊化的言语强化了迪士尼员工的意识形态,并由训练有素的训练员严格按照精心编选的剧本将迪士尼的特性、历史和信念等灌输给受训者。

新员工训练安排在特别设计的训练室里进行,训练室里贴满了创始人沃尔特·迪士尼和他最著名的角色,如米老鼠、白雪公主和七个小矮人,让新人觉得是他本人在亲自欢迎新员工的进入。新员工将在这里学习迪士尼大学的教材,教材内容包括以下的提示语:我们在迪士尼会疲惫,但是永远不能厌倦;而且,即使一天很辛苦,我们也要表现出快乐的样子。必须展现真诚的笑容,必须发自内心——如果什么东西都帮不上忙,请记住:我们是领薪水的微笑。

经过训练,每位新演员还要和有经验的演员进行打牌,以了解迪士尼工作的精微之处,从里到外迅速抹掉不符合个人特定角色的个性。

事实上,迪士尼的文化可以追溯到创办人沃尔特·迪士尼,他和员工的关系堪称是父亲和子女的关系,他期望员工对公司里的价值观忠诚、热心,并且允许忠心的员工多次犯诚实的错误,但对公司信念的不忠就是罪恶,要受到立即并且无理由开除的惩罚。

资料来源:邓玉梅,管理心理学理论与实践[M].上海:复旦大学出版社,2009年版,第417—418页

案例思考

1. 从迪士尼公司的案例谈谈组织文化的影响因素有哪些。

2. 组织文化建设应该注意哪些问题？

参考文献

[1] 廉茵，管理心理学[M]. 北京：对外经济贸易大学出版社，2007
[2] 刘永芳，管理心理学[M]. 北京：清华大学出版社，2008
[3] 孙泽厚，罗帆，管理心理与行为学[M]. 武汉：武汉理工大学出版社，2010
[4] 景怀斌，管理心理学[M]. 北京：科学出版社，2009
[5] 刘玉梅，管理心理学理论与实践[M]. 上海：复旦大学出版社，2009
[6] 俞文钊，管理心理学[M]. 大连：东北财经大学出版社，2008
[7] 刘毅，管理心理学[M]. 成都：四川大学出版社，2008

相关网站

http://info.ceo.hc360.com/2007/01/16082835290.shtml

http://www.bhu.edu.cn/news/jingpin/kecheng/guanli/netteach/m02/s04_3.htm

http://wiki.mbalib.com/wiki/%E7%BB%84%E7%BB%84%E7%BB%87%E5%8F%98%E9%9D%A9

教师反馈及教辅申请表

北京大学出版社以“教材优先、学术为本、创建一流”为目标，主要为广大高等院校师生服务。为更有针对性地为广大教师服务，提升教学质量，在您确认将本书作为指定教材后，请您填好以下表格并经系主任签字盖章后寄回，我们将免费向您提供相应教辅资料。

书号/书名/作者			
您的姓名			
校/院/系			
您所讲授的课程名称			
每学期学生人数	______ 人　　_____年级	学时	
您准备何时用此书授课			
您的联系地址			
邮政编码		联系电话（必填）	
E-mail（必填）		QQ	
您对本书的建议：		系主任签字 盖章	

我们的联系方式：

北京大学出版社经济与管理图书事业部

北京市海淀区成府路 205 号，100871

联 系 人：徐　冰

电　　话：010-62767312 / 62757146

传　　真：010-62556201

电子邮件：em@pup.cn　　xubingjn@yahoo.com.cn

网　　址：http://www.pup.cn

微　　博：北大出版社经管图书，http://weibo.com/pupem